质量改进统计方法

孙顺利　编著

北　京
冶　金　工　业　出　版　社
2015

内 容 提 要

本书以现场统计数据为基准，系统讲解分层法、调查表法、排列图法、因果分析图法、散布图法、直方图法和控制图法等七种统计方法的特点、目的、适用时机、注意事项和应用案例，为学生掌握相关知识提供参考，为生产现场的质量改进活动提供简捷而有效的支持。

本书可供工业工程等专业的师生使用，也可供从事相关专业的工程技术人员参考。

图书在版编目(CIP)数据

质量改进统计方法/孙顺利编著.—北京：冶金工业出版社，2015.10

ISBN 978-7-5024-7065-4

Ⅰ.①质…　Ⅱ.①孙…　Ⅲ.①生产统计—统计方法　Ⅳ.①F273

中国版本图书馆 CIP 数据核字(2015)第 241399 号

出 版 人　谭学余

地　　址　北京市东城区嵩祝院北巷 39 号　邮编　100009　电话　(010)64027926

网　　址　www.cnmip.com.cn　电子信箱　yjcbs@cnmip.com.cn

责任编辑　郭冬艳　美术编辑　彭子赫　版式设计　孙跃红

责任校对　郑　娟　责任印制　李玉山

ISBN 978-7-5024-7065-4

冶金工业出版社出版发行；各地新华书店经销；固安华明印业有限公司印刷

2015 年 10 月第 1 版，2015 年 10 月第 1 次印刷

169mm×239mm；11.25 印张；218 千字；170 页

34.00 元

冶金工业出版社　投稿电话　(010)64027932　投稿信箱　tougao@cnmip.com.cn

冶金工业出版社营销中心　电话　(010)64044283　传真　(010)64027893

冶金书店　地址　北京市东四西大街 46 号(100010)　电话　(010)65289081(兼传真)

冶金工业出版社天猫旗舰店　yjgycbs.tmall.com

（本书如有印装质量问题，本社营销中心负责退换）

前 言

基于数据的质量改进是当代质量管理领域最活跃的理论研究和实践应用类方法和工具之一。随着全面质量管理在全球的开展，国际标准化组织制定了质量管理与质量保证的国际标准，即 ISO9000 系列标准。ISO 将统计方法从其标准 ISO9001：1994（4.20 统计技术）中的一个要素提升为 ISO9001：2000（2.10 统计技术的作用）质量管理体系基础之一。这一变化反映了质量管理的先进水平。我国也举办了质量工程师资格考试。在企业层面，统计方法在质量管理中的应用愈来愈受到重视，不少企业开展了六西格玛质量改进活动，对统计方法的要求愈来愈迫切。

由于我国大多数组织的质量管理跨越了统计质量管理阶段，在推行全面质量管理中又未能抓住时机补上一课，所以在许多组织中统计技术的应用一直是一个普遍存在的薄弱环节，在一定程度上制约了我国企业质量管理水平的提高。ISO9001：2000 标准中十分明确指出了“统计技术的作用”。应用统计技术可帮助组织了解变异，进而对这类变异进行测量、描述、分析、解释和建立模型。这种数据的统计分析能对更好地理解变异的性质、程度和原因提供帮助。从而有助于解决，甚至防止由变异引起的问题，并促进持续改进。

本书以现场统计数据为基础，在内容安排上既力求科学、系统、完整，又有所侧重，系统讲解分层法、调查表法、排列图法、因果分析图法、散布图法、直方图法和控制图法，这七种统计方法的特点、目的、适用时机、注意事项和应用案例，为生产现场的质量改进活动提供简捷而有效的支持。

本书有几个显著的特点：一是强调基础性、可操作性和实用性，对通常的质量管理的七种统计方法作了十分详细的讲解，力图使读者掌握、会用且能够在现场条件下有效地去应用；二是浅显易懂，将统计知识和现场工程问题紧密结合，略去不必要的理论证明，可读性强；三是结合质量统计软件 MINITAB，在给出每种统计方法软件操作步骤的同时，对输出结果也进行了明确的统计解释，适合没有系统学习过统计学的现场技术人员使用。

本书可以作为工业工程专业统计学、质量管理等课程的实验教学材料，也可以作为各类制造企业、服务企业等各类企业进行现场质量改进的指南或员工培训教材。

本书是河南理工大学 2013 年教育教学改革研究项目（2013JG058）和 2014 年教育教学改革研究项目（2014JG065）的阶段性成果。在编写过程中参考了国内出版的许多质量管理和统计学方面的著作，得到了河南理工大学能源学院以及河南理工大学教务处有关领导和同仁的关心、鼓励和支持，在此表示衷心感谢。

由于作者水平和能力有限，书中难免存在疏漏，诚望读者和专家不吝指教。

作 者

2015 年 6 月

目　　录

1 统计技术基础

1.1 引言

任何企业，只要进行生产就必定存在产品质量问题。产品质量的优劣，不但直接关系到企业的信誉、经济收益和前途，并且在一定程度上也反映了该企业的技术水平和管理水平。当今，质量的概念已经渗透到各个领域。例如武器、弹药的质量关系到国防的防卫实力；药物、食品的质量关系到人们的身体健康；汽车、房屋、电器……的质量无不与人们的生产、生活紧密相关。质量是人们对完善、适用、精美、真实、可靠等含意的综合表述。

质量离不开数量。产品质量的提高，要用数量来表示；不合格品率的降低，也要用数量来表示；产品销售量、产品的规格、控制生产所用的管理标准、……，都要用数量来表示。现代工业生产的专业化方向早已到来。专业化的一个重要特点就是要求成批、大量的生产。企业生产量往往很多，一般以万、十万、百万来计算，……。面对产量巨大的生产，如何才能保证它的质量呢？旧有的办法是用大量的检验人员，对产品进行全数检查，这显然是不经济的十分落后的办法。在产品生产过程中，能否及时发现不良征兆，发出警报以确保生产出来的产品都是合格品呢？如果影响产品质量的因素很多，能否从中找出主要因素并及时进行控制呢？根据生产实际所积累的数据，能否对设计参数、工艺参数进行优选，以保证达到预期的目的呢？

实践证明，质量管理统计方法能够提高产品质量、降低成本、优选设计参数及工艺参数。所谓统计质量管理，就是由数据来说话，用统计方法处理过的统计数字来表明管理结果。事实上，产品质量反映在数据的波动上，现代工业企业管理的技巧，主要在于数据的运用。

1.2 数据收集

通过有目的的收集数据，运用数理统计的方法处理所得的原始数据，提炼出有关产品质量、生产过程的信息，再分析具体情况，作出决策，从而达到提高产品质量的目的。这就是通常所说的质量管理。

初期的质量管理，往往只是进行“事后把关”。全数检查即将出厂的产品，测试有关的质量特征指标，从中挑出不合格品，出厂合格品。这种方法，一方面不能预防生产过程中不合格品的产生；另一方面，如果要知道每一产品或工序被破坏时的指标，全数检查的方法显然是行不通的。

随着生产的发展和产量的大幅度提高，迫切地要求用经济、可靠的方法解决企业产品的质量检查问题，这就导致把全数检查发展成抽样检验。这种检验不仅要对最终产品进行抽样检验，以便对不合格品采取一定的措施，减少可能引起的损失，而且要在产品生产过程中及时做抽样检验，预防不合格品的出现，从而使生产过程保持稳定的状态。

什么是抽样检验呢？简而言之，抽样检验就是通过检验一部分产品而对一批产品的质量作出估计。只有合理地抽取样本，正确地运用统计方法处理数据，才能得到可靠的估计。关于抽样方法的具体内容，请参阅相关教材。我们在这里仅仅借助于抽样问题说明数理统计的基本概念和一些运算。

1.2.1 总体与样本

1.2.1.1 总体

“总体”一词，是统计学中常用的一个术语。一批产品、一台设备或在某段时间内生产的同类产品的全体等，都可以叫做一个总体。例如，某灯泡厂三月份生产的全部灯泡，某纺织厂生产的布匹，或一道工序加工后的半成品，制造产品的原材料等，都能成为一个总体。

构成总体的基本单位，叫做个体。这个基本单位又可叫做单位产品。单位产品有时可以很自然地划分出来，如果总体是一批电灯泡，那么其中的每只灯泡都可以看作一个个体。有些单位产品却不能自然地进行划分。比如，如果把一匹布作为一批产品，即叫做一个总体，那么这总体中的每个个体可以是一米布、十米布或者二十米布，在这种情况下，个体的划分需要根据具体问题而定。

所谓抽样检验，指的是从总体中抽取一部分个体，并测试被抽到的每个个体的有关质量特征的数量指标，得到一组数据，再对这些数据进行处理，然后对总体作出估计和判断。每个单位产品都有一个或一组表现其质量的数量指标与之对应。如电阻元件与阻值；电灯泡与其使用寿命；一米棉布与其上的疵点数。

总体中的每一个个体肯定要与某一个（组）数相对应，这是确定无疑的事实。这个数就是每个个体的质量表征，由于这个数的具体取值因个体的不同而异，因此通常称它为随机变量，并记作 X。

综上所述，可以说总体是问题所涉及的全体对象，总体就是随机变量 X 的全体取值，也可以说总体就是随机变量 X。

总体可以是有限的，也可以是无限的。一个工厂生产的电子管的数目是有限的，但这些电子管的寿命作为一个总体来看就是无限的。

1.2.1.2 样本

从一批产品中抽取一部分进行检验，被抽取的这一部分单位产品的全体，就叫做一个样本。换句话说，样本就是从总体中抽取的一部分个体的全体。

例如，我们要了解即将出厂的一批螺钉的长度是否合格，今从中抽取 n 个个体 X_1，X_2，…，X_n。我们就称 $\{X_1, X_2, \cdots, X_n\}$ 为总体的一个样本。这里的 n 通常称为样本容量或样本大小。

X_1，X_2，…，X_n 分别表示 n 个螺钉的长度，n 个螺钉被抽取后，客观上就有 n 个长度与其对应，当长度未被测定时，则都用随机变量表示。待具体测定它们的长度后，所得值记作 $\{x_1, x_2, \cdots, x_n\}$，称为样本值。

样本中的每一个个体叫做一个样品。今后，如果我们说抽取了样本大小为 n 的一个样本，实际上就是抽取了 n 个样品，也就是抽取了 n 个单位产品。如果在有限总体中，包含个体的总数为 N，则常称 N 为总体的批量。

1.2.2 数据的分类

抽取到样本以后，我们就要测试每个单位产品的质量特征指标，并把测得的原始数据记录在表格内。单位产品的质量可以用不同的方法来衡量。有的用“计数”方法衡量，有的用“计量”的方法衡量。

1.2.2.1 计数值

描述一块布或一个铸件表面的质量，需要一块棉布上的疵点数、一个铸件表面的气孔数或砂眼数表达。这就是所谓“计点”值描述产品质量的方法。

存在着一些单位产品的质量特征不能用定量的方法去度量。如洗衣机外表面的漆层有剥落，就可以认为其外观不合格。有许多产品，其外观不能用定量的方法来衡量，只能定性地分为好的与坏的，合格的与不合格的，这叫做用“计件”的方法表示产品的质量特征。

我们把“计件的”和“计点的”方法，统一称为计数的方法。计数的方法有一个重要的特点，即它的数据是不连续的，也就是说数据是以离散的状态出现的。

1.2.2.2 计量值

许多产品的质量要用连续数量来表示。如棉纱的强度、钢的化学成分、电灯泡的寿命等，都是衡量产品质量的连续变量。使用连续变量来定量地度量产品质量的方法，称为计量方法。

计量值与计数值的不同，在于计量方法得出的数据是一组连续变量，而计数值是一组离散数据。如何区分离散数据和连续型变量呢？所谓离散数据又称为间断数据。它的特点是在同一变数之下，任何两个不同变数值之间不能插入无穷多个数值，而连续型变量则可以。

例如，记录机器每天发生故障的次数，属于计数值。记录得出来的数据是离散的。我们在 3 和 7 之间，插入 4.56 是无意义的。因为机器发生故障的次数不可能取4.56次。在测试电灯泡寿命的一组数据里，取任意两个不同的数值，如1230h与2000h，在其中插入1457.8h是有意义的。因此，电灯泡的寿命属于计量值。

1.2.3 数据收集的目的

数据是我们行动的向导。足够、翔实的数据是正确进行统计分析的前提条件。从数据中我们可以得知相关的事实（包括过程是否受控和产品质量的实际状况），并根据这些数据做出相应的判断。在收集数据前，重要的是确定自己要达到什么目的。

在质量控制中，收集数据的目的通常有：

（1）监视、测量和控制生产过程；

（2）分析不合格产品的现状及其原因；

（3）质量验收（例如抽样检验）。

数据的收集要能为实现预期的目的所用，要注意防止“事与愿违”的情况出现。比如：在一个机械加工车间，检查员对一种急于投放市场的产品进行转入下一道工序前的抽样检验。为追求生产进度，一批本应该拒收的产品被接收了，但他们并没有对这批本应被拒收的产品做任何处理（比如：进行筛选，挑出不合格品）。这就是说，合格品与不合格品混在一起，全都进入了下一道工序。抽检数据本来是用来确定产品的合格率的，确定是否可以放行的，此时却没有起到它应有的作用。

实践中，一旦确定了收集数据的目的，也就确定了要收集的数据的类型（计量型、计数型）和频次。例如：假设这里有一个涉及产品质量变差的问题，如果每天只收集一组数据，那么要在一天之内就了解和确定这种变差是不可能的。或者，你想知道两个操作者都是怎么生产出不合格品的，就需要分别收集两个人的数据，以便对其操作做出比较。如果将两组数据进行比较，能够显示出两个人有明显的差别，那么就有可能制定出能够消除两位操作者之间的差别的纠正措施，同时也会减少生产过程中产生的变差。

根据一定的原则把一组数据分成几个小组的方法称作“分层处理”。这一点非常重要，让人们在相对比较复杂的情况下，养成应用分层处理的习惯很有必要。

如果你想了解两个变量（如某种金属零件的硬度与其材料成分）之间的相关关系，在这种情况下，数据应该是成对收集的。对成对数据的分析可参阅本书后面介绍的“散布图”。

1.3 质量变异的描述

1.3.1 系统因素与非系统因素

要使产品的质量保持稳定，就要设法找出影响产品质量的各种因素。我们知道，影响质量的因素往往是十分复杂的。从总的方面来看，影响产品质量的因素可分为两类：一类是随机因素，又可称为非系统因素；另一类是非随机因素，也可称为系统因素。

什么因素属于随机因素，什么因素又属于非随机因素呢？比如，我们要轧制某一种规格的工字钢，并抽查其反映力学性能的屈服点。我们假定：

(1) 用同一型号的钢来轧制；

(2) 使用同样的轧钢机；

(3) 使这一批工字钢的生产环境前后一致；

(4) 做力学性能试验时用同样的拉力试验机，测试屈服点；

(5) 做力学性能试验时由同等技术水平的工人操作轧钢机做拉力试验，测试屈服点。

尽管以上五条固定不变，但是当我们抽查这批工字钢并测试它们的屈服点时，仍各不相同。这是因为影响工字钢力学性能的因素很多，除上面所列出的五条以外，尚有许多因素是不易一一确定的。这些因素不仅不易通过分析研究加以确定，而且即使能够确定也难加以控制。例如，厂房内温度的微小变化；测试产品性能时仪器产生的误差；同一技术工人在八小时工作内由于精力集中程度的不同给产品性能带来的微小差异，等等。这里列举的各种微小的不可测的因素，它们之间相互独立，对产品质量起总的影响，我们称这类因素为随机因素，或叫作非系统因素。对于可以列出的，易于控制的因素，如条件（1）~条件（5），则称为影响产品质量的系统因素，简称为系统因素，或非随机因素。

影响产品质量的因素，总括起来，就是这两种类型。这两类因素的根本区别是：随机因素是属于不易确定或者根本不能确定的各因素作用的总和。它对产品质量的影响是随机的，具有偶然性，因而也是难以控制的。由于随机因素对于产品质量的影响是偶然的，故当生产过程仅受到随机因素的影响时，我们就认为生产过程处于正常状态。相反，系统因素是可以确定的，为数不多的几种因素的总和，它们的存在对产品质量的影响是系统的，非偶然的，而且直接关系到产品质量的波动。

我们仍然以轧制工字钢为例，在条件（1）~条件（5）中，仅改变条件(1)，即使用另一种型号的钢作为轧制工字钢的原材料，经测试如两种钢材轧出的工字钢，其屈服点的平均值产生的差异，我们称这种差异为系统差异。这种差异，可以采取措施，如通过调整条件（1）~条件（5）使屈服点的平均值达到我们原定的要求。

在生产过程中，我们进行抽样检验，其目的就是通过抽取的数据，进行加工分析，判断影响产品质量的因素。一个生产过程如果仅因随机因素使产品质量产生波动，我们就说生产过程处于正常状态。否则，就说生产过程处于非正常状态。此时，就需要立即找出原因，或调整机器，或检查原材料有无异常，等等，务必消除系统因素对生产的影响。

1.3.2 产品质量波动

波动是客观存在的，它存在于任何事物中。产品质量具有波动性和规律性。在生产实践中，即便操作者、机器、原材料、加工方法、测试手段、生产环境等条件相同，但生产出来的一批产品的质量特性数据却并不完全相同，总是存在着差异，这就是产品质量的波动性。因此，产品质量波动具有普遍性和永恒性。当生产过程处于统计控制状态时，生产出来的产品的质量特性数据，其波动又服从一定的分布规律，这就是产品质量的规律性。

从统计学的角度来看，可以把产品质量波动分成正常波动和异常波动两类。

1.3.2.1 正常波动

正常波动是由随机因素（也称一般原因或偶然原因）引起的产品质量波动，是过程固有的波动。这些随机因素在生产过程中大量存在，对产品质量经常产生影响，但它所造成的质量特性值波动往往比较小。例如，原材料的成分和性能上的微小差异；机器设备的轻微振动器；温度、湿度的微小变化；操作方面、测量方法、检测仪器的微小差异；等等。对这些波动的随机因素的消除，在技术上难以达到，在经济上的代价也很大。因此，一般情况下这些质量波动在生产过程中是允许存在的，所以称为正常波动。公差就是承认这种波动的产物。我们把仅有正常波动的生产过程称为过程处于统计控制状态，简称受控状态或稳定状态。

1.3.2.2 异常波动

异常波动是由系统原因（也称特殊原因或可查明的原因）引起的产品质量波动。这些系统因素在生产过程中并不大量存在，也不经常对产品质量产生影响，而一旦存在，它对产品质量的影响就比较显著。比如，原材料的质量不符合规定要求；机器设备带病运转；操作者违反操作规程；测量工具带系统性误差；等等。由于这些原因引起的质量波动大小和作用方向一般具有一定的周期性或倾向性，因此比较容易查明，容易预防和消除。又由于异常波动对质量特性值的影响较大，一般说来，在生产过程中是不允许存在的。我们把有异常波动的生产过程称为过程处于非统计控制状态，简称失控状态或不稳定状态。

质量管理的一项重要工作，就是要找出产品质量波动的规律，把正常波动控制在合理的范围内，消除因系统原因引起的异常波动。

从微观角度看，引起产品质量波动的原因主要来自以下六个方面：

（1）人（man）：操作者的质量意识、技术水平、文化素养、熟练程度和身体素质等。

（2）机器（machine）：机器设备、工具夹的精度和维护保养状况等。

（3）材料（material）：材料的化学成分、物理性能和外观质量等。

（4）方法（method）：加工工艺、操作规范和作业指导书的正确程度等。

（5）测量（measure）：测量设备、试验手段和测试方法等。

（6）环境（environment）：工作地的温度、湿度、含尘度、照明、噪声和震动等。

通常把上述因素称为引起产品质量波动的六大因素或简称“5M1E”因素、质量波动源。

1.4 质量管理中的常用分布

概率分布是将变量在总体中的取值与其发生的概率两者相联系的数学模型。概率分布有离散概率分布与连续概率分布两种类型。在质量管理中，常见的离散概率分布有二项分布与泊松分布，常见的连续概率分布有正态分布。

1.4.1 二项分布

二项分布产生的背景是：

（1）重复进行 n 次随机试验。例如，把一枚硬币连续抛 n 次、检验 n 个产品的质量、对一个目标连续射击 n 次等。

（2）n 次试验间相互独立，即每一次试验结果不对其他次试验结果产生影响。

（3）每次试验仅有两个可能的结果。例如，正面与反面、合格与不合格、命中与不命中、具有某种特性与不具有某种特性，以下统称为“成功”与“失败”。

（4）每次试验成功的概率均为 p，失败的概率均为 $1-p$。

在上述四个条件下，设 X 表示 n 次独立重复试验中成功出现的次数，显然 X 是可以取 0，1，…，n 等 $n+1$ 个值的离散随机变量，且 $X=x$ 的概率为：

$$P(X=x)=\binom{n}{x}p^{x}(1-p)^{n-x}\quad x=0,1,2,\cdots,n \tag{1-1}$$

这一分布称为二项分布，记为 $b(n,\ p)$，其中 $\binom{n}{x}$ 是从 n 个不同元素中取出 x 个的组合数，它的计算公式为：

$$\binom{n}{x}=\frac{n!}{x!(n-x)!}$$

若不合格品率为 p 的一批产品批量很大，现从中随机地抽取 n 个产品相对较少，观察抽出的产品是合格品还是不合格品，那么：

（1）由于一批产品的批量很大，以至于抽取一个产品不管是否为不合格品，不会影响下次抽到不合格品的概率，因此可以认为各次抽取结果是相互独立的。

（2）每次抽取只有两个结果：合格品与不合格品，且抽到不合格品的概率皆为 p，抽到合格品的概率皆为 $1-p$。

若记 n 个产品中不合格品数为 X，则 X 服从二项分布 $b(n,\ p)$。

二项分布 $b(n,\ p)$ 的均值、方差与标准差分别为：

$$E(X) = np$$

$$\mathrm{Var}(X) = np(1-p)$$

$$\sigma(X) = \sqrt{np(1-p)}$$

特例：$n=1$ 的二项分布称为二点分布。它的概率函数（即分布列）为：

$$P(X = x) = p^{x}(1-p)^{1-x} \quad x = 0,1$$

或如表 1－1 所示。

表 1－1　（0－1）分布的分布律

X	0	1
P	$1-p$	p

它的均值、方差与标准差分别为：

$$E(X) = p \quad \mathrm{Var}(X) = p(1-p) \quad \sigma(X) = \sqrt{p(1-p)}$$

［例 1－1］　已知一批晶体管中，一级品率为 20%，现从中任意抽取 10 只，问：

（1）10 只中恰有 d 只（$d=0,\ 1,\ \cdots,\ 10$）一级品的概率；

（2）不超过 3 个一级品的概率；

（3）二项分布 $b(10,\ 0.2)$ 的均值、方差与标准差。

解：（1）题目未指明晶体管的批量，就可以看作批量 N 很大，而且抽查的数量 $n=10$ 相对于 N 来说又很少，因此可直接用二项分布计算结果。这里 $n=10$，$p=0.2$，由式（1－1）可立即得到：

$$P\{X = d\} = b(10,0.2) = C_{10}^{d}(0.2)^{d}(1-0.2)^{10-d}$$

$$= \frac{10!}{d!(10-d)!}(0.2)^{d}(0.8)^{10-d}(d = 0,1,2,\cdots,10)$$

上述结果，见表 1－2。

表 1－2　d 只一级品的概率

X	0	1	2	…	9	10
P	0.107	0.268	0.301	…	0.000004	0.0000001

从表 1－2 中可以看到，当 X 的取值 d 增加时，概率 $P(X = d)$ 先是由小增大，直至达到最大值，随后又逐渐减少。对于任意给定的 n 及 p，二项分布皆具

有这一性质。

二项分布满足分布律的两条性质：

1) $b(d;n,p) = C_n^d p^d (1-p)^{n-d} > 0 (d = 0,1,\cdots,n)$；

2) $\sum_{d=0}^{n} C_n^d p^d (1-p)^{n-d} = 1$。

在质量管理中，二项分布是常见的。对于从无限总体中抽样而以 p 表示总体不合格品率的情况，二项分布是适宜的概率模型。

二项分布如图 1-1 所示。离散概率分布的图形应由横坐标上孤立点的垂直线条表示，为便于比较而将其顶点用折线相连。由图可见，当 n 充分大时，如 $n \geqslant 50$，二项分布趋于对称，近似趋于正态分布。二项分布的图形也随参数 p 的不同而发生变化，如图 1-2 所示，当 $p=0.5$ 时，图形关于 $x=np=5$ 左右对称；而当 $p \neq 0.5$ 时，图形就发生偏移，当 $p=0.25<0.5$ 时向左偏，当 $p=0.75>0.5$ 时向右偏。

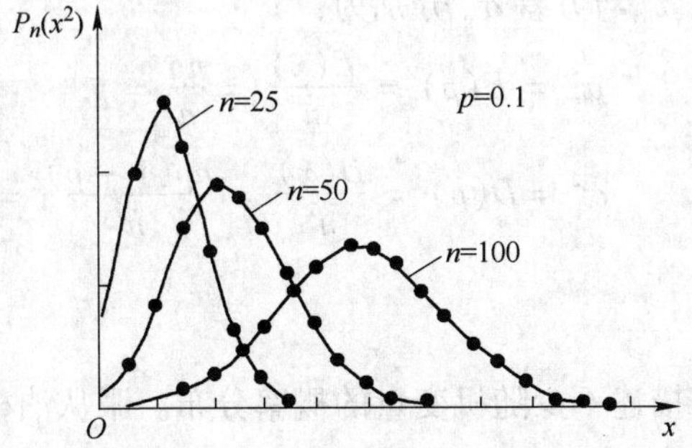

图 1-1 二项分布的图形随 n 的变化

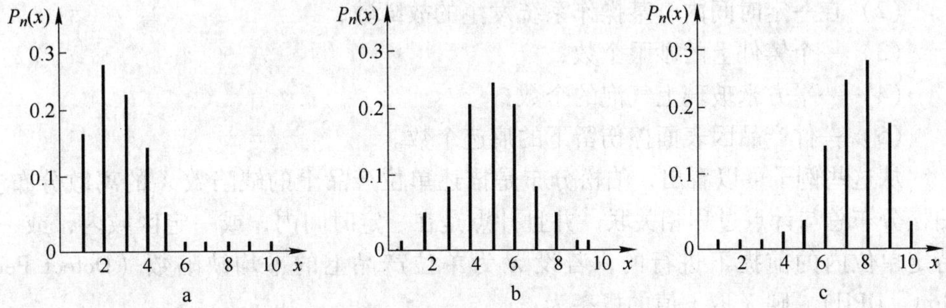

图 1-2 二项分布的图形随 p 的变化

a—$p=0.25$；b—$p=0.50$；c—$p=0.75$

（2）不超过 3 个一级品的概率为：

$$P(X \leqslant 3) = 0.107 + 0.268 + 0.301 + 0.201 = 0.877$$

(3) 二项分布 $b(10, 0.2)$ 的均值、方差与标准差：

$$E(X) = np = 10 \times 0.2 = 2$$

$$\mathrm{Var}(X) = np(1-p) = 10 \times 0.2 \times 0.8 = 1.6$$

$$\sigma(X) = \sqrt{np(1-p)} = \sqrt{10 \times 0.2 \times 0.8}$$

在质量管理中，一个常见的随机变量是样本不合格品率，用公式表示为：

$$p = x/n$$

式中，x 为样本不合格品数，服从参数为 n(即样本大小) 与 p(即总体不合格品率) 的二项分布。p 的概率分布可由二项分布导出，即：

$$\begin{aligned} P\{p \leqslant r\} &= P\{x/n \leqslant r\} \\ &= P\{x \leqslant nr\} \\ &= \sum_{x=0}^{[nr]} C_n^x p^x (1-p)^{n-x} \end{aligned}$$

式中，r 为规定的不合格品率；$[nr]$ 表示小于或等于 nr 的最大整数。易证样本不合格品率 p 的均值 μ_{p} 与方差 σ_{p}^2 分别为：

$$\mu_{\mathrm{p}} = E(p) = \frac{E(x)}{n} = \frac{np}{n} = p$$

$$\sigma_{\mathrm{p}}^2 = D(p) = \frac{D(x)}{n^2} = \frac{np(1-p)}{n^2} = \frac{p(1-p)}{n}$$

1.4.2 泊松分布

泊松分布可用来描述不少随机变量的概率分布。服从泊松分布的质量特性很多，譬如：

(1) 在一定时间内，电话总站接错电话的次数；

(2) 在一定时间内，某操作系统发生的故障数；

(3) 一个铸件上的砂眼个数；

(4) 一平方米玻璃上气泡的个数；

(5) 一件产品因表面擦伤留下的痕迹个数。

从这些例子可以看出，泊松分布是描述单位产品上的缺陷数 X 的离散分布。泊松分布总与计点过程相关联，并且计点是在一定时间内，或一定区域内，或一特定单位内的前提下进行的，若设 λ 为单位产品上的平均缺陷数 (Defect Per Unit, DPU)，则 X 取 x 值的概率为：

$$P(X = x) = \frac{\lambda^x}{x!} e^{-\lambda} \quad x = 0, 1, 2, \cdots$$

这个分布称为泊松分布，记为 $P(\lambda)$，其中 $e = 2.71828\cdots$ 为自然对数的底。泊松分布的均值、方差与标准差分别为：

$$E(X) = \lambda \quad \mathrm{Var}(X) = \lambda \quad \sigma(X) = \sqrt{\lambda}$$

［例 1-2］ 某公司一个月内发生事故次数 X 服从泊松分布的随机变量，根据发生事故的记录，计算得到该公司在一个月内平均发生事故 1.2 起，这表明：X 服从 $\lambda=1.2$ 的泊松分布。现考察如下事件的概率。

（1）在一个月内发生一起事故的概率；

（2）在一个月内超过两起事故的概率；

（3）泊松分布 $P(1.2)$ 的均值、方差与标准差。

解：（1）在一个月内发生一起事故的概率。

$$P(X=1)=\frac{1.2}{1!}e^{-1.2}=0.362$$

类似地也可以计算 X 的其他取值，如表 1-3 所示。

表 1-3 X 取值及概率

X	0	1	2	3	4	5	6	7
P	0.301	0.362	0.216	0.087	0.026	0.006	0.002	0.000

（2）在一个月内超过两起事故的概率。

$$\begin{aligned}P(X>2)&=P(X=3)+P(X=4)+P(X=5)+P(X=6)+P(X=7)\\&=1-[P(X=0)+P(X=1)+P(X=2)]\\&=1-(0.301+0.362+0.216)\\&=0.121\end{aligned}$$

（3）泊松分布 $P(1.2)$ 的均值、方差与标准差分别为：

$$E(X)=1.2\quad \mathrm{Var}(X)=1.2\quad \sigma(X)=\sqrt{1.2}=1.1$$

泊松分布的图形如图 1-3 所示，不同 λ 的图形不同，当 λ 充分大时，泊松分布趋于对称，近似趋于正态分布。

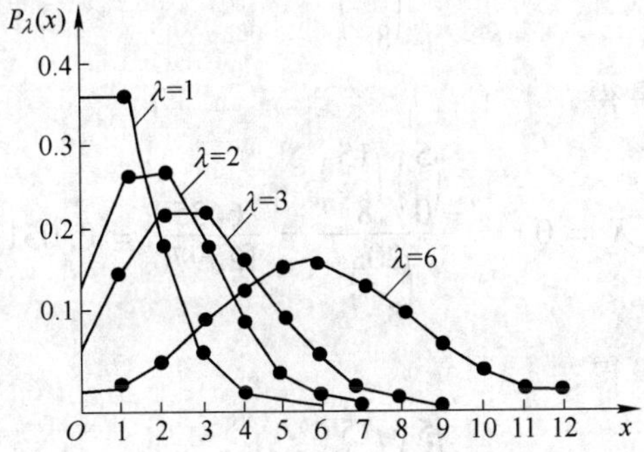

图 1-3 泊松图形随 λ 的变化

在质量管理中，泊松分布的典型用途是用作单位产品上所发生的缺陷数目的数学模型。事实上，任何发生在每个单位上（如每单位长度、每单位面积、每单位时间等）的随机现象通常可用泊松分布得到很好的近似。

1.4.3 超几何分布

从一个有限总体中进行不放回抽样，常会遇到超几何分布。

设有 N 个产品组成的总体，其中含有 M 个不合格品。若从中随机不放回地抽取 n 个产品，则其中不合格品的个数 X 是一个离散随机变量，假如 $n \leqslant M$，则 X 可能取 0，1，…，n；若 $n > M$，则 X 可能取 0，1，…，M，由古典方法可以求得 $X = x$ 的概率是：

$$P(X = x) = \frac{\binom{M}{x}\binom{N-M}{n-x}}{\binom{N}{n}} \quad x = 0,1,2,\cdots,r$$

其中 $r = \min(n, M)$，这个分布称为超几何分布，记为 $h(n, N, M)$。

超几何分布 $h(n, N, M)$ 的均值与方差分别为：

$$E(X) = \frac{nM}{N} \quad \mathrm{Var}(X) = \frac{n(N-n)}{N-1} \times \frac{M}{N}\left(1 - \frac{M}{N}\right)$$

［例 1－3］ 一货船的甲板上放着 20 个装有化学原料的圆桶，现发现有 5 桶被海水污染了，若从中随机抽出 8 桶，并记 X 为其中被污染的桶数，求 X 的分布。

解：按题意知，X 服从超几何分布 $h(n, N, M)$，其中 $N = 20$，$M = 5$，$n = 8$，$r = \min(n, M) = 5$，所求的分布为：

$$P(X = x) = \frac{\binom{5}{x}\binom{20-5}{8-x}}{\binom{20}{8}} \quad x = 0,1,2,3,4,5$$

当 $X = 0$ 时，可算得：

$$P(X = 0) = \frac{\binom{5}{0}\binom{15}{8}}{\binom{20}{8}} = \frac{6435}{125970} = 0.0511$$

当 $X = 1$ 时，可算得：

$$P(X = 1) = \frac{\binom{5}{1}\binom{15}{7}}{\binom{20}{8}} = \frac{32175}{125970} = 0.2554$$

类似地可算得 $X = 2$，3，4，5 的概率，现把结果列于表 1－4 中。

表 1-4 X 取值及其概率

X	0	1	2	3	4	5
P	0.0511	0.2554	0.3973	0.2384	0.0542	0.0036

这就是 X 的分布，由此还可算得各种事件的概率。例如，取出的 8 桶中不多于 3 桶被污染的概率为：

$$P(X \leqslant 3) = P(X = 0) + P(X = 1) + P(X = 2) + P(X = 3)$$
$$= 0.0511 + 0.2554 + 0.3973 + 0.2384 = 0.9422$$

最后，还可算得此超几何分布 $h(8, 20, 5)$ 的均值、方差与标准差。具体结果为：

$$E(X) = \frac{nM}{N} = \frac{8 \times 5}{20} = 2$$

$$\mathrm{Var}(X) = \frac{n(N-n)}{N-1} \times \frac{M}{N}\left(1 - \frac{M}{N}\right) = \frac{8(20-5)}{19} \times \frac{5}{20} \times \frac{15}{20} = 0.9474$$

$$\sigma(X) = \sqrt{0.9474} = 0.97$$

1.4.4 正态分布

正态分布是在质量管理中最重要的，也是最常使用的分布，它能描述很多质量特性 X 随机取值的统计规律性。

设 x 为一随机变量，若 x 的概率密度函数为：

$$p(x) = \frac{1}{\sqrt{2\pi}\sigma} e^{-\frac{(x-\mu)^2}{2\sigma^2}} \quad -\infty < x < \infty$$

则称 x 服从正态分布，记为 $x \sim N(\mu, \sigma^2)$，该密度函数呈对称钟形曲线形状。

正态分布含有两个参数 μ 与 σ，其中：

(1) $\mu(-\infty < x < \infty)$ 是概率密度曲线的对称中心，又是该分布的均值，即 $E(X) = \mu$；若质量特性 X 服从正态分布 $N(\mu, \sigma^2)$，则 X 在 μ 附近取值的机会大，远离 μ 时取值的机会小。不同的 μ 表示正态分布的位置不同。

(2) $\sigma(\sigma > 0)$ 是该分布的标准差，σ^2 是分布的方差，即 $\mathrm{Var}(X) = \sigma^2$。$\sigma$ 愈小分布愈集中，σ 愈大分布愈分散。

许多实际问题都可以用正态分布描述，很多场合需要计算与正态分布相关事件的概率。为了回答这类问题，需要研究标准正态分布 $N(0, 1)$，它是 $\mu = 0$，$\sigma = 1$ 的正态分布，它的概率密度函数不含有任何未知参数，记为：

$$\varphi(u) = \frac{1}{\sqrt{2\pi}} e^{-\frac{u^2}{2}} \quad -\infty < u < \infty$$

若将服从 $N(0, 1)$ 的随机变量记为 U，则对任意实数 u，形如"$U \leqslant u$"的事件的概率可以算出：

$$P(U \leqslant u) = \int_{-\infty}^{u} \varphi(u)\mathrm{d}u = \Phi(u)$$

式中，$\Phi(u)$ 称为标准正态分布的分布函数。为了避免繁杂的积分计算，人们编制了标准正态分布函数 $\Phi(u)$ 表，供实际使用。

由于分布的对称性，因此有：$\Phi(-u) = 1 - \Phi(u)$

为了解决一般正态分布有关概率的计算，需要下面的一些性质：

性质1：设 $X \sim N(\mu, \sigma^2)$，则 $U = \dfrac{X-\mu}{\sigma} \sim N(0,1)$

此性质表明，任一正态变量 X(服从正态分布的随机变量) 经过标准化变换 $(X-\mu)/\sigma$ 后都归一到标准正态变量 U。这里标准化变换是指正态变量减去其均值后再除以相应的标准差。譬如：

若 $X \sim (10, 2^2)$，通过标准化变换 $U = \dfrac{X-10}{2} \sim N(0, 1)$；

若 $Y \sim N(2, 0.3^2)$，通过标准化变换 $U = \dfrac{Y-2}{0.3} \sim N(0, 1)$；

性质2：设 $X \sim N(\mu, \sigma^2)$，则对任意实数 a，b 有：

$$P(a < X \leqslant b) = \Phi\left(\frac{b-\mu}{\sigma}\right) - \Phi\left(\frac{a-\mu}{\sigma}\right)$$

$$P(X \leqslant b) = \Phi\left(\frac{b-\mu}{\sigma}\right)$$

$$P(X > a) = 1 - \Phi\left(\frac{a-\mu}{\sigma}\right)$$

式中，$\Phi(\cdot)$ 为标准正态分布函数，其函数值可查表取值。

[例1-4] 设 $X \sim N(10, 2^2)$ 和 $Y \sim N(2, 0.3^2)$，概率 $P(8 < X < 14)$ 和 $P(1.7 < Y < 2.6)$ 各为多少？

首先对每个正态变量经过各自的标准化变换得到标准正态变量，最后可得：

$$P(8 < X < 14) = \Phi\left(\frac{14-10}{2}\right) - \Phi\left(\frac{8-10}{2}\right) = \Phi(2) - \Phi(-1)$$

$$= 0.9772 - (1 - 0.8413) = 0.8185$$

$$P(1.7 < Y < 2.6) = \Phi\left(\frac{2.6-2}{0.3}\right) - \Phi\left(\frac{1.7-2}{0.3}\right) = \Phi(2) - \Phi(-1) = 0.8185$$

从这个例子可以看到标准化变换在正态分布计算中的作用，各种正态分布计算都可通过一张标准正态分布表来实现，关键在于标准化变换。

[例1-5] 某个产品具有质量特性 X 的不合格品率，计算时要知道下面两件事：

(1) 质量特性 X 的分布，在过程受控情况下，X 的分布常为正态分布 $N(\mu,$

σ^2），这是稳定过程的概括。

（2）产品的规格限，常包括上规格限 T_U 和下规格限 T_L，这些都是用文件形式对产品特性作的要求，这些要求可能是合同规定、某个公认的标准，也可能是企业下达的生产任务书。

明确了这两点后，产品质量特性 X 的不合格品率为：$p = p_L + p_U$，其中 p_L 为 X 低于下规格限的概率，p_U 为 X 高于上规格限的概率，即：

$$p_L = P(X < T_L) = \Phi\left(\frac{T_L - \mu}{\sigma}\right)$$

$$p_U = P(X > T_U) = 1 - \Phi\left(\frac{T_U - \mu}{\sigma}\right)$$

式中，$\Phi(\cdot)$ 为标准正态分布函数，其函数值可查表获得。

为具体说明不合格品率的计算，举下面几个例子。

（1）某厂生产的电阻器的规格限为（80 ±4）kΩ。现从现场得知该厂电阻器的阻值 X 服从正态分布，均值 $\mu = 80.8$kΩ，标准差 $\sigma = 1.3$kΩ，则其低于下规格限 $T_L = 76$kΩ 的概率和超过上规格限 $T_U = 84$kΩ 的概率分别为：

$$p_L = P(X < 76) = \Phi\left(\frac{76 - 80.8}{1.3}\right) = \Phi(-3.7) = 0.0001$$

$$p_U = P(X > 84) = 1 - \Phi\left(\frac{84 - 80.8}{1.3}\right) = 1 - \Phi(2.46) = 0.0069$$

故该电阻器的不合格品率 $p = p_L + p_U = 0.0070$。

（2）某部件的清洁度 X（单位：mg）服从正态分布 $N(48, 18^2)$。清洁度是望小特性（愈小愈好的特性），故只需规定其上规格限，现规定 $T_U = 85$mg，故其不合格品率为：

$$p = p_U = P(X > 85) = 1 - \Phi\left(\frac{85 - 48}{12}\right) = 1 - \Phi(3.08) = 0.000968$$

故在清洁度指标上，该部件的不合格品率为 968×10^{-6}。

（3）某金属材料的抗拉强度（单位：kg/cm²）服从正态分布 $N(38, 1.8^2)$。抗拉强度是望大特性（愈大愈好的特性），故只需规定其下规格限，如 T_L = 33kg/cm²。其不合格品率为：

$$p = p_L = P(X < 33) = \Phi(-2.78) = 0.0027 = 0.27\%$$

在抗拉强度上，该金属材料的不合格品率为 0.27%。

2 调查表与分层

2.1 调查表

在日常工作中，为了执行某项检查工作，常用表格来填写记录，在 QCC 品管圈活动中也需如此。例如：在计划阶段或确认阶段，对问题的掌握、要因的分析等过程中，常要一边测定，一边用简单的记号记录而获得情况资料。由于表格在日常工作中管理或分析均极为方便，因此，帮表格来收集资料，并透过统计整理而获得情报的方法，是一种很有用且效率高的品管方法。

调查表，也叫检查表或核对表，它是为了分层收集数据而设计的图表。调查表法，就是利用统计表进行整理数据和粗略地分析原因的一种工具，其格式多种多样，可根据调查目的不同，使用不同的调查表。调查表既适用于数字数据的收集和分析，也适用于非数字数据的收集和分析。常用的调查表有：缺陷位置检查表、不良项目调查表、不合格（不良）原因调查表、质量分布调查表和矩阵调查表。

2.2 调查表的用途和种类

调查表是获得数据的重要手段之一。用它来系统地收集资料、积累资料和粗略整理资料。在质量管理活动中，特别是在 QC 小组活动、质量分析和改进活动中得到了广泛的应用。根据用途，检查表可分为记录用和检查用两种，其在管理上常用于日常工作管理、数据收集、改善管理。

（1）记录用检查表。此类检查表是用来收集计划资料，用于不合格原因和不合格项目的记录。用法是将数据分类为数个项目，以符号、标记或数字记录在表格或图形中。由于此类检查表常用于作业缺点、质量差异等的记录，所以也称为改善用检查表。

（2）点检用检查表。此类检查表在设计时就已定义，使用时只作是非或选择的标记。其主要功能在于确认作业执行、设备仪器保养维护的实施状况或预防事故的发生，以确保使用时安全。此类检查表主要是确认核查作业过程中的状况，以防止作业疏忽或遗漏，例如教育训练检查表、设备保养检查表、内部审核检查表、行车前车况检查表，等等。

2.3 调查表的应用步骤

应用调查表的步骤为：

（1）明确收集资料的目的。目的必须明确，即要明确“为什么要调查”。

（2）确定为达到目的所需收集的资料。要达到已确立的目的而解决某项质量问题，则需以一定的数据为基础。那么，首先必须识别和明确为达到目的所需要的数据是什么、有哪些，也即必须确定调查表的种类以及调查的项目。调查项目不要过于烦琐。

（3）确定资料的分析方法和负责人。收集的数据类型及其内容决定了“用怎样的统计工具”和“怎样进行分析”，因此，需要的数据确定后，应确定由谁以及如何分析这些数据。

（4）根据目的不同，设计用于记录资料的调查表格式，其内容包括：调查表的题目、调查对象和项目、调查方法、调查日期和期间、调查人、调查场所、调查结果的整理（合计、平均数、比例等的计算和考查）。

（5）未完成前应对收集和记录的部分资料进行预先检查，目的是审查表格设计的合理性。可在小范围内试用已设计好的调查表，收集和填写某些数据以初步测试调查表的有效性和可行性。

（6）对于一些重要的调查表，初步完成后，如有必要，应评审和修改调查表格式。组织有关的、具有丰富实践经验的各类人员对调查表进行全面的评估和审查，以使其在以后的使用中更加有效地发挥作用。

（7）正式使用调查表。针对调查的对象和项目，仔细观察事实，将观察到的结果如实地填入调查表。

2.4 注意事项

使用调查表的注意事项：

（1）清楚制作调查表的目的。了解问题的实际情况。为了对目前出现的问题的真实情况作彻底了解，以便进一步采取对策，一般会设计检查表进行原始数据的收集，并在改善的过程中以及改善结束后的一定期间内对相同的数据进行收集，反馈其改善过程及结束后的效果。

为了解析原因。例如，品质异常率达到了5%，现在想了解是什么原因导致品质异常率高，因而，设计检查表对异常发生的原因进行记录，一般情况下，原因的分类应遵循“5M1E”的原则。

为了检查、确认。这其实是一种防止遗漏的方法，也是对确认工作结果的如实记录。

为了整理原始的数据。为了解决某个问题，企业内与此问题相关的数据可能很多，这时可借用检查表对数据进行整理以求其平均值以及分布情况等。

（2）检查表的设计及记录方法要简单。检查表实际的记录者一般是基层的员工，如果形式太复杂可能会增加记录者的工作量，使其产生抵触情绪，从而可能会造成伪数据、假数据的增加。因此设计检查表应尽量使用简单的记号，比如：△、○、◎、☆、////等，有条件的话，也可以采用颜色来区分。

（3）查检收集完的数据应及时处理。凡是数据都有一定的时效性，也就是说，检查表的数据是在一定条件下收集的，这些条件随着时间变迁可能会有所变化，所以当数据收集完成后，必须及时进行处理，这样才能保证反馈信息的有效性，进而反映问题的真实情况。

（4）查检时应明确层别项目。根据企业存在的问题，须确定层别的目的。在设计检查表时，需要认真研究检查表的项目，其属性必须相同，这样检查的数据才有意义。如果是不良项目层别时，就必须都是产品的不良内容，而不能加入人或设备项目。例如“外观不良”与“设备故障”就不应该出现在同一张检查表中。

（5）数据中是否有异常。需要观察数据是否有周期性，是否有超出规范的数值，是否有突变的数据。如果有异常的话，应当立即着手分析原因并采取相应的改善对策。

（6）持续记录数据。在改善过程中，应持续记录同样的数据，并随时观察数据的变化，看改善是否有效果。如果没有效果或效果不明显，需要进一步进行分析。

2.5 应用实例

2.5.1 缺陷位置调查表

在很多产品中都会存在“气孔”、“疵点”、“碰伤”、“砂眼”、“脏污”、“色斑”等外观质量缺陷，一般采用缺陷位置调查表比较好，这种调查表多是画成示意图或展开图。每当发生缺陷时，将其发生位置标记在图上。见表2-1。这种调查分析的做法是：画出产品示意图或展开图，并规定不同的外观质量缺陷的表示符号，然后逐一检查样本，把发现的缺陷，按规定的符号在同一张示意图中的相应位置上表示出来。这样，缺陷位置调查表就记录了这一阶段样本的所有缺陷的分布位置、数量和集中部位，便于进一步发现问题，分析原因，采取改进措施。

缺陷位置调查表可用来记录、统计、分析不同类型的外观质量缺陷所发生的部位和密集程度，进而从中找出规律，为进一步调查或找出解决问题的办法提供事实依据。缺陷位置调查表是工序质量分析中常用的方法。掌握缺陷发生之处的规律，可以进一步分析为什么缺陷会集中在某一区域，从而追寻原因，采取对策，可更好地解决出现的质量问题。

表 2-1 缺陷位置调查表

时间		调查人	
车种		工序	
调查目的		调查数	

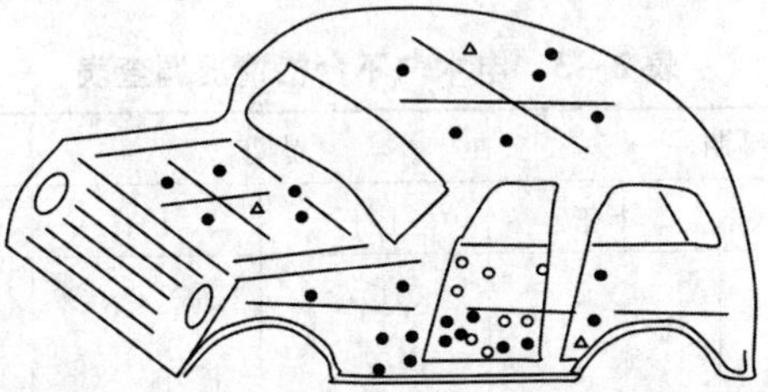

● 色斑　○ 流漆　△ 尘粒

2.5.2 不良项目调查表

一个工序或一种产品不能满足标准要求的质量项目，叫做不合格项目。为了减少生产中出现的各种不合格品，需要了解发生了哪些项目不合格以及各种不合格项目所占的比例有多大。为此，可采用不合格项目调查表。

例如，某汽车配件制造公司，近期工程异常较多，公司品质工程师根据需求，制定检查表，交付各检验人员，要求其在对应的异常发生时，采用“/”的方式予以记录，其一周的记录结果如表 2-2 所示。一天工作结束后，发生了哪些不合格项目以及各种不合格项目发生了多少便知道了。给我们指出了改进质量的方向。发生不合格较多的项目，应予以优先考虑进行改进。

表 2-2 某汽车配件制造公司数控车不良项目查检表

日期 / 不良项目	12月3日	12月4日	12月5日	12月6日	12月7日	12月8日	合计
大孔止不住	////	//	/	///	///	//	15
外圆小	/	///	///	/	//	/	11
钻孔过深	//	/	//	///	//	////	14
螺纹止不住	///	//	//	/	//	/	11
长度偏差	/	//	/	/	/	///	9
外部划伤	///	卌/	//	//	////	//	19
其他不良	//	//	/	///	/	/	10
合计	16	18	12	14	15	14	89

注：“/”表示异常次数。

2.5.3 不良原因调查表

为了调查不合格原因，通常把有关原因的数据与其结果的数据——对应地收集起来，再对各种原因进行分层，并加以分析。表 2－3 是电木勺加工中的不合格情况调查表。数据的记录分为机械、工人、日期及缺陷等项。

表 2－3 电木勺不合格情况调查表

机械	工人	星期一		星期二		星期三	
		上午	下午	上午	下午	上午	下午
1 号机	A	○○× ●	○×	○○○	○××	○○○ ××●	○○○ ○×××
	B	○×× ●	○○○ ××●	○○○ ○○○ ××	○○○ ××	○○○ ○○○ ××●	○○○ ○○○×●
2 号机	C	○○×	○×	○○	●	○○○ ○○	○○○○○ ○×
	D	○○×	○×	○○△	○○○ ●	○○○ ●△	○○○△○ ×
机械	**工人**	**星期四**		**星期五**		**星期六**	
		上午	下午	上午	下午	上午	下午
1 号机	A	○○○○ ×●●	○××	○○○ ○	○○	○	××○
	B	○○○○ ○××	○○○ ×●●	○○× ×●	○○○ ○○	○○×	○○○●× ●×
2 号机	C	○○	○●	○○△	○○○	△○	○○
	D	○●○	○○△	○○△ △□	○●●	□○○ ×	××○

注：○—表面疵点；×—气孔；△—加工不合格；●—形状不合格；□—其他。

由表 2－3 可以看出，工人 B 造成的不合格品较多；星期三各个工人出现的不合格品都很多。经调查发现，工人 B 不常换金属模具；星期三的原料成分不符合质量要求。

2.5.4 质量分布调查表

质量分布调查表也称工序分布调查表，是对计量值数据进行现场调查的有效工具（见表 2－4）。在加工过程中，对能测出计量值（如尺寸、直径、重量之

表 2-4 工序分布调查表

项目		量测个数（5、10、15、20）	小计
	4.5 以下		
下限	4.5	×	1
	4.6	×	1
	4.7	××	2
	4.8	××××	4
	4.9	××××××	6
中心值	5.0	××××××××××××	12
	5.1	××××××××	8
	5.2	××××××××	8
	5.3	××××	4
	5.4	××	2
上限	5.5	××	2
	5.5 以上		
		总计	50

类）的工序，搞质量管理首先必须掌握它的产品分布即工序分布。调查工序分布时，并不是关注每一个数据的具体数值有多大，而是需要了解整体分布状态、同标准值的关系等。因此，最简单的作法是在收集数据的同时，也进行分类和统计频数。质量分布调查表是根据以往取得的资料，将某一质量特性项目的数据分布范围分成若干区间而制成的表格，用以记录和统计每一质量特性数据落在某一区间的频数。

作完质量分布调查表后，就可研究工序质量分布的状态：分布是单峰型还是双峰型，向左右某一方有没有偏斜，有没有孤岛出现；分布中心与标准中心有何关系，分布宽度与标准宽度相比哪个宽、哪个窄，偏离标准的数据占百分之几等。如果分布不是所期望的类型或出现异常状况，那么就要查明原因，采取必要的措施，以便求得改进。

需要说明的是，从表格的形式看，质量分布调查表与直方图的频数分布表很相似。但两者是有区别的，质量分布调查表的区间范围是根据以往资料，首先划分区间范围，然后制成表格，以供现场调查记录数据；而频数分布表则是首先收集数据，再根据数据适当划分区间，然后制成图表，以供分析现场质量分布状况。

2.6 分层

引起质量波动的原因是多种多样的，因此搜集到的质量数据往往带有综合性。在数据的收集工作中，注意将数据进行“分层”。

所谓“分层”，就是将数据根据使用目的，按其性质、来源、影响因素等进行分类，也就是把不同材料、不同加工方法、不同加工时间、不同操作人员、不同设备等各种数据加以分类。分层是分析产品质量原因的一种常用统计方法，它能使杂乱无章的数据和错综复杂的因素系统化和条理化，有利于找出主要的质量原因和采取相应的技术措施。

通常，当收集的数据分散较大时，可利用分层把许多数据按某种特征分成两个以上的组。这样划分所得的组就叫做“层”。分层内的数据尽可能均匀，即同一层内的分散要尽可能小，这样划分较为有效，这是分层时应注意的关键。

上面所谓某种特征是指能够影响所收集来的数据分散性的因素，一般常按以下的方法进行划分：

（1）按时间。把在同一时间加工的零件集中在一个小组，按日期、钟点、白班、夜班、周、旬、月、季等特征进行划分。

（2）按操作者。按组别、熟练程度、新老工人、男工、女工、年龄、班次等特征进行划分。

（3）按机床设备。按机床类型、型别、结构、工具和夹具的特征进行划分。

（4）按操作方法。按温度、压力、速度、操作方法、加工工艺等特征进行划分。

（5）按原材料。按购进单位、成分、牌号、批次、厂家等特征进行划分。

（6）按测量检验条件。按试验、机型、测量仪器、测定者、检查人员等特征进行划分。

总之，分层是一项细致的工作，分层不当，可能会造成错误的判断，必须特别注意。

2.7 应用实例

[**例 2-1**] 甲乙两工人在一台磨床上各加工了 100 个零件的外圆，共产生 45 个不合格品，仅就这些数据，则无从着手分析。如果将数据按操作者和产生不合格品的原因进行分层，便得到表 2-5 中的结果。从中可以看出，甲工人产生不合格品的原因主要是“碰伤”，而乙工人产生不合格品的原因主要是“锥度不合格”，这样便可针对甲乙两工人各自产生不合格品的原因采取措施，以减少不合格品的产生。

表 2-5 零件外圆不合格分层表

操作者不合格原因	甲	乙	合 计
粗糙度不合格	2	1	3
椭圆度不合格	1	2	3
锥度不合格	3	18	21
碰伤	17	1	18
合 计	23	22	45

[例 2-2] 在柴油机装配中经常发生气缸垫漏气现象。为解决这一质量问题对该工序进行了现场统计。被调查的 50 台柴油机，有 19 台漏气，漏气率为 38%，通过分析，认为造成漏气有两个原因：

(1) 该工序涂密封剂的工人 A、B、C 三人的操作方法有差别。

(2) 气缸垫由甲、乙两厂供给，原材料有差异。为了弄清究竟是什么原因造成漏气或找到降低漏气率的方法，我们将数据进行分层。按工人分层的漏气情况列于表 2-6，按工厂分层的漏气情况列于表 2-7。

表 2-6 按操作工人分层的漏气情况

工 人	漏 气	不漏气	漏气率/%
A	6	13	32
B	3	9	25
C	10	9	53
合 计	19	31	38

表 2-7 按生产工厂分层的漏气情况

工 厂	漏 气	不漏气	漏气率/%
甲	9	14	39
乙	10	17	37
合 计	19	31	38

由表 2-6 和表 2-7 可以得出这样的结果：降低气缸漏气率的办法是采用工人 B 的操作方法和乙厂提供的气缸垫。但实际结果表明，这样漏气率非但没有降低，反而增加了。这是什么原因呢？这是因为只单独分别考虑操作者和制造厂造成漏气的情况，没有进一步考虑不同工人用不同工厂提供的气缸垫所造成的漏气情况。为此，可以进行更细致的综合分层。分层情况列于表 2-8。

表 2-8 漏气的综合分层表

项目		甲	乙	合计
A	漏气	6	0	6
	不漏气	2	11	13
	漏气率/%	75	0	32
B	漏气	0	3	3
	不漏气	5	4	9
	漏气率/%	0	43	25
C	漏气	3	7	10
	不漏气	7	2	9
	漏气率/%	30	78	53
合计	漏气	9	10	19
	不漏气	14	17	31
	漏气率/%	39	37	38
合 计		23	27	50

由表 2-8 可以看出，使用甲厂提供的气缸垫时，采用工人 B 的操作方法较好，或使用乙厂提供的气缸垫时，采用工人 A 的操作方法较好。实践结果证明，这种改进措施十分有效，漏气率大大降低。同时还可看出，使用乙厂提供的气垫时，采用工人 B 的操作方法的漏气率为 43%，比原先的 38% 还高。

因此运用分层时，不宜简单地按单一因素分层，必须考虑各因素的综合影响效果。

3 排 列 图

3.1 排列图

排列图又称主次图或巴雷托图（pareto）。它是从影响产品质量的许多因素中找出主要因素的一种有效而简便的方法。排列图最早由意大利经济学家巴雷托用来分析社会财富分布状况而得名的。他发现少数人占有大量财富，即发现了所谓“关键的少数和将要的多数”的关系。后来，美国质量管理学家朱兰（J. M. Juran）把它的原理应用到质量管理中，发现尽管影响产品质量的因素有很多，但关键的因素往往只是少数几项，它们造成的不合格品占总数的绝大部分。

在质量管理中运用排列图，就是根据“关键的少数和次要的多数”的原理，对有关产品质量的数据进行分类排列，用图形表明影响产品质量的关键所在，从而便可知道哪个因素对质量的影响最大，改善质量的工作应从哪里入手解决问题最为有效，经济效果最好。

3.2 应用场合

排列图的应用十分广泛，是数理统计常用的工具之一。在实践中要根据不同的目的灵活地加以运用，常见的应用场合有：

（1）分析主要缺陷；

（2）分析造成不合格品主要工序的原因；

（3）分析产生不合格品的关键工序；

（4）分析各种不合格品的主次地位；

（5）分析经济损失的主次因素；

（6）用于对比采取措施前后的效果。

排列图不仅可以单独使用，也可连续应用，以一步一步深入地寻找原因，对各种不合格品及其原因的主次地位加以分析。

3.3 排列图的应用步骤

排列图的样式如图 3 - 1 所示。

排列图一般由两个纵坐标、一个横坐标、几个直方形和一条曲线组成。左边的纵坐标表示频数；右边的纵坐标表示频率。横坐标表示影响质量的各个因素或

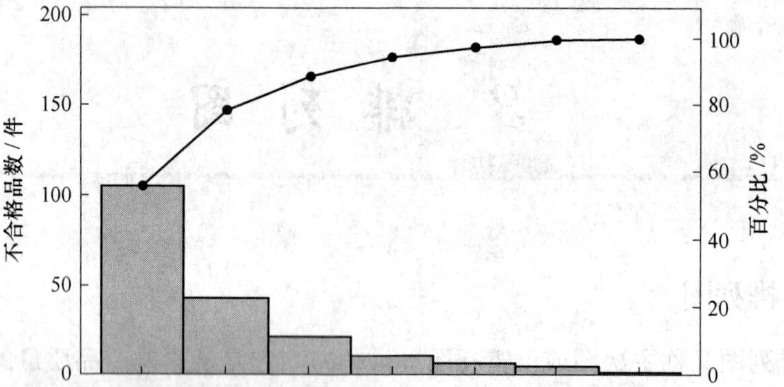

不合格类型	疲劳损伤	划伤	砂眼	裂纹	污点	裂口	其他
不合格品数/件	104	42	20	10	6	4	1
百分比/%	55.6	22.5	10.7	5.3	3.2	2.1	0.5
累积/%	55.6	78.1	88.8	94.1	97.3	99.5	100.0

图 3－1　排列图

项目，按各影响因素的影响程度大小从左到右顺序排列，直方形的高度表示某项因素影响的大小；曲线表示各影响因素大小的累计百分数。这条曲线就称巴雷托曲线。

通常把累计百分数分为三类：0～80%为A类因素，这是主要因素；80%～90%的为B类因素，是次要因素；90%～100%的为C类因素，称为一般因素。

下面举例说明排列图的作法。

[例3－1]　分析某厂加工曲轴主轴颈出现不合格的原因。

（1）收集数据。某厂收集了上年度10～12月车加工曲轴主轴颈的不合格品213件，其中因开裆大成为不合格的有29件，因轴颈刀痕成为不合格的有153件，因轴颈小成为不合格的有25件，因其他原因造成不合格的有6件。

（2）列频数统计表。将数据按大小顺序排列，件数最多的排在最上面，其他依次排在下面，然后计算相应的频率和累计百分数，便得频数统计表，见表3－1。

表3－1　不合格频数统计表

不合格原因	件　数	频率/%	累计百分数/%
轴颈刀痕	153	71.8	71.8
开裆大	29	13.6	85.4
轴颈小	25	11.8	97.2
其他	6	2.8	100.0
合计	213	100.0	

（3）画排列图。在左边纵坐标轴上标上频数刻度；在横坐标上按各个原因

造成的不合格品件数的多少从左至右用直方形表示，形成直方形相连的逐渐下降的梯形，在右边纵坐标轴上标上 0 ~ 100% 刻度，100% 刻度与左边纵坐标总件数平齐，在各直方形上方相应部位点上累计百分数点，连接这些点便得一条由左向右逐渐上升的曲线即巴雷托曲线。

现在使用 MINITAB 质量统计软件可以很方便地作出排列图。方法及步骤如下所述。

第一步：将相应数据输入工作表中，如图 3 - 2 所示。本例中，C1 列为不合格项目，C2 列为不合格产品件数。注意 MINITAB 软件对于整理过的数据或者没有整理过的数据都可以绘制排列图。因此，在现场使用该方法非常方便。

工作表 1 ***

↓	C1-T	C2	C3
	项目	不合格数（件）	
1	开裆大	29	
2	轴颈小	25	
3	轴颈刀痕	153	
4	其他	6	
5			
6			
7			

图 3 - 2 排列图数据输入

第二步：选择“统计→质量工具→Pareto 图”，如图 3 - 3 所示，进入下一界面。

第三步：针对本例，在“Pareto 图”选项中选择“缺陷或属性数据在（D）”为“C1 项目”，“频率位于”为“C2 不合格数（件）”，如图 3 - 4 所示。单击确定，输出排列图，如图 3 - 5 所示。

从图 3 - 5 中可以看出，轴颈上出现刀痕是影响轴颈不合格的主要原因，如果解决了这个质量问题，就可减少不合格品 71.8%。

3.4 注意事项

正确使用工具能做到事半功倍之效，而如果用错工具，可能会给 Pareto 解决问题带来误导。排列图虽然不复杂，但是在制作和运用的时候仍要防止一些误区。

（1）横坐标项目的设置。

横坐标的项目应控制在 6 ~ 7 项之内为宜。

横坐标项目的设置可以对结果或现象进行分类，如不良内容别、缺点内容别、产品缺点部位别、产品单位别等分类。还可以原因为对象进行分类，具体的原因分类可以参考表 3 - 2。

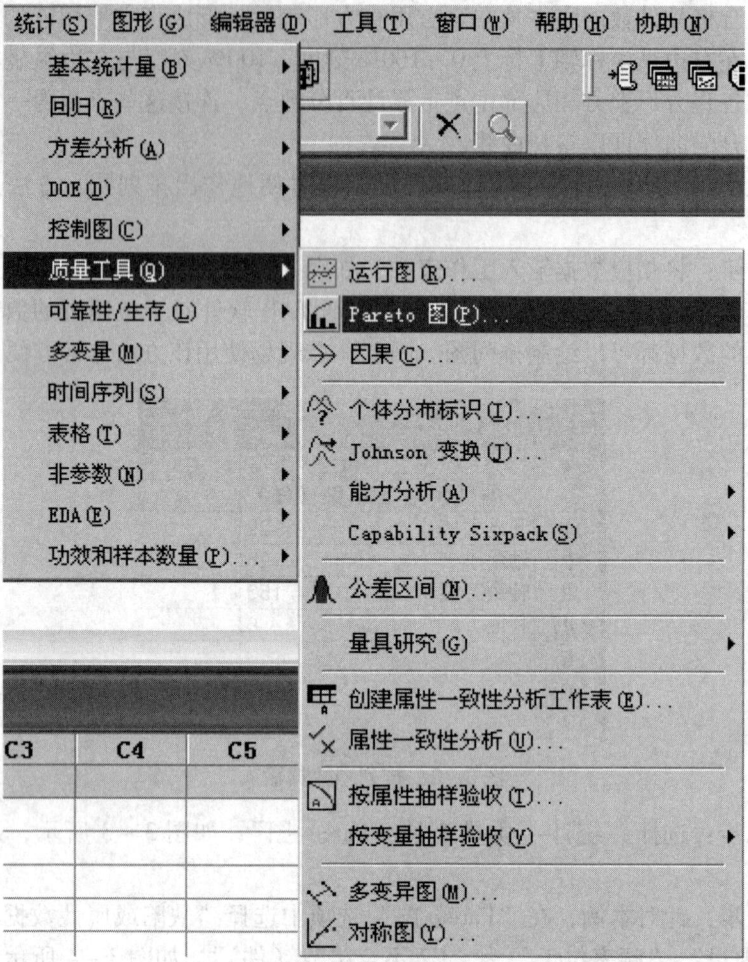

图 3－3 排列图操作路径

表 3－2 排列图横坐标以原因为分类对象参考示例

项 目	原 因 示 例
机械、设备	设备别、夹具别、测量器具别、工具别等
作业人员	工程别、班别、性别、年龄别、工龄别等
材料、零件	供应商别、规格别、批次别、材料别、零件别等
作业方法	温度别、电压别、电流别、湿度别、速度别、方法别等
时间	上下午别、白天黑夜别、日别、月别、季度别、年度别等
环境	地区别、季节别等

(2) 左纵坐标一般标注的是衡量问题的标准。

将要解析问题的衡量标准描述在排列图的纵坐标上，如“不良率高”时可以将不良项目或不良金额标准列为左纵坐标。排列图的左纵坐标内容可参考表 3－3。

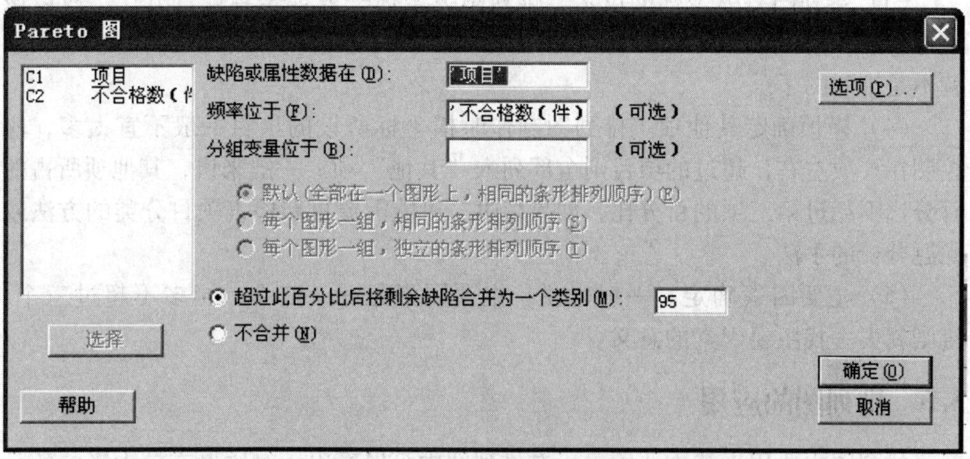

图 3－4 排列图选项

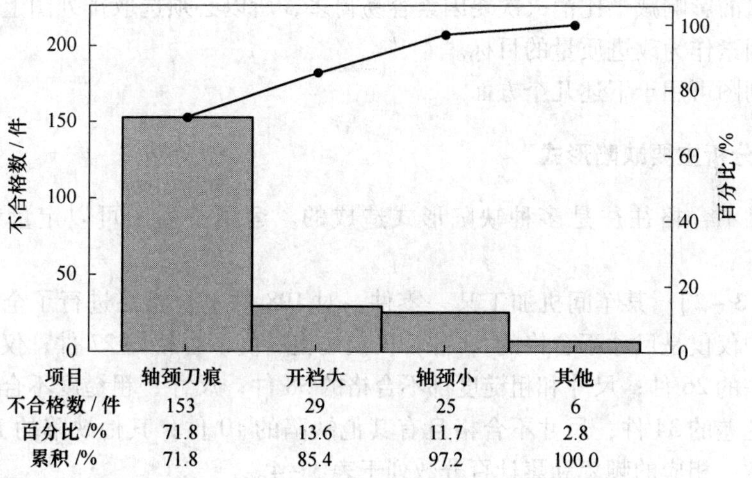

图 3－5 排列图

表 3－3 排列图左纵坐标上的项目示例

项 目	示 例
品质	不良品数量、缺点数量、重工的数量、报废的数量、客户抱怨的数量、不合格的比率、退货的数量等
成本	损失金额、材料浪费量、工时浪费量、能源浪费量等
交期	交货延迟天数、交期达成率、交期修改率等
时间	设备故障时数、产品异常处理时间、停工时间、等待时间等
安全	灾害件数、设备安全事故件数、安全点检不合格件数等
士气	请假时数、请假次数、请假人数比率、缺席率、早退率等

（3）排列图右纵坐标的设定。排列图纵坐标一般都是累计百分比，所以该坐标轴的100%位置，一定对应左纵坐标轴的合计数值，否则，绘制出来的图形就不是排列图了。

（4）谨慎确定其他项。排列图制作时横坐标所设的项目一般不宜太多，应控制在6项左右，超过的项目则全部列入“其他”项。一般来讲，其他项所占的百分比不超过第三项的百分比，如果超过，可能需要重新检查项目分类的方法或问题分析的手法。

（5）主要因素确定。一般来说，主要因素是一、二个，至多不超过三个，否则就失去找主要因素的意义。

3.5 排列图的应用

排列图主要用来找主要因素。在排列图中可以看出，对质量有较大影响的是前面两三个主要因素，后面的次要因素对改进质量影响不大。经验告诉我们，将主要因素的影响减半比消灭次要因素容易得多，所以必须选取排列图上前面两三个主要因素作为改进质量的目标。

排列图可用于下述几个方面。

3.5.1 分析主要缺陷形式

产品不合格往往是多种缺陷形式造成的。运用排列图可以定量地分析其主次。

[例3-2] 某车间机加工某一零件，对198件不合格品进行了全数检查分类，其中仅仅是尺寸不合格的52件；仅仅是粗糙度不合格的27件；仅仅是不垂直度超差的26件；尺寸和粗糙度都不合格的38件；尺寸、粗糙度不合格而且不垂直也超差的34件；尺寸不合格且有其他缺陷的10件；其他缺陷的11件。各种缺陷数、相应的频率和累计百分数列于表3-4。

表3-4 缺陷形式数据表

缺陷形式	缺陷数	频率/%	累计百分数/%
尺寸不合格	52+38+34+10=134	42.7	42.7
粗糙度不合格	27+38+34=99	31.5	74.2
不垂直度超差	26+34=60	19.1	93.3
其他	10+11=21	6.7	100.0
合 计	314	100.0	

按表3-4中的数据，应用MINITAB方便绘制出排列图，见图3-6。

从图3-6可知，尺寸不合格和粗糙度不合格是该零件的主要缺陷，其他缺

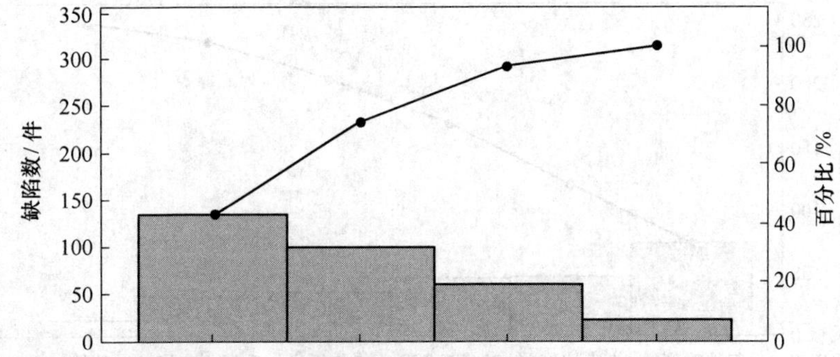

缺陷形式	尺寸不合格	粗糙度不合格	不垂直度超差	其他
缺陷数/件	134	99	60	21
百分比/%	42.7	31.5	19.1	6.7
累积/%	42.7	74.2	93.3	100.0

图 3-6 缺陷形式排列图

陷则是次要和一般缺陷。

3.5.2 分析不合格的原因

可用排列图对不合格原因作进一步分析，以便有的放矢，采取适当措施提高质量。

[例 3-3] 对于上例中由主要缺陷造成的 187 件不合格品，经查核生产记录得知：由于工装精度造成的 40 件、操作不当造成的 17 件、工艺不合理造成的共 23 件、机床精度差造成的 23 件、毛坯不合格造成的共 18 件、其他原因造成的 13 件、工艺不合理和操作不当造成的 15 件、工装精度差和机床精度差造成的 25 件、工装精度差和工艺不合理而毛坯又不合格造成的 9 件、毛坯不合格和操作不当造成的 4 件。各种原因造成的不合格品数和相应的频率以及累计百分数，见表 3-5。

表 3-5 不合格品原因数据表

不合格原因	不合格品数	频率/%	累计百分数/%
工装精度差	40 + 25 + 9 = 74	29.7	29.7
机床精度差	23 + 25 = 48	19.3	49.0
工艺不合理	23 + 15 + 9 = 47	18.9	67.0
操作不当	17 + 15 + 4 = 36	14.5	82.4
毛坯不合格	18 + 9 + 4 = 31	12.4	94.8
其他	13	5.2	100.0
合　计	249	100.0	

按表 3-5 中的数据，应用 MINITAB 方便绘制出排列图，见图 3-7。

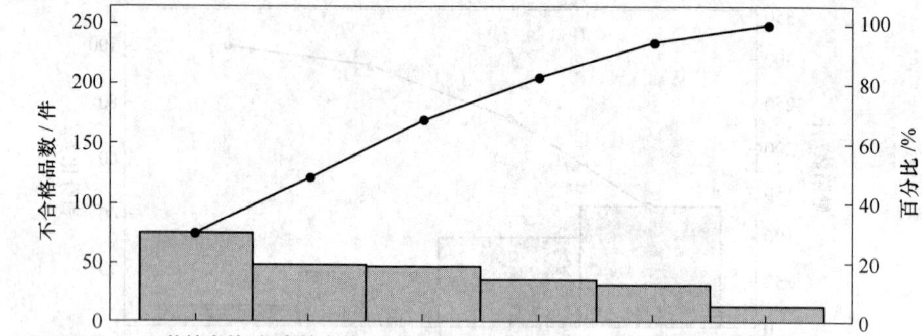

不合格原因	工装精度差	机床精度差	工艺不合理	操作不当	毛坯不合格	其他
不合格品数 / 件	74	48	47	36	31	13
百分比 /%	29.7	19.3	18.9	14.5	12.4	5.2
累积 /%	29.7	49.0	67.9	82.3	94.8	100.0

图 3 – 7　不合格原因排列图

由图 3 –7 排列图可知，工装精度差、机床精度差、工艺不合理是主要因素，操作不当是次要因素，毛坯不合格和其他原因则是一般因素。

（1）分析经济损失的主次。在质量管理中，为了经济地生产优质产品，往往需要进行经济分析。排列图在这方面也可以发挥作用。

[例 3 –4]　某厂对其十个月来产品中的不合格品的经济损失作了统计，结果列于表 3 –6 中。

表 3 –6　不合格品经济损失统计表

产品	不合格品数	单位损失/元 · 件$^{-1}$	总损失/元	频率/%	累计百分数/%
缸体	55	1850	101750	39. 2	39. 2
蜗杆	67	850	59950	21. 9	61. 1
蜗轮	158	320	50560	19. 5	80. 6
斜齿轮	252	130	32760	12. 6	93. 2
直齿轮	440	10	17600	6. 8	100. 0
合计	972		259620	100. 0	

按上表数据，应用 MINITAB 方便绘制出排列图，见图 3 –8。

由图 3 –8 可知，从经济损失看，缸体、蜗杆是值得重视的主要产品，蜗轮是次要产品，斜齿轮和直齿轮是一般产品。

（2）用以对比采取措施前后的效果。采取提高产品质量的措施以后再作排列图，能看出措施的有效性。与采取措施前的排列图相比，若各因素造成的缺陷或不合格品的绝对数量减少了，并且因素间的主次地位发生了改变，则说明措施有效；反之，则说明措施无效，应进而追查原因。

[例 3 –5]　在例 3 –2 中，车间质量管理小组针对主要缺陷形式拟定了提高

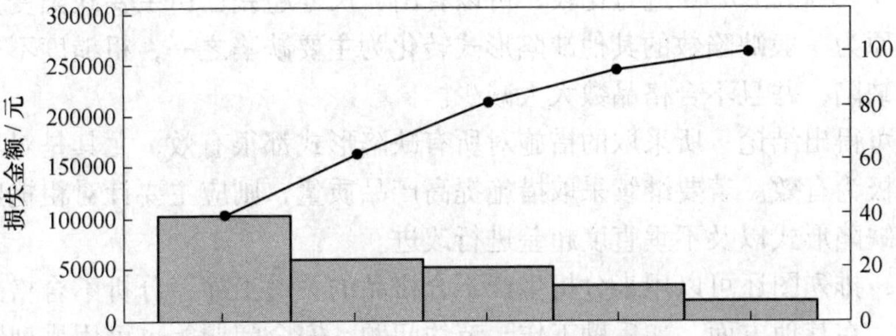

产品	缸体	蜗杆	蜗轮	斜齿轮	直齿轮
损失金额/元	101750	59950	50560	32760	17600
百分比/%	38.7	22.8	19.3	12.5	6.7
累积/%	38.7	61.6	80.8	93.3	100.0

图 3-8 经济损失排列图

产品质量的措施。按措施实施后，又重新检查了一批共 13850 件这种零件，发现不合格品下降到仅 39 件，其中：尺寸不合格的 6 件，粗糙度不合格的 13 件，不垂直度超差的 3 件，不垂直度和粗糙度都不合格的 5 件，有其他缺陷的 12 件。缺陷数与相应的频率和累计百分数列于表 3-7 中。

表 3-7 不合格品原因数据表

缺陷形式	缺陷数	频率/%	累计百分数/%
尺寸不合格	6	13.6	13.6
粗糙度不合格	13+5=18	40.9	54.5
不垂直度超差	3+5=8	18.2	72.7
其他	12	27.3	100.0
合 计	44	100.0	

按表 3-7 中的数据，应用 MINITAB 方便绘制出排列图，见图 3-9。

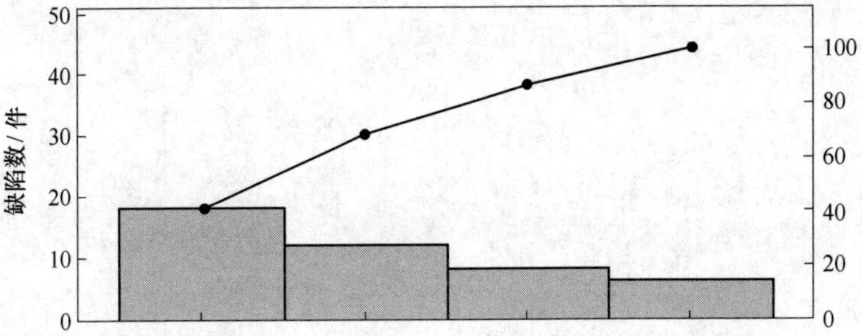

缺陷形式	粗糙度不合格	其他	不垂直度超差	尺寸不合格
缺陷数/件	18	12	8	6
百分比/%	40.9	27.3	18.2	13.6
累积/%	40.9	68.2	86.4	100.0

图 3-9 改进后缺陷形式排列图

将图3－9和图3－6进行比较，可以看出，尺寸超差已由主要缺陷变为一般缺陷，而原为一般缺陷数的其他缺陷形式转化为主要缺陷之一，粗糙度不合格上升为主要缺陷，并且不合格品数大大减少。

由此可得出结论：所采取的措施对所有缺陷形式都很有效，尤其是对尺寸超差的产品极为有效。若要继续采取措施提高产品质量，则应主要针对粗糙度不合格和其他缺陷形式以及不垂直度超差进行改进。

此外，排列图还可以用来分析生产不合格品的关键工序，分析不合格品的主次地位等。在其他方面，如后勤工作、节约问题、安全问题等也可用排列图来改进工作，提高工作质量。

4 因果图

4.1 因果图

影响产品质量的原因，有时是多种多样、错综复杂的。如能真正找到质量问题的主要原因，便可针对这种原因采取措施，使质量问题迅速得到解决。假如这些原因能用排列图定量地加以分析，这当然很好。但是有时存在困难，比如，很难把引起质量问题的各种原因单独区分开来，因为它们的作用往往是交织在一起的。我们可以从质量问题出发，首先分析哪些是影响产品质量的大原因，进而从大原因出发寻找中原因、小原因和更小的原因，并查明和确定主要原因。

因果图主要用于分析质量特性与影响质量特性的可能原因之间的因果关系，通过把握现状、分析原因、寻找措施来促进问题的解决。就是用箭头表示小原因→中原因→大原因→某种结果之间的因果关系的图形，如图 4－1 所示。因果图又叫特性要因图，或形象地称为树枝图、鱼刺图等。

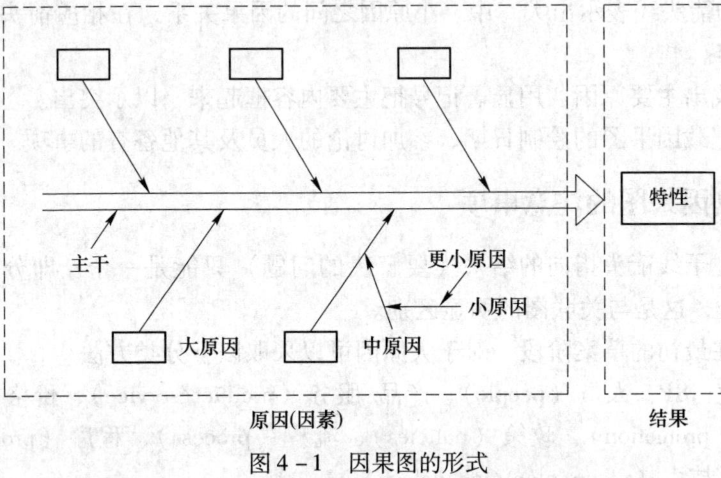

图 4－1　因果图的形式

所谓因果图法，就是针对某一结果通过分析，制作因果图，并查明和确认主要原因的方法。

（1）特性。特性即生产过程或工作过程中出现的结果，一般指尺寸、质量、强度等与质量有关的特性，以及工时、产量、机器的开动率、不合格率、缺陷数、事故件数、成本等与工作质量相关的特性。因果图中所提出的特性，是指要通过管理工作和技术措施予以解决并能够解决的问题。

（2）原因。原因即对质量特性产生影响的主要因素，一般是导致质量特性发生分散的几个主要来源。原因通常又分为大原因、中原因、小原因等。

（3）枝干。枝干是表示特性（结果）与原因关系或原因与原因间关系的各种箭头，其中，把全部原因同质量特性联系起来的是主干；把个别原因同主干联系起来的是大枝；把逐层细分的因素（一直细分到可以采取具体措施的程度为止）同各个要因联系起来的是中枝、小枝和细枝。

4.2 因果图的制作步骤

（1）确定特性（问题）。明确分析研究的对象，确定需要解决的某个质量问题的含义。用确切的语言把质量问题表示出来，在问题的前面加上“为什么”，并用方框框起来，置于特性要因图的右侧即箭头侧。

（2）召开 QC 小组全体成员参加的“诸葛亮”会，展开头脑风暴，共同讨论，一人执笔。边讨论，边记录，边作图。

（3）从这个质量问题出发分析大原因，再以大原因作为结果寻找中原因，然后以中原因为结果寻找小原因，甚至更小的原因。填写原因时文字要准确、精练，而且要用贬义词，不能用中性词和褒义词。

（4）画出主干线，主干线的箭头指向质量问题。再在主干线的两边依次用不同粗细的箭头线表示出大、中、小原因之间的因果关系，在相应箭头线旁边注出原因内容。

（5）找出主要原因。用显著记号把主要内容框起来，以示突出。

（6）记载因果图的绘制日期、参加讨论的人员及其他备查的事项。

4.3 绘制因果图的注意事项

（1）主干线箭头指向的结果（要解决的问题）只能是一个，即分析的问题只能是一个，这是与关联图的明显区别。

（2）在最初的草案阶段，对于大原因可以采取以下分类方法。

服务业 8P：人员（people）、产品/服务（product/service）、价格（price）、市场促进（promotion）、政策（policies）、流程（process）、程序（procedures）、地点/厂址/技术（place/plant/technology）。

制造业 6M：人力（man power）、方法（methods）、量度（measurement）、机器（machinery）、材料（materials）、自然力/环境（mother nature/environment）。

（3）如果分析出的原因不能采取措施，说明问题还没有得到解决。要想改进产生效果，原因分析应细化到能采取措施为止。

(4) 因果图中的原因是可以归类的，类与类之间的原因不发生联系，这也是与关联图的明显区别。要避免归类不当的错误，同时要避免因果倒置的错误。

(5) 主次分明。要想方设法找出主要原因。注意大原因不一定都是主要原因。并不是每一种原因都与质量问题有着密切的关系，其影响程度也不尽相同，为了找出主要原因，可作进一步调查或作试验验证。可运用排列图、调查表、相关分析、方差分析、正交设计等统计方法。

(6) 分析要充分发扬民主精神，各抒己见，不许批驳，不追究责任。主持会议者以提问的形式为好，以利于启发大家思考。同时，确定原因应尽可能具体，否则对解决问题用处不大。绘制因果图要实现“重要的因素不要遗漏”和“不重要的因素不要绘制”两方面的要求，最终的因果图往往越小越有效。

(7) 要绘制因果图，必须对生产过程、工艺方法、生产设备等有比较全面、深入的了解和掌握。因此，如有必要，可邀请 QC 小组以外的人员参加分析会。

4.4 如何确定主要原因

从上可知，因果图是从产生的问题（结果）出发，采用倒推法首先找出影响它的大原因，然后找出影响大原因的中原因，再找影响中原因的小原因，再找影响小原因的更小原因，一直找到能直接采取解决措施的更小更小的原因为止，这个原因就是末端原因，就是重要原因。找到重要原因，因果图完成任务。

如何确定要因，建议从以下几个步骤方面入手。

4.4.1 逐条识别

要从末端原因中逐条进行识别、确认。

因果图所展示的是原因的全貌，其中有的是末端因素，有的是中间因素，要从末端因素中逐条进行识别，确认主要原因。中间因素虽然影响质量问题，但它还受其他原因的影响，而末端因素则只影响别人，这才是根本的原因。

识别是否是主要原因的唯一依据就是客观事实。而能够反映客观事实的就是数据，为此，对收集来的全部末端因素，制定要因确定计划表，如表 4－1 所示，逐条到现场确认，获取数据，以判定这些原因对问题的影响程度，如影响程度大，就是主要原因，影响程度小，就不是主要原因。

表 4－1 要因确定计划表

序号	末端原因	确认内容	确认方法	标准	确认人	完成日期
1						
2						
3						

4.4.2 确定程序

确定要因的主要流程（见图 4－2）。

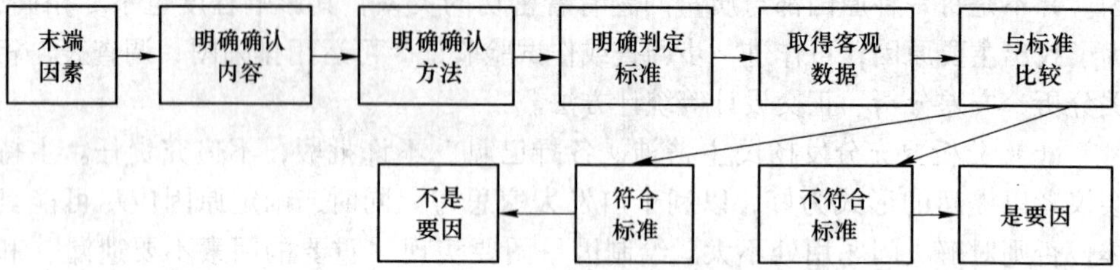

图 4－2　确定要因步骤

4.4.3 确定方法

要因确认通常有以下几种方法：

（1）现场测量、测试。有许多原因，都需要到现场进行测量、待测试取得数据后，与标准（要求）对比。如果取得的数据在标准范围内，就可以判定它不是主要影响因素；如果取得的数据与标准要求有明显的差距，就可以判定它确实是影响质量问题的主要原因。

例如：铸模强度低的末端因素是“砂子含泥量大”，确认时，就要到现场抽取砂子的样本，测定含泥量为 3%，与标准要求含泥量不大于 1% 不符，说明砂子含泥量已失控，就能判定它是主要原因。

（2）现场试验。有些末端因素是不能直接测量、测试得到的，而要通过试验才能得到作为证据的数据，这时就要到现场安排试验验证，取得数据，以便作出更科学的判定。

例如：轧钢厂轧制钢板，弯曲率达到 30%，末端原因之一是“压下量大”，对工艺规定的压下量 25mm 是否过大呢？就需要安排现场进行试验、验证，于是安排了试验计划，在其他因素不变的情况下，把压下量改为 20mm，试轧一批钢板，结果弯曲率为 8%，有明显好转，从而判定“压下量大”是主要原因。

（3）现场调查。有些末端因素属于人为原因类别，不能直接从现场的测量或现场试验得到数据，但可以从现场的调查中，得到数据加以确认。

例如：对“操作者未及时修整砂轮”这一原因，就可以通过对现场操作进行随机抽查的方式进行调查确认。工艺规定每磨 10 个工件必须重新修整砂轮，在三天的时间内随机抽查 10 人次（包含不同班次的操作者）。调查结果为：磨 10 个工件修整一次砂轮的 2 人次；磨 15 个工件修整一次砂轮的 2 人次；磨 20 个工件修整一次砂轮的 5 人次；磨 25 个工件修整一次砂轮的 1 人次。工艺执行率仅为20%，因此，判定“操作者未及时修整砂轮”为主要原因。

4.5 确定主要原因不正确的方法

目前现场有些QC小组对“用客观事实-数据来做证据”进行识别的认识不够或者还不善于用数据说话，而应用一些不正确的方法来判定主要原因，从而使所确定的主要原因证据不足，而有些主要原因却被漏掉，在制定对策进行改进后，成效不大。

确定要因不当的方法主要有以下几种：

(1) 以“少数服从多数”的方法确定要因。集中多数人的意见或举手表决，都是建立在个人对事物的固有印象或经验的基础上的，因此，可能判定对，也可能判定错。经验丰富只能说明判对的可能性更大一些，但不能代表客观事实，因此，此方法判别主因是错误的。

(2) 以“0、1打分法”确定要因。“0、1”打分法是把所有末端因素收集以后，由小组成员每人对所有末端因素逐一表态，认为“是”就画“1”，“不是”就画“0”，在所有成员均表态后统计得分，得分多的就作为主要原因，少的就为非主要原因。

由于“0、1打分法”是小组成员每个人的主观认定，而不是客观事实，其性质与举手表决是完全相同的，该方法若用于选择课题，则说明所选定的课题是大多数人愿意做的，肯定能更好地调动小组成员的积极性，无疑是一种很好的方法，但该方法用于确定主要原因，则是错误的。

(3) 用分析论证的方法确定要因，见表4-2。所谓分析论证，就是对末端因素通过理论分析或者经验分析来进行判定。

表4-2 分析论证确定要因

末端因素	分析论证	是否要因
设备主轴间隙大	该设备已投产运转了11年，轴承磨损必然严重	是要因
人工上料误差大	繁重枯燥的上料工作很容易削减工人的责任心，造成配料误差大	是要因
船员有章不循	年轻船员多，只顾经济效益，多载客，安全法制观念差	是要因

表4-2中的三条要因的确认看起来很有道理，其实经不起深究。如设备运行11年，轴承到底磨损多少，间隙到什么程度才算间隙大，实际间隙多大，都不清楚。人工上料误差大、船员有章不循这两条末端因素同样如此。这种论证方法没有反映客观事实，因此也是一种主观认定的错误判别方法。

(4) 以“是否容易解决”为原则确定要因，见表4-3。

表4-3 以“是否容易解决”确定要因

末端因素	确认情况	是否要因
面漆质量差	与材料部门把好进料关，可解决面漆质量差的问题	否
皮管漏风	小组成员只需用10min就可以将皮管切好	否
操作不熟练	只要稍加训练，现场人员就能熟练操作	否

表4-3中的三条要因的确认未用事实证明其是否存在，如对“面漆质量差”的确认，就应该到现场抽取面漆的样本，进行各个方面的检查，取得了数据，与面漆应达到的质量要求进行比较，以便回答面漆质量是好还是差。

而案例中的确认没有回答面漆的质量好坏，而是“答非所问”的认为，材料部门把好进料关，可解决面漆质量差的问题”。

在没有弄清楚面漆质量的情况下，就因为问题容易解决，就莫名其妙的把这条原因“否”掉了。显然这样的方法是错误的。

4.6 因果图的类型

常用的因果图有原因分解型和工序分解型两种。

原因分解型如图4-3所示，其优点是可以系统地掌握原因间纵向的关系，缺点是类与类之间的原因不发生联系，因此容易遗漏或忽视原因间横向的关系。

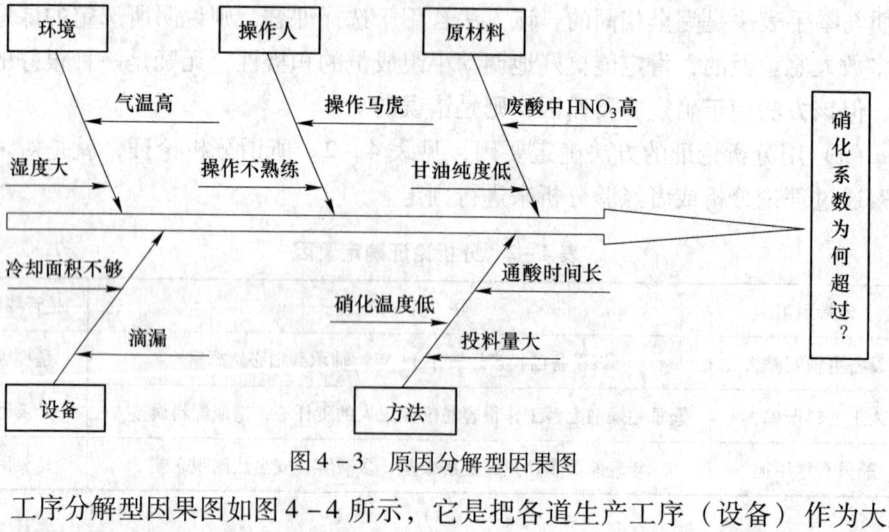

图4-3 原因分解型因果图

工序分解型因果图如图4-4所示，它是把各道生产工序（设备）作为大原因来分析中原因和小原因的。这种图的主要优点是分析较为透彻，在原因分解型因果图中反映不出的横向联系，在工序分解型中有时可表现出纵向因果关系。缺点是相同的原因常会在不同的工序中出现。如图4-4所示为解决“阀门粗糙度达不到要求”的因果图，按该零件工序流程顺序来探讨原因，以期解决问题。显然，工序流程也可延续到使用过程中。

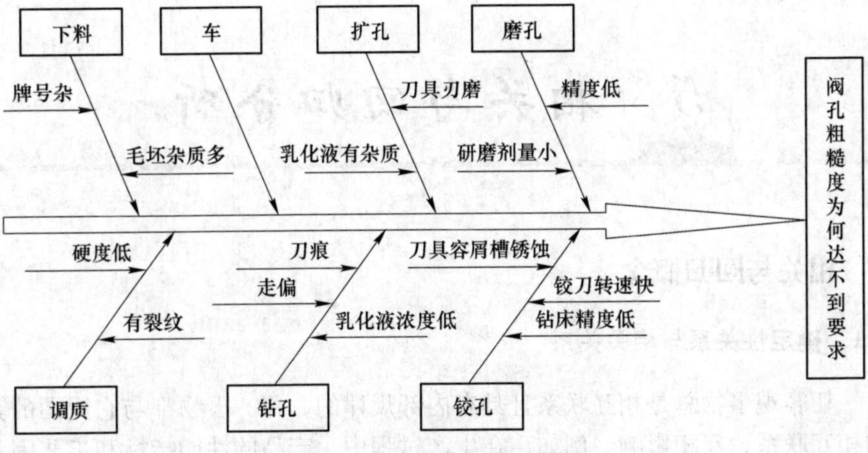

图 4－4 工序分解型因果图

5　相关与回归分析

5.1　相关与回归概念

5.1.1　确定性关系与相关关系

一切客观事物总是相互联系且具有内部规律的，每一事物都与它周围的其他事物相互联系，互相影响。例如，在生产过程中，产品的性能指标和工艺因素之间，研究材料特性和材料成分之间，一种产品质量特性与另一种质量特性之间，都是相互联系的，又是互相制约的。也就是说，相应的那些特性值（变量）之间存在着一定的关系。反映到数量上，就是变量之间存在着一定的关系，这种关系一般说来可分为确定性关系和非确定性关系。

确定性关系的特点是变量之间的关系可以用函数关系来表达。例如，一对齿轮，它们的中心距 A、齿数 Z、模数 m 之间的确定性关系，可用函数表达为：

$$A = \frac{m(Z_1 + Z_2)}{2}$$

当模数 m，Z_1，Z_2 为已知时，A 就完全确定了。

但是，在大多数的情况下，变量之间的关系并没有这么简单。例如，一般说来，人的体重与身高之间有一定的关系。不同身高的人有不同的体重，但即使同样身高的人，为什么体重又不尽相同呢？原来身高与体重还受年龄、性别、体质等因素的制约。所以，相同身高的人的体重也不尽相同。它们之间不存在确定的函数关系。

质量特性与因素之间的关系几乎都有类似的情形。例如炼钢时，钢液含碳量与冶炼时间这两个变量之间，就不存在确定性关系。对于相同的含碳量，在不同的炉次中，冶炼的时间并不一样。同样冶炼时间相同的两炉钢，初始的含碳量一般也不相同。这是因为冶炼时间并不单由初始含碳量一个因素决定，钢水温度以及各种工艺因素都可以使冶炼时间延长或缩短。

再例如在电镀过程中，镀层的厚度与电镀时间之间的关系，一般，电镀时间愈长，镀层较厚。但是由于生产过程中不可避免地存在误差，以及其他一些因素（如电流密度、电液温度等）的综合作用，都可能造成变量之间关系的不确定性。

这些变量之间既存在着密切的关系，又不能由一个变量 x（或几个变量）的数值精确地求出另一个变量 y 的值。我们称这种变量之间的关系为相关关系。如

果某一变量 x 变化时，另外一变量 y 的平均值也会随之变化，这两个变量之间被称为相关。分析这种相关关系的方法，称为相关分析。

所谓 x 和 y 存在相关关系，是指这两个变量是互相不独立的，而不管 x 和 y 之间是否存在因果关系。人们常常认为，存在相关关系就是因果关系，这是错误的理解。

5.1.2 相关分析与回归分析

相关分析的目的，在于确定两个变量之间是否存在相关关系，而且确定这种关系的密切程度。在工业生产中，相关分析常能帮助我们判断各种因素对产品质量有无影响，以及影响大小的程度。如果两个变量之间的相关程度很大，则可以通过对一些变量（x_1，x_2，…，x_n）的测定，来预测在今后可以观察另一个变量 y；或者对其中一个变量的直接观察可以代替另一个变量的观察，从而达到控制质量的目的。

通常，若具有相关关系的特性值 x_1，x_2，…，x_n 和 y 之间存在定量关系，并用一定函数表达出来，我们把这种关系称为 x 和 y 之间的回归关系。将此函数称为回归函数，或简称为回归。

回归分析就是研究相关关系的一种数学工具，它能帮助我们利用函数的形式来研究和处理这些变量之间的相互关系。

回归分析的内容很多，处理多个变量间关系的称为多元回归分析，只处理两个变量之间关系的称为一元回归分析。本章只简单介绍一元线性回归分析方法，至于多元回归分析的内容，请参阅有关书籍。

回归分析的主要目的，是把一个特性值 y 用另一个特性值 x 来说明。其中 y 称为因变量，或者叫响应变量；x 称为自变量，或者叫解释变量。

相关分析与回归分析是研究和处理变量之间相关关系的数理统计方法。通过相关图的描绘和回归方程的建立，可以从影响着某一个变量的许多变量中，判断哪些变量是显著的，哪些是不显著的；并利用求得的回归方程进行预测与控制。

回归分析在经济、质量管理、工程技术、科学研究等领域具有广泛的应用价值。

5.1.3 相关分析与回归分析的区别与联系

5.1.3.1 相关分析与回归分析的区别

相关分析所研究的两个变量是对待关系，而回归分析所研究的两个变量不是对等关系，必须根据研究目的，先研究其中一个是自变量（解释变量），另一个是因变量（响应变量）。

对两个变量 x 和 y 来说，相关分析只能计算出一个反映两个变量间相关密切程度的相关系数，计算中改变 x 和 y 的位置不影响相关系数的数值。在回归分析中，对互有因果关系的变量，有时可以根据研究目的的不同分别建立两个不同的回归方程。以 x 为自变量，y 为因变量，可以得出 x 对 y 的回归方程；以 y 为自变量，x 为因变量，可以得出 y 对 x 的回归方程。相关分析对资料的要求是，两个变量都必须是随机变量，而回归分析对资料的要求是，自变量是可以控制的变量或给定的变量，而因变量是随机变量。

5.1.3.2 相关分析与回归分析的联系

相关分析是回归分析的基础和前提。如果缺少相关分析，没有从定性上说明变量间是否具有相关关系，没有对相关关系的密切程度作出判断，就不能进行回归分析，即便是进行了回归分析，其回归方程的代表性也是值得质疑的。

回归分析是相关分析的深入和继续。仅仅用变量间相关分析说明其具有密切的相关关系是不够的，只有进行回归分析，拟合回归方程，才可能进行有关分析的回归预测和控制，相关分析才有实际的意义。因此，仅有回归分析而缺少相关分析，将会因为缺少必要的基础和前提而影响回归分析的可靠性；如果仅有相关分析而缺少回归分析，就会降低相关分析的意义。只有把两者结合起来，才能达到分析研究的目的。

5.1.4 相关分析应注意的问题

相关分析中应注意的问题有：

（1）相关分析中要求变量都是随机变量。在相关分析中，变量 x 和变量 y 都要求是随机变量，且处于平等地位。因为相关分析研究的是变量之间不确定的依存关系。这种不确定性是由随机变量性质决定的，换句话说，不确定性用随机变量来描述是最恰当不过了。所以在相关分析研究中，要求所涉及变量都是随机变量。相关分析主要研究相关变量之间的相互影响程度和方向问题。一般要求相关变量处于平等地位。至于相关变量之间处于不平等地位，如主从关系、因果关系、隶属关系等，相关分析是无能为力的。

（2）相关系数不解释两变量之间的因果关系。相关系数只表明两个变量相互影响的程度和方向，它不能完全说明两变量之间是否有因果关系。即是在相关系数相当大时，也并不意味着两变量具有显著的因果关系。如，对于一个城市，“当日雨伞的销售量”与“当日道路上交通事故量”高度相关，但二者谁也不是另者的原因，实际上二者都以“当日降雨情况”为原因。因此在六西格玛管理中，寻找原因时不能只看相关系数，还要分析变量间关系的结构；但反过来说，寻找 y 的原因时，只可能在与 y 有显著密切相关关系的变量组中寻找；与 y 关系不密切的则不可能是 y 的原因。因此，研究相关关系对于六西格玛管理而言还是很重要的。

（3）警惕“虚假相关”误导。两变量之间存在相关关系是指两变量具有内在联系。而“虚假相关（或错误相关）”是指在计算两个变量之间的相关系数时，有时会发现，两者之间相关系数的值很高，而实际上两者之间并没有或很少有相关关系，仅存在着表象关系。有这样一项调查，说是在消费者价格指数与火灾之间有着很强的正相关关系。如果真是这样的话，那么当消费者物价指数下降时，火灾就真的会减少了吗？答案肯定是：不会！在消费者物价指数与火灾之间并不存在必然的因果关系，甚至可以说是风马牛不相及的两回事。为减少火灾的发生，正确的途径应该是加强防火意识，消灭火灾隐患，不要随意丢弃任何可能引起燃烧的东西。我们应该从上述事例中吸取教训，注意从科学和技术的角度思考问题，不要得出错误的结论，以免给解决问题的思路造成误导。

（4）不得在相关关系成立的前提条件下任意外推。两变量之间的相关关系具有一定的前提条件。注意不要在相关关系得以成立的前提条件之外任意外推。这样会出现较大的误差，甚至会出现与事实完全不符的现象。如年龄与身高的关系，一般在 0 ~ 20 岁时，有一定的相关关系，但把此相关关系的年龄范围扩展，如扩展到 60 岁，则必然得出与客观事实完全相违背的结果。

5.2 相关分析

5.2.1 散布图

散布图，又称相关图，是一种适用于研究成对出现的两个变量之间是否存在相关关系的图示技术。质量管理工作中用相关图研究一种因素与另一种因素；一种质量特性与另一种质量特性之间的相关关系，以便揭示它们的内部联系，采取必要的决策。

为了直观地观察两个变量的趋势，把相应的每一对（x，y）看成是直角坐标系中的一个点，在图中标出 n 个点，得到的图形称为散布图。

通过对散布图中成对数据形成的点子云分布形状的分析，可以推断数据间的相关类型、相关程度和相关方向。当 x 值增加，相应的 y 值也增加，则称 x 和 y 之间正相关；当 x 值增加，相应的 y 值减少，则称 x 和 y 之间负相关。图 5 - 1 是 6 种常见的散布图。

5.2.2 散布图的意义和作用

散布图可以用来发现、显示和确认两组相关数据之间的相关关系的类型和程度，并确认两组相关数据之间的预期关系。

散布图的相关系数值能为进一步的回归分析提供依据，是进一步建立有效模型的前提条件。

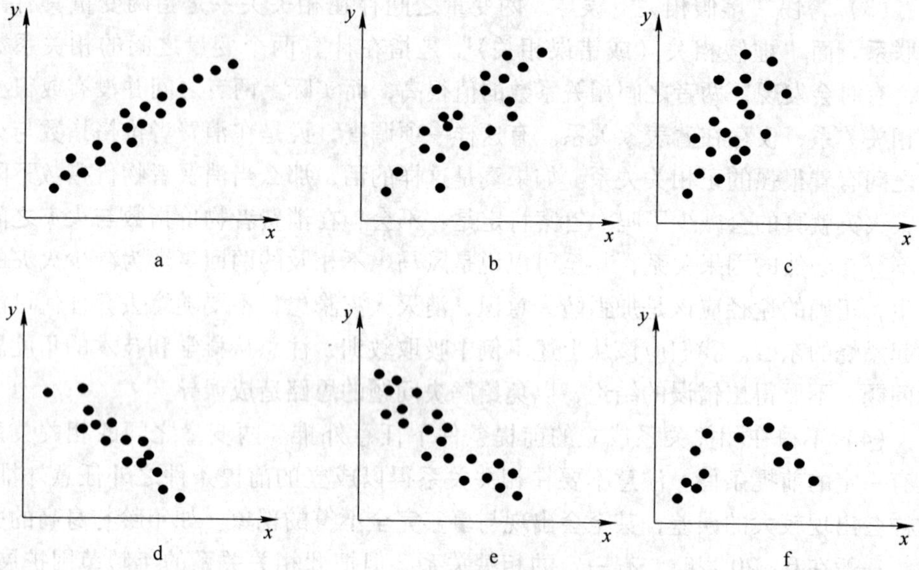

图 5－1　6 种常见典型类型的散布图

a—强正相关；b—弱正相关；c—不相关；d—强负相关；e—弱负相关；f—非线性相关

5.2.3　散布图的分析和判断

散布图分析判断方法有对照典型图法、简单象限法和相关系数判别法等。

（1）对照典型图法。这是最简单的方法。图 5－1 是 6 种典型散布图的图例。把实际画出的散布图与典型图相对照，就可得出两个变量之间是否相关及相关程度。

（2）简单象限法（中值判断法）。步骤为（如图 5－2 所示）：

第一步，在图上画一条与 y 轴平行的 A 线，使 A 线的左右两侧的点数相等或大致相等。

第二步，在图上再画一条与 x 轴平行的 B 线，使 B 线上、下两侧的点数相等或大致相等。

第三步，A、B 两线把图形分成 4 个象限区域，分别计算各象限区域内的点数，线上的点不计。

第四步，分别计算对角象限区域内的点数：$n_{\mathrm{I}}+n_{\mathrm{III}}$，$n_{\mathrm{II}}+n_{\mathrm{IV}}$。

第五步，判断规则：

当 $n_{\mathrm{I}}+n_{\mathrm{III}}>n_{\mathrm{II}}+n_{\mathrm{IV}}$ 时，正相关；

当 $n_{\mathrm{I}}+n_{\mathrm{III}}<n_{\mathrm{II}}+n_{\mathrm{IV}}$ 时，负相关；

当 $n_{\mathrm{I}}+n_{\mathrm{III}}=n_{\mathrm{II}}+n_{\mathrm{IV}}$ 时，不相关。

应该说明的是，用打点作图的方法进行相关分析是最简单的方法，分析较为

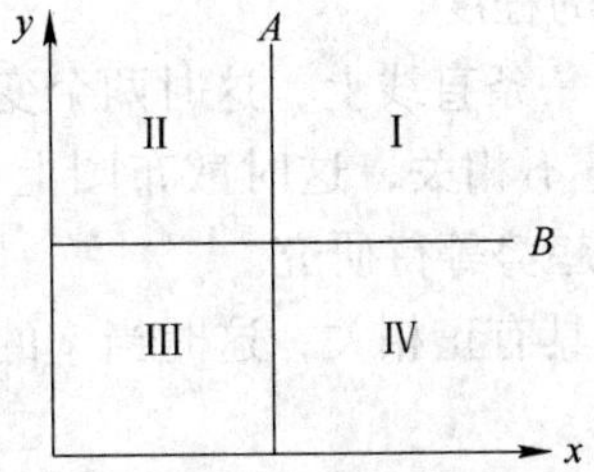

图 5-2 中值判断法

粗糙，得到的结果是定性的，因而在生产实践中有一定的局限性。

5.2.4 相关系数判别法

5.2.4.1 样本相关系数的定义

设有 n 个点 (x_i, y_i)，$i=1, 2, \cdots, n$，它们间的线性相关程度可以用样本相关系数（简称相关系数）r 来度量，它被定义为：

$$r = \frac{\sum_{i=1}^{n}(x_i - \bar{x})(y_i - \bar{y})}{\sqrt{\sum_{i=1}^{n}(x_i - \bar{x})^2 \cdot \sum_{i=1}^{n}(y_i - \bar{y})^2}} = \frac{l_{xy}}{\sqrt{l_{xx} l_{xy}}}$$

式中，$\bar{x} = \frac{1}{n}\sum_{i=1}^{n} x_i$，$\bar{y} = \frac{1}{n}\sum_{i=1}^{n} y_i$ 分别为变量 x 与 y 的样本平均值；$l_{xy} = \sum_{i=1}^{n}(x_i - \bar{x})(y_i - \bar{y}) = \sum_{i=1}^{n} x_i y_i - \frac{1}{n}\sum_{i=1}^{n} x_i \sum_{i=1}^{n} y_i$ 为 x 的偏差与 y 的偏差的乘积和；$l_{xx} = \sum_{i=1}^{n}(x_i - \bar{x})^2 = \sum_{i=1}^{n} x_i^2 - \frac{1}{n}(\sum_{i=1}^{n} x_i)^2$ 为 x 的偏差平方和；$l_{yy} = \sum_{i=1}^{n}(y_i - \bar{y})^2 = \sum_{i=1}^{n} x_i^2 - \frac{1}{n}(\sum_{i=1}^{n} y_i)^2$ 为 y 偏差平方和。

5.2.4.2 具体计算

第一步，计算和 $\sum x_i$，$\sum y_i$ 及均值 $\bar{x}$，$\bar{y}$（在不会混淆的场合，“$\sum$”表示“$\sum_{i=1}^{n}$”，下同）；

第二步，计算平方和与乘积和 $\sum x_i^2, \sum x_i y_i, \sum y_i^2$；

第三步，计算偏差平方和与偏差乘积和 l_{xx}，l_{xy}，l_{yy}；

第四步，计算相关系数 r。

5.2.4.3 相关系数 r 的性质

对相关系数 r，可以证明有 $-1 \leqslant r \leqslant 1$。相关系数 r 的绝对值的大小表示了两

个变量 x 与 y 之间线性相关的程度。

当 $r=\pm 1$ 时，n 个点在一条直线上，这时两个变量间完全线性相关。

当 $r=0$ 时，称两个变量不相关，这时散布图上 n 个点可能毫无规律，也可能两个变量间有某种曲线的趋势等待研究。

当 $r>0$，称两个变量间具有正相关，这时当 x 的值增加时，y 的值也有增大的趋势。

当 $r<0$ 时，称两个变量间具有负相关，这时当 x 的值增加时，y 的值有减少的趋势。

仅研究两个变量间线性关系的强弱程度与方向的统计分析称为相关分析，在相关分析中两个变量的地位是平等的，此时 x 与 y 的相关系数和 y 与 x 的相关系数相等。

5.2.4.4 相关系数的检验

我们现在定义的是样本相关系数，它是根据数据计算得到的，即使两个变量间实际上并不存在线性相关关系，但是计算得到的 r 也不一定为 0，那么相关系数 r 的绝对值应该为多大时，才能认为两个变量 x 与 y 间存在一定程度的线性相关呢？

如果记两个变量间真实的相关系数为 ρ，那么要对如下假设进行检验：

$$H_0:\rho=0,\ H_1:\rho\neq 0$$

假定 x 为非随机变量；y 为随机变量，且对不同的 x_i，诸 y_i 相互独立，服从同方差正态分布的假定下，可以证明，其拒绝域为：

$$W=\{|r|\geqslant r_{1-\alpha/2}(n-2)\}$$

式中，n 为样本量；α 是显著性水平；$r_{1-\alpha/2}(n-2)$ 是自由度为 $n-2$ 的 r 分布的 $1-\alpha/2$ 分位数，又称临界值，其数值见表 5－1。

表 5－1 相关系数检验的临界值表

f	α				
	0.10	0.05	0.02	0.01	0.001
1	0.98769	0.99692	0.999507	0.999877	0.9999988
2	0.90000	0.95000	0.98000	0.99000	0.99900
3	0.8054	0.8783	0.93433	0.95873	0.99116
4	0.7293	0.8114	0.8822	0.91720	0.97406
5	0.6694	0.7545	0.8329	0.8745	0.95074
6	0.6215	0.7067	0.7887	0.8343	0.92493
7	0.5822	0.6664	0.7498	0.7977	0.8982
8	0.5494	0.6319	0.7155	0.7646	0.8721

续表 5-1

f	α				
	0.10	0.05	0.02	0.01	0.001
9	0.5214	0.6021	0.6851	0.7348	0.8471
10	0.4933	0.5760	0.6581	0.7079	0.8233
11	0.4762	0.5529	0.6339	0.6835	0.8010
12	0.4575	0.5324	0.6120	0.6614	0.7800
13	0.4409	0.5139	0.5923	0.6411	0.7603
14	0.4259	0.4973	0.5742	0.6226	0.7420
15	0.4124	0.4821	0.5577	0.6055	0.7246
16	0.4000	0.4683	0.5425	0.5897	0.7084
17	0.3887	0.4555	0.5285	0.5751	0.6932
18	0.3783	0.4438	0.5155	0.5614	0.6787
19	0.3687	0.4329	0.5034	0.5487	0.6652
20	0.3598	0.4227	0.4921	0.5368	0.6524
25	0.3233	0.3809	0.4451	0.4869	0.5974
30	0.2960	0.3494	0.4093	0.4487	0.5541
35	0.2746	0.3246	0.3810	0.4182	0.5189
40	0.2573	0.3044	0.3578	0.3932	0.4896
45	0.2428	0.2875	0.3384	0.3721	0.4648
50	0.2306	0.2732	0.3218	0.3541	0.4433
60	0.2108	0.2500	0.2948	0.3248	0.4078
70	0.1954	0.2319	0.2737	0.3017	0.3799
80	0.1829	0.2172	0.2565	0.2830	0.3568
90	0.1726	0.2050	0.2422	0.2673	0.3375
100	0.1638	0.1946	0.2301	0.2540	0.3211

5.2.5 散布图的绘制

第一步，收集成组的数据（x_i，y_i），至少要收集 30 组，数据太少，形不成点子云，会造成分析误差大。

第二步，在纸上建立直角坐标，从收集的数据中找出 x 和 y 的最大值与最小值，参考最大值和最小值的大小，确定横坐标（X 轴）和纵坐标（Y 轴）的刻度。为便于对散布图进行分析，要求两轴的长度大致相等，使图成比例且美观。当两个变量中一个是质量特性变量，另一个是影响质量特性的原因变量时，用横坐标表示原因变量，纵坐标表示质量特性变量。

第三步，把成对数据（x_i，y_i）的交汇点分别标在坐标系内相应的位置上。在散布图中，成对的数据会形成点子云。如果相同数据出现两个的时候，画双层圈；相同数据出现三个时，画三层圈。

第四步，填入所有必要的项目。至少包括以下项目：散布图的名称、取样的时间段、数据对的数量、观测值的名称和测量单位、使用的测量设备、观测者和绘图者的名字。

第五步，分析判断。分析画出的散布图的分布形状，确定相关关系的类型和程度。

5.2.6 应用示例

［例 5－1］ 一家汽车零件配套厂生产某零件时，零件某部位进行化学铣切，但遇到的质量问题是因腐蚀时间掌握不到位而导致不合格。质量工程师怀疑零件浸没时间变化是导致加工精度不合要求的原因，决定采用散布图方法，分析一下不同腐蚀时间与加工精度之间的相关关系。表 5－2 记录了腐蚀时间与腐蚀深度间对应的数据。

表 5－2 零件腐蚀时间和腐蚀深度数据表

序号	腐蚀时间/s	腐蚀深度/mm	序号	腐蚀时间/s	腐蚀深度/mm
1	885	1.59	17	860	1.50
2	828	1.46	18	864	1.48
3	835	1.40	19	865	1.54
4	835	1.45	20	867	1.57
5	839	1.43	21	869	1.55
6	836	1.48	22	870	1.52
7	842	1.43	23	870	1.57
8	847	1.47	24	873	1.48
9	847	1.50	25	874	1.51
10	849	1.42	26	879	1.55
11	850	1.46	27	881	1.54
12	852	1.52	28	882	1.53
13	851	1.55	29	884	1.56
14	856	1.47	30	888	1.57
15	859	1.45	31	891	1.55
16	859	1.52	32	892	1.58

按前面介绍的绘图步骤，我们可以根据这些数据绘制一张散布图。

经验告诉我们两者似乎是相关的，但要用统计的方法证实它们确实相关。利用质量统计分析软件 MINITAB 可以方便、快捷地绘制出散布图。

（1）先绘制 x，y 的散点图。通过散布图形的特点大致可以了解 x，y 是否可能存在相关关系。在 MINITAB 中，输入变量后，选择指令“图形 > 散点图（Graph > Scatterplot）”，如图 5－3 所示。

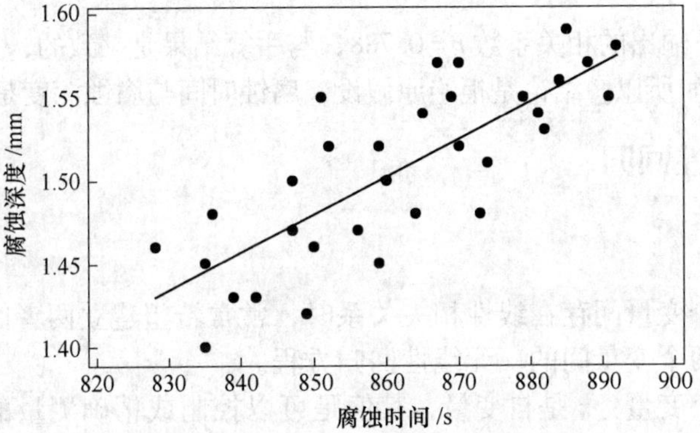

图 5－3 腐蚀时间和腐蚀深度散点图

散点图大致具有以下特点：

由图 5－3 可以看出，本例中两个变量间确实相关，当腐蚀时间增加时，腐蚀深度也呈上升趋势。

存在一条上升的直线，大致使得：点密集分布在这条直线的两侧；两侧点的分布数目大体相等；点在直线两侧分布的具体位置完全是随机的。

（2）为了更为准确地描述 x，y 相关的密切程度，需要计算样本相关系数 r 及相关系数检验。

$$l_{xy}=\sum_{i=1}^{n}(x_i-\bar{x})(y_i-\bar{y})=\sum_{i=1}^{n}x_iy_i-\frac{1}{n}\sum_{i=1}^{n}x_i\sum_{i=1}^{n}y_i=41564-\frac{1}{32}\times27579\times48.2=23.1312$$

$$l_{xx}=\sum_{i=1}^{n}(x_i-\bar{x})^2=\sum_{i=1}^{n}x_i^2-\frac{1}{n}\left(\sum_{i=1}^{n}x_i\right)^2=23779009-\frac{1}{32}\times27579^2=10220.2$$

$$l_{yy}=\sum_{i=1}^{n}(y_i-\bar{y})^2=\sum_{i=1}^{n}x_i^2-\frac{1}{n}\left(\sum_{i=1}^{n}y_i\right)^2=72.6856-\frac{1}{32}\times48.2^2=0.08435$$

$$r=\frac{\sum_{i=1}^{n}(x_i-\bar{x})(y_i-\bar{y})}{\sqrt{\sum_{i=1}^{n}(x_i-\bar{x})^2\cdot\sum_{i=1}^{n}(y_i-\bar{y})^2}}=\frac{l_{xy}}{\sqrt{l_{xx}l_{xy}}}=\frac{23.1312}{\sqrt{102202.2\times0.08435}}=0.7878$$

本例中 $n=32$，若取 $\alpha=0.05$，拒绝域为 $\{|r|\geqslant0.349\}$，如今 $r=0.7878$，因此在显著性水平为 $\alpha=0.05$ 时可认为，腐蚀深度 y 与其腐蚀时间 x 之间存在线性相关关系。

如果用 MINITAB 来判定，会简单得多。打开 MINITAB，输入变量后，选择“统计 > 基本统计量 > 相关（Stat > Basic Statistics > Correlation）”，得到结果见图 5 - 4。

相关：腐蚀时间，腐蚀深度

腐蚀时间和腐蚀深度的 Pearson 相关系数 = 0. 788

P 值 = 0. 000

图 5 - 4　MINITAB 输出结果

可以看到，输出的相关系数 $r = 0.788$，与手算结果是一致的，另外输出结果中 P 值为 $0 < 0.05$。所以，结论是拒绝原假设，腐蚀时间与腐蚀深度是线性相关的。

5. 3　一元线性回归

5. 3. 1　模型

当确定两个变量间存在线性相关关系时，常常希望建立两者间的定量关系表达式，这便是两个变量间的一元线性回归方程。

假定有两个变量：x 是自变量，其值是可以控制或精确测量的，认为它是非随机变量；y 是因变量，对给定的 x 值，y 的取值事先不能确定，它由测量值（或观察值）确定，故 y 是随机变量。

如果我们独立的收集了 n 组数据 (x_i, y_i)，$i = 1, 2, \cdots, n$，在 (x_i, y_i) 的散点图上显示有线性相关关系，则我们可以认为观测值 y 由两部分叠加而成：一是随 x 的变化而呈线性变化的趋势，用 $\beta_0 + \beta_1 x$ 表示；二是其他随机因素影响的总和，用 ε 表示，常假定 $\varepsilon \sim N(0, \sigma^2)$。现在我们独立地收集了 n 组数据，故有如下的数据结构式：

$$y_i = \beta_0 + \beta_1 x_i + \varepsilon_i \quad i = 1,2,\cdots,n$$

称 β_0，β_1 为回归系数。我们可以将一元线性回归的模型表示为：

$$\begin{cases} y_i = \beta_0 + \beta_1 x_i + \varepsilon_i \quad i = 1,2,\cdots,n \\ \text{诸 } \varepsilon_i \text{ 相互独立服从 } N(0,\sigma^2) \end{cases}$$

在上述数据结构式中我们作了如下的假定：

（1）各 ε_i 均值为 0，从而各 y_i 的均值是 $Ey_i = \beta_0 + \beta_1 x_i$，$i = 1, 2, \cdots, n$；

（2）各 ε_i 方差相等均为 σ^2，从而各 y_i 的方差相等均为 σ^2：

$$\mathrm{Var}(y_i) = \sigma^2 \quad i = 1,2,\cdots,n$$

（3）各 ε_i 相互独立，从而各 y_i 相互独立；

（4）各 ε_i 都服从同一正态分布，从而各 y_i 服从正态分布：$y_i \sim N(\beta_0 + \beta_1 x_i, \sigma^2)$。

5. 3. 2　回归系数的最小二乘估计及其性质

5. 3. 2. 1　最小二乘估计

对于一个实际的问题，我们若判定变量间确实满足上述一元线性回归模型条件时，我们就可以将它们表示成 $E(y) = \beta_0 + \beta_1 x$ 这样的形式。接下来要做的就是将方程中未知的参数 β_0，β_1 用样本观测数据估计出来，假设估计出来后的方程表示为：

$$\hat{y} = \hat{\beta}_0 + \hat{\beta}_1 x = a + bx$$

这里，a，b 统称为经验回归方程的回归系数（一般省略“经验”二字），其中 a 是 β_0 的估计值，b 是 β_1 的估计值；$\hat{y}_i$是 $x = x_i$ 时 $E(y)$ 的一个拟合值。

另外，将实际观测值 y_i 与拟合值$\hat{y}_i$间的差异称作残差（residual），用 e_i 表示。所以有：$e_i = y_i - \hat{y}_i = y_i - (a + bx_i)$。

残差是一个非常重要的概念，它的主要用途是：

(1) 残差分析。目的在于检验整个回归分析的过程是否符合我们的基本假定，以及观测值中是否有个别点具有特殊状况。

(2) 确定评估最佳拟合直线的准则。最常用的想法是使残差平方和最小作为最佳拟合直线的评估准则，这种方法就是通常所说的最小二乘法（least square）。

残差平方和可表示为：

$$S_{\mathrm{E}} = \sum_{i=1}^{n} e_i^2 = \sum_{i=1}^{n} (y_i - \hat{y}_i)^2 = \sum_{i=1}^{n} (y_i - a - bx_i)^2$$

可以将 S_{E} 视为 a，b 的函数，为使 S_{E} 最小，可以对 a，b 分别求偏导数后令它们为0，得到方程组：

$$\begin{cases} na + n\bar{x}b = n\bar{y} \\ n\bar{x}a + b\sum_{i=1}^{n} x_i^2 = \sum_{i=1}^{n} x_i y_i \end{cases} \tag{5-1}$$

称上述方程组为正规方程组。解之得：

$$\begin{cases} b = \dfrac{L_{\mathrm{xy}}}{L_{\mathrm{xx}}} \\ a = \bar{y} - b\bar{x} \end{cases}$$

注意：回归方程有两种表示方法：

$$\hat{y} = a + bx$$

$$\hat{y} = \bar{y} + b(x - \bar{x})$$

从中可看出回归直线经过（0，a），($\bar{x}$，$\bar{y}$) 两点。

5.3.2.2 最小二乘估计的性质

基于一元线性回归模型的假定，回归系数 a，b 有如下性质：

(1) β_0 与 β_1 的最小二乘估计 a 与 b，有如下分布：

$$a \sim N\left(\beta_0, \left(\frac{1}{n} + \frac{\bar{x}^2}{l_{\mathrm{xx}}}\right)\sigma^2\right), b \sim N\left(\beta_1, \frac{\sigma^2}{l_{\mathrm{xx}}}\right)$$

这表明 a 与 b 分别是 β_0 与 β_1 的无偏估计；

（2）a 与 b 的协方差为 $\mathrm{Cov}(a, b) = -\frac{\bar{x}}{l_{xx}}\sigma^2$；

（3）在给定 $x = x_0$ 处，预测值 $\hat{y}_0$ 有如下正态分布：

$$\hat{y}_0 = a + bx_0 \sim N\left(\beta_0 + \beta_1 x_0, \left[\frac{1}{n} + \frac{(x_0 - \bar{x})^2}{l_{xx}}\right]\sigma^2\right)$$

5.3.2.3 应用示例

［例 5－2］ 对［例 5－1］中的 32 对数据，按照最小二乘法，建立腐蚀深度 y 关于腐蚀时间 x 的一元线性回归方程。

解：根据［例 5－1］的计算结果有：

$$\bar{x} = 861.84375, \quad \bar{y} = 1.50625, \quad l_{xx} = 10220.2, \quad l_{xy} = 23.1312$$

则

$$\begin{cases} b = \dfrac{L_{xy}}{L_{xx}} = \dfrac{23.1312}{10220.2} = 0.002263 \\ a = \bar{y} - b\bar{x} = 1.50625 - 0.002263 \times 861.84375 = -0.44410 \end{cases}$$

从而可以写出回归方程为：

$$\hat{y} = -0.44410 + 0.002263x$$

对于此回归方程一定要能清楚地解释其含义，特别是斜率的含义。在本例中，斜率 0.002263 代表的是，若零件在浸入液中腐蚀时间 x 每增加 1 个单位（s），则平均说来，零件腐蚀深度 y 将增加 0.002263 个单位（mm）。一般说来，回归系数 b 代表的是：x 每增加 1 个单位，平均说来，y 将增加 b 个单位。

同样可以应用 MINITAB 求 x，y 的回归方程，求单自变量的回归方程可以有两种操作方式。

第一种方式是：选择指令"统计 > 回归 > 拟合线图（Stat > Regression > Fitted Plot）"；输入变量名后，得到图 5－5，我们会发现回归方程和手算结果是一致的。

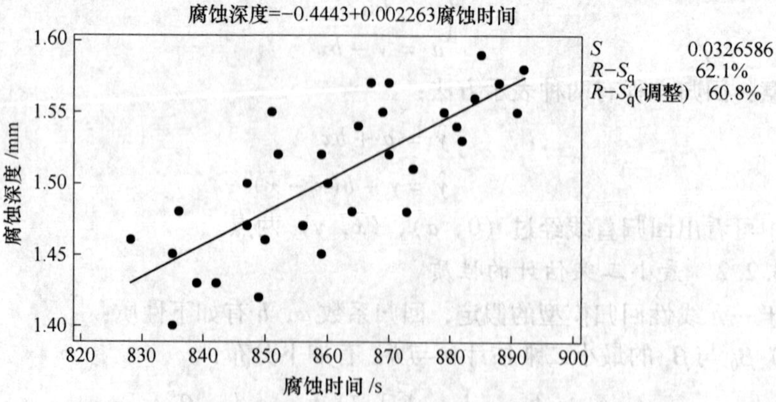

图 5－5 腐蚀时间 X 和腐蚀深度 Y 的一元线性回归拟合线图

另一种方式是：选择指令“统计 > 回归 > 回归（Stat > Regression > Regression)”，输入变量名称后，得到的回归方程也是一致的。除回归方程外，还输出了很多其他有用的信息（见图5-6)，这些信息将在后续加以说明。

回归分析：腐蚀深度与腐蚀时间

回归方程为

腐蚀深度 = -0.444 +0.00226 腐蚀时间

自变量	系数	系数标准误	T	P
常量	-0.4443	0.2785	-1.60	0.121
腐蚀时间	0.0022633	0.0003230	7.01	0.000

$S=0.0326586$　$R-S_q=62.1\%$　$R-S_q$（调整）$=60.8\%$

方差分析

来源	自由度	SS	MS	F	P
回归	1	0.052353	0.052353	49.08	0.000
残差误差	30	0.031997	0.001067		
合计	31	0.084350			

图5-6　MINITAB输出信息

将计算指令“统计 > 回归 > 拟合线图（Stat > Regression > Fitted Plot)”与指令“统计 > 回归 > 回归（Stat > Regression > Regression)”相比较，它们虽然都是进行回归计算，但前者只适用于单个自变量，输出结果比较少，但它输出了回归线的图形，给使用者以直观地显示；而后者可以适用于任意多个自变量，输出结果比较全面详细，但缺点是无任何图形输出（由于多个自变量的原因）。现场工程技术人员应选择合适的窗口实现必要的功能。

回归方程拟合出来之后，我们需要进行统计分析以解决以下四个问题：

(1) 给出回归方程的显著性检验，从总体上判定回归方程是否有效。

(2) 给出回归方程总效果好坏的度量标准。

(3) 当回归方程效果显著时，进行各个回归系数的显著性检验，判定回归方程中哪些自变量是显著的，将效应不显著的自变量删除，以优化模型。这点尤其在多元回归当中至关重要。

(4) 残差诊断。检验数据是否符合回归的基本假定，检验整个回归模型与数据拟合得是否很好，是否能进一步改进回归方程以优化我们的模型。

5.3.3　一元线性回归方程的显著性检验

从求一元线性回归方程系数的最小二乘估计公式可知，不管 y 与 x 之间是否有线性相关关系，只要给出了 n 对数据 (x_i, y_i)，$i=1, 2, \cdots, n$，总可由公式求出 a 与 b，从而写出回归方程 $\hat{y}=a+bx$，然而该方程不一定有意义。那么，什么是一个有意义的回归方程呢？

我们建立回归方程的目的是表达两个具有线性相关的变量间的变化趋势，因此，只有当两个变量具有线性相关关系时所建立的回归方程才是有意义的。

一个有意义的回归方程，首先 y 与 x 必须处于同一过程中，它们间有一定的联系。建立回归方程的目的是寻找 y 随 x 变化的规律，即 $E(y) = \beta_0 + \beta_1 x$。

如果 $\beta_1 = 0$，那么不管 x 如何变化，$E(y)$ 不随 x 的变化作线性变化，这时求得的回归方程就没有意义。如果 $\beta_1 \neq 0$，那么当 x 变化时，$E(y)$ 随 x 的变化作线性变化，这时求得的回归方程才有意义。

因此对回归方程作显著性检验，就是要检验如下的假设：

$$H_0: \beta_1 = 0,\ H_1: \beta_1 \neq 0$$

拒绝 H_0 表示回归方程有意义。

在一元线性回归中有三种等价的检验方法，使用中只要任选其中之一即可。

5.3.3.1 *方差分析法（F 检验）*

这一方法可以方便地推广到多元线性回归分析中。如同方差分析一样，从数据出发，研究各 y_i 不同的原因，通过平方和分解给出。

各 y_i 不同的原因有两个，一是 H_0 不真，从而 $E(y)$ 随 x 的变化而发生线性变化；二是其他一切因素，包括随机误差、x 变化时对 $E(y)$ 的非线性影响等。

数据总波动用总偏差平方和表示：

$$S_T = \sum (y_i - \bar{y})^2 = l_{yy}, f_T = n - 1 \tag{5-2}$$

它可以分解为两项：

$$S_T = \sum (y_i - \bar{y})^2 = \sum (y_i - \hat{y}_i + \hat{y}_i - \bar{y})^2 = \sum (y_i - \hat{y}_i)^2 + \sum (\hat{y}_i - \bar{y})^2$$

式中，乘积项之和为：

$$\sum (y_i - \hat{y}_i)(\hat{y}_i - \bar{y}) = \sum (y_i - \hat{y}_i)[b(x_i - \bar{x})] = b\sum (y_i - \hat{y}_i)x_i - b\bar{x}\sum (y_i - \hat{y}_i)$$

另外从 a，b 满足正规方程组（5-1）可得：

从 $\sum (y_i - a - bx_i) = 0$ 知 $\sum (y_i - \hat{y}_i) = 0$

从 $\sum (y_i - a - bx_i)x_i = 0$ 知 $\sum (y_i - \hat{y}_i)x_i = 0$

故上述乘积之和为 0，因此，我们就得到总平方和的分解式：

$$S_T = S_E + S_R$$

其中：

$$S_E = \sum (y_i - \hat{y}_i)^2 \tag{5-3}$$

称为残差平方和。

$$S_R = \sum (\hat{y}_i - \bar{y})^2 = b^2 l_{xx} = b l_{xy} \tag{5-4}$$

称为回归平方和。

在一元线性回归模型的假设下，有：

$$E(S_E) = (n-2)\sigma^2$$
$$E(S_R) = \sigma^2 + \beta_1^2 l_{xx}$$

式 $E(S_E) = (n-2)\sigma^2$ 表明：残差平方和 S_E 仅含误差的波动，其期望是 σ^2 的（$n-2$）倍，称（$n-2$）为残差平方和 S_E 的自由度，并记为 $f_E = n-2$，并称 $MS_E = S_E/f_E$ 残差均方，它提供了 σ^2 的无偏估计。

式 $E(S_R) = \sigma^2 + \beta_1^2 l_{xx}$ 表明：回归平方和 S_R 不仅含有少量误差波动，还含有回归系数 β_1 的成分。在原假设 H_0: $\beta_1 = 0$ 为真时，S_R 也是 σ^2 的无偏估计，此时 S_R 仅含一个 σ^2，故 S_R 的自由度为1，即 $f_R = 1$。

响应变量 $y_{总}$ 的数据波动用总偏差平方和 S_T 表示，本质上说，S_T 由两大部分组成：一方面，由于 x，y 之间存在线性相关关系时，x 的变化会引起 y 的变化，这种变化可以用回归线上的拟合点的波动加以解释，归结为 S_R；另一方面，数据观测点与回归线上拟合点的差异完全是由于随机误差引起的，这种残差的平方和归结为 S_E。可以设想，如果回归完全没有意义，则回归方程变成一条水平线，这时回归平方和 S_R 将几乎为0，而残差平方和 S_E 将构成总偏差平方和 S_T 的主体；反之，可以设想，如果回归非常好，则数据点几乎全在回归方程线上，这时残差平方和 S_E 将几乎为0，而回归平方和 S_R 将构成总偏差平方和 S_T 的主体。因此，S_R 与 S_E 的比值将是度量回归是否显著的最具有代表性的结果。但我们还不能直接将两者的比值直接使用，这是因为形成两个平方和的独立变量个数并不相同，要各自对其平方和求出“平均”，也就是要除以各自的自由度，这就是“均方和”（mean square）。具体写出来，这个比值就是：

$$F = \frac{S_R/f_R}{S_E/f_E} = \frac{MS_R}{MS_E}$$

如果这个比值足够大，就有理由否定“回归模型无意义”的原假设，而应该认为回归效果是显著的。统计学家证明，在原假设成立的条件下，F 将服从自由度为（f_R，f_E）的 F 分布。拒绝域为：

$$F > F_{1-\alpha}(f_R, f_E)$$

将上述所有结果整理一下，就可以得到下列方差分析表（见表5-3）。这里除了列出的自由度一列是针对简单线性回归给出的，其他列是所有回归分析都相同的。

表5-3　一元线性回归的ANOVA表

来源	偏差平方和	自由度	均方和	F 比
回归	S_R	$f_R = 1$	$MS_R = S_R/f_R$	$F = MS_R/MS_E$
残差	S_E	$f_E = n-2$	$MS_E = S_E/f_E$	
总计 T	$S_T = S_E + S_R$	$f_T = f_R + f_E$		

［例5-3］　根据［例5-2］求出的回归方程，对求出的回归方程作显著性检验。

解：根据式（5－2）～式（5－4），可得：

$$S_{\mathrm{T}} = \sum_{i=1}^{n} (y_i - \bar{y})^2 = l_{yy} = 0.08435, f_{\mathrm{T}} = n - 1 = 31$$

$$S_{\mathrm{R}} = \sum_{i=1}^{n} (\hat{y}_i - \bar{y})^2 = b^2 l_{xx} = b l_{xy} = 0.00226 \times 23.1312 = 0.05228, f_{\mathrm{R}} = 1$$

$$S_{\mathrm{E}} = S_{\mathrm{T}} - S_{\mathrm{R}} = 0.03207, f_{\mathrm{E}} = n - 2 = 30$$

$$MS_{\mathrm{R}} = S_{\mathrm{R}}/f_{\mathrm{R}} = 0.05228, MS_{\mathrm{E}} = S_{\mathrm{E}}/f_{\mathrm{E}} = 0.001069$$

将计算结果列入方差分析表，见表5－4。

表5－4　方差分析表

来源	偏差平方和	自由度	均方和	F 比
回归	0.05228	$f_{\mathrm{R}}=1$	0.05228	48.9055
残差	0.03207	$f_{\mathrm{E}}=30$	0.001069	
总计 T	0.08435	$f_{\mathrm{T}}=31$		

由于 F 的观测值落入拒绝域：$F = 48.9055 > F_{1-\alpha}(f_{\mathrm{R}}, f_{\mathrm{E}}) = F_{0.95}(1,30) = 4.17$，所以可以得出结论：方程是有显著意义的。

ANOVA 表的另一个用途是提供了残差的方差的估计量：一元线性回归模型中的随机误差 $\varepsilon_i \sim N(0,\sigma^2)$，从 ANOVA 表中可以得到 MS_{E}，而 MS_{E} 正是 σ^2 的无偏估计，即可以选取：

$$\hat{\sigma}^2 = MS_{\mathrm{E}}$$

5.3.3.2　t 检验

在正态分布假定下，还可以证明如下结论：

（1）$S_{\mathrm{E}}/\sigma^2 \sim \chi^2(n-2)$；

（2）在 H_0 为真时，$S_{\mathrm{R}}/\sigma^2 \sim \chi^2(1)$；

（3）S_{E} 与 S_{R} 相互独立，也可以说 S_{E}，$\hat{\beta}_1$，$\bar{y}$ 相互独立。

由于 $b \sim N\left(\beta_1, \dfrac{\sigma^2}{l_{xx}}\right)$，$S_{\mathrm{E}}/\sigma^2 \sim \chi^2(n-2)$，且 S_{E} 与 $\hat{\beta}_1$ 相互独立，因此

$$\frac{\hat{\beta}_1 - \beta_1}{\sigma/\sqrt{l_{xx}}} \Bigg/ \sqrt{\frac{S_E}{\sigma^2(n-2)}} = \frac{\hat{\beta}_1 - \beta_1}{\hat{\sigma}/\sqrt{l_{xx}}} \sim t(n-2)$$

在 H_0 为真时，有：

$$t = \frac{\hat{\beta}_1}{\hat{\sigma}/\sqrt{l_{xx}}} \sim t(n-2)$$

给定的显著性水平 α，拒绝域为：

$$|t| \geqslant t_{1-\alpha/2}(n-2)$$

其中 $\hat{\sigma}=\sqrt{S_E/(n-2)}$，由于 $\sigma_{\hat{\beta}_1}=\sigma/\sqrt{l_{xx}}$，因此称 $\sigma_{\hat{\beta}_1}=\hat{\sigma}/\sqrt{l_{xx}}$ 为 $\hat{\beta}_1$ 的标准误差，即 $\hat{\beta}_1$ 的标准差的估计。

还可指出，$t^2=F$，在 H_0 为真时，t^2 服从 $F(1, n-2)$。这是因为：

$$t^2=\frac{\hat{\beta}_1^{\,2}}{\hat{\sigma}^2/l_{xx}}=\frac{\hat{\beta}_1^{\,2}\cdot l_{xx}}{S_E/(n-2)}=\frac{S_E}{S_E/(n-2)}=F$$

可见 t 检验可以转化为 F 检验，反之不然，因为反函数 $t=\pm\sqrt{F}$ 不是单值函数。

5.3.3.3 相关关系检验

这就是所叙述的求两个变量间的相关系数，对于给定的显著性水平 α，当 $|r|\geqslant r_{1-\alpha/2}(n-1)$ 时，便认为两个变量间存在线性相关关系，所求得的回归方程是有意义的。

实际上，r 与 $\hat{\beta}_1$、r 与 F 都有联系：

$$r=\frac{l_{xx}}{\sqrt{l_{xx}l_{yy}}}=\sqrt{\frac{l_{xx}}{l_{yy}}}\hat{\beta}_1, r^2=\frac{l_{xy}^2}{l_{xx}l_{yy}}=\frac{S_R}{S_T}=\frac{F}{F+(n-2)}$$

由于在 $F\geqslant F_{1-\alpha}(1, n-2)$，回归方程是显著的，故相当于：

$$r^2\geqslant\frac{F_{1-\alpha/2}(1,n-2)}{F_{1-\alpha/2}(1,n-2)+(n-2)}$$

即 $|r|\geqslant r_{1-\alpha/2}\ (n-2)$，这里 $r_{1-\alpha/2}=\sqrt{\dfrac{F_{1-\alpha/2}(1,n-2)}{F_{1-\alpha/2}(1,n-2)+(n-2)}}$。

5.3.4 一元线性回归方程总效果的度量

如果实际观测值拟合出来的回归线很贴近，说明回归线与数据拟合得很好，我们就说回归方程总效果很好。为了比较几种回归方程效果的好坏，通常用三个指标来度量回归方程的总效果：R^2（MINITAB 使用记号 $R-Sq$），R_{adj}^2（MINITAB 使用记号 $R-Sq(adj)$）以及 S（或 S_e）。下面加以说明。

5.3.4.1 决定系数 R^2

从前面 ANOVA 内容我们知道，$S_T=S_E+S_R$，当实际状况是观测点在回归直线旁很近时，回归总效果就很好。因此在 ANOVA 表中，F 很大，即 S_R 与 S_E 相比很大，当然 S_R 在 S_T 中的比率也就很大。这时可以用决定系数 R^2 来表示这个比率：

$$R^2=\frac{S_R}{S_T}=1-\frac{S_E}{S_T}=\frac{bl_{xy}}{l_{yy}}=\frac{b^2l_{xx}}{l_{yy}}$$

决定系数 R^2 测度了回归直线对观测数据的拟合程度，若所有观测点都落在直线上，残差平方和 $S_E=0$，$R^2=1$，拟合是完全的；如果 y 的变化与 x 无关，x

完全无助于解释 y 的变差，此时 $\hat{y}=\bar{y}$，则 $R^2=0$。可见 R^2 的取值范围是[0，1]。R^2 越接近于1，表明回归平方和占总平方和的比例越大，回归直线与各观测点越接近，用 x 的变化来解释 y 值变差的部分就越多，回归直线的拟合程度就越好；反之，R^2 越接近于0，回归直线的拟合程度就越差。

在具体计算 R^2 时，有：

$$R^2=\frac{S_R}{S_T}=\frac{b^2 l_{xx}}{l_{yy}}=\frac{b l_{xy}}{l_{yy}}=\frac{l_{xy}}{l_{xx}}\times\frac{l_{xy}}{l_{yy}}=\left(\frac{l_{xy}}{\sqrt{l_{xx}}\sqrt{l_{yy}}}\right)^2=r^2$$

可见在一元线性回归中，相关系数 r 实际上是判定系数（或称决定系数）的平方根。这一结论不仅可以由相关系数直接计算决定系数 R^2，也可以进一步理解相关系数的意义。相关系数 r 与回归系数 $\hat{\beta}_1$ 的正负号是相同的，实际上，相关系数 r 也从另一角度说明了回归直线的拟合优度。$|r|$ 越接近1，表明回归直线对观测数据的拟合程度就越高。但用 r 说明回归直线的拟合优度需要慎重，因为 r 的值总是大于 R^2 的值（除非 $r=0$ 或 $|r|=1$）。比如，当 $r=0.5$ 时，表面上看似乎有一半的相关了，但 $R^2=0.25$，实际上这只能解释总变差的25%。$r=0.7$ 才能解释近一半的变差，$r<0.3$ 意味着只有很少一部分变差可由回归直线来解释。

5.3.4.2　修正的多重判定系数 R^2_{adj}

需要注意的是，R^2 并不是回归模型拟合效果的最好度量指标。这是因为，从回归平方和的定义就可以看出，当多一个自变量加入模型时，不管这个变量影响是否显著，回归平方和都会增大，R^2 也会增大。因此从 R^2 的增大看不出新增加的自变量是否有意义，这点在多元回归中会更为明显。此时我们应该用 R^2_{adj} 去修正 R^2，以考虑模型总项数增加带来的影响。

$$R^2_{adj}=1-\frac{S_E/(n-p)}{S_T/(n-1)}$$

式中，p 代表回归方程中自变量（包含常数项在内）的个数。

在一元线性回归中，由于 $p=2$，所以：

$$R^2_{adj}=1-\frac{S_E/(n-2)}{S_T/(n-1)}$$

从定义就可以看出，$R^2_{adj}\leqslant R^2$，引入 R^2_{adj} 的作用就是看它与 R^2 之间的差距有多大，两者数值越接近，说明模型拟合越好。

5.3.4.3　估计标准误差 S

对于一个变量的诸多观测值，可以用标准差来测度各观测值在其平均数周围的分散程度。与之类似的一个量可以用来测度各实际观测点在直线周围的散布状况，这个量就是估计标准误差，也称为估计量的标准差或标准误差。

均方残差（MS_E）的平方根，称为估计量的标准差（standard error of estimate)，或简称为标准误差，用 S 来表示。估计标准误差是对各观测点在直线周围分散程度的一个度量值，它是对误差项 ε 标准差 σ 的估计。其计算公式为：

$$S = \sqrt{\frac{\sum (y_i - \hat{y}_i)^2}{n-2}} = \sqrt{\frac{S_E}{n-2}} = \sqrt{MS_E}$$

从此式可以看出，估计标准误差是残差平方和 S_E 除以它的自由度 $n-2$ 后的平方根。

估计标准误差 S 可以看作是在排除了 x 对 y 的线性影响后，y 随机波动大小的一个估计量。从估计标准误差的实际意义看，它反映了用估计的回归方程预测因变量 y 时预测误差的大小。若各观测点越靠近直线，S 越小，回归直线对各观测点的代表性就越好，根据估计的回归方程进行预测也就越准确；若各观测点全部落在直线上，则 $S=0$。此时用自变量来预测因变量时没有误差。S 也可以从另一个角度说明回归直线的拟合优度。

由于正态分布均值加减 2 倍标准差将包含大约 95% 的数据，因此，粗略地说，以回归线为中心，上下各距离 $2S$ 倍为距离画出平行线区域（即 $\hat{y} \pm 2S$ 范围）将包含大约 95% 的数据。使用者可以根据此数值估计出观测值可能波动的范围，如果使用者认为 $2S$ 的误差可以容忍的话，则回归方程是可接受的；反之如果此误差大得不能容忍的话，则回归方程是无意义的。

对于几个不同的回归方程的效果加以比较时，S 是最重要的指标，哪个回归方程的 S 最小，哪个回归方程就最好。

续［例 5-2］，计算度量回归方程总效果的三个指标：

$$R^2 = 1 - \frac{S_E}{S_T} = \frac{S_R}{S_T} = \frac{0.05228}{0.08435} = 61.98\%$$

$$R^2_{adj} = 1 - \frac{S_E/(n-2)}{S_T/(n-1)} = 1 - \frac{0.001069}{0.002721} = 60.71\%$$

$$S = \sqrt{MS_E} = \sqrt{0.001069} = 0.0327$$

这些结果在 MINITAB 的输出中都可以找到。

5.3.5 回归系数的显著性检验

在回归线的两个系数中，显然斜率 b 较截距 a 更为重要，因为如果 $b=0$，就意味着回归线是水平的，因变量将不受自变量的影响，从而 $b=0$，就意味着回归线是水平的，因变量将不受自变量的影响，从而 $b=0$ 将导致拟合出来的回归线毫无意义。由于在一元线性回归中只有一个自变量，所以对于一元线性回归而言，回归系数的检验与回归方程的显著性检验是同一回事，但是对于多元线性回归将有很大的差别。对于回归方程系数的检验，我们不能简单地比较几个系数的大小就得出结论，因为系数都是有量纲的，无法直接比较。

本节介绍关于一元线性回归中回归系数 b 的准确检验方法——t 检验法。其检验步骤为：

（1）设立一般假设：$H_0:\beta_0=0$，$H_1:\beta_1\neq 0$。

（2）确定检验统计量：基于 5.3.2 小节内容，已知回归系数 $b\sim N\left(\beta_1,\ \frac{\sigma^2}{l_{xx}}\right)$，得到 t 检验统计量及其在原假设成立时的分布为：

$$t=\frac{b-0}{\sqrt{\frac{S^2}{l_{xx}}}}=\frac{b\sqrt{l_{xx}}}{S}\sim t(n-2)$$

式中，$S=\sqrt{MS_E}$。

（3）拒绝域 W 为：$|t|>t_{1-\alpha/2}(n-2)$。

［例 5－4］ 根据例 5－2 求出的回归方程，对回归方程的斜率 b 进行显著性检验。

解： 设立假设：$H_0:\beta_0=0$，$H_1:\beta_1\neq 0$

确定检验统计量：

σ 未知时，由于 $\hat{\sigma}^2=MS_E=0.001069$，得到的检验统计量为：

$$t=\frac{b-0}{\sqrt{\frac{S^2}{l_{xx}}}}=\frac{0.002263}{\sqrt{\frac{0.001069}{10220.2}}}=6.9972$$

由于 $t=6.9972>t_{1-\alpha/2}(n-2)=t_{0.975}(30)=2.0423$

结论：拒绝原假设，回归线斜率不为 0，系数对应的自变量 x 是显著的。

此项检验结果在 MINITAB 输出中也有相应的输出（见图 5－7）（在 $R-Sq$ 等回归效果度量之前）：

```
回归分析：腐蚀深度与腐蚀时间
回归方程为
腐蚀深度 = -0.444 + 0.00226 腐蚀时间
自变量    系数        系数标准误   T      P
常量      -0.4443     0.2785      -1.60  0.121
腐蚀时间  0.0022633   0.0003230   7.01   0.000
S = 0.0326586   R-Sq = 62.1%   R-Sq（调整） = 60.8%
```

图 5－7 MINITAB 输出信息

由于对 x 的回归系数检验得到的 P 值为 0，因此拒绝原假设，即应认为回归系数不为 0，此自变量对于 y 是有意义的。

当自变量只有一个的时候，ANOVA 中的 F 检验与这里的 t 检验其实是一回事，事实上，t 的平方就是 F（本例中，ANOVA 表中的 $F=49.08$，恰好就是 $T=$

7.01 的平方）所以两个检验的效果（包括 P 值）都会完全等价。但是当自变量不止一个的时候，ANOVA 中的 F 检验可分析回归的总效果，t 检验可分别检验每个单独的自变量是否有显著意义，两者含义有很大差别。回归总效果显著不能排除某几个自变量是无意义的。我们进行回归方程系数检验的目的，就是把这些多余的变量从方程中剔除掉。

5.3.6 回归方程的失拟性检验

前面，我们是在假定 $E(y) = \beta_0 + \beta_1 x$ 的条件下来讨论参数的最小二乘估计及关于假设 $H_0: \beta_1 = 0$ 的检验问题。如果给出了数据，能否确信 $E(y) = \beta_0 + \beta_1 x$? 在一元线性回归中图形是一种直观的工具，但是散点图毕竟比较粗糙，因此希望给出一种统计检验的方法。检验的假设可以表示为：

$$H_0: E(y) = \beta_0 + \beta_1 x,\ H_1: E(y) \neq \beta_0 + \beta_1 x$$

若在一个或几个随机变量 x 下各有若干个重复试验（或观察）数据的话，这些重复试验数据可以提供纯误差平方和，将它从残差平方和中分解出来，从而可以给出一种失拟性检验方法。

设所收集的观察数据为 $(x_i,\ y_{ij})$，$j = 1, 2, \cdots, m_i$，$i = 1, 2, \cdots, n$，其中至少有一个 $m_i \geqslant 2$，记 $N = \sum_{i=1}^{n} m_i$。

首先将数据看成 N 组独立数据，可以建立 y 关于 x 的一元线性回归方程 $\hat{y} = \hat{\beta}_0 + \hat{\beta}_1 x$，此时有平方和分解式：$S_T = S_R + S_E$，其中：

$$S_T = \sum_{i=1}^{n} \sum_{j=1}^{m_i} (y_{ij} - \bar{y})^2,\ f_T = N - 1$$

$$S_E = \sum_{i=1}^{n} \sum_{j=1}^{m_i} (y_{ij} - \hat{y}_i)^2,\ f_E = N - 2$$

在 H_0 为真时，$S_E/\sigma^2 \sim \chi^2(N-2)$。

现在对 S_E 再作分解。由于在 S_E 中除了随机误差外，还可能包含 x 对 y 的非线性影响或其他重要变量的影响。现在在同一 x 下有重复数据，可以将随机误差从中分离出来。纯误差平方和可以用下式表示：

$$S_e = \sum_{i=1}^{n} \sum_{j=1}^{m_i} (y_{ij} - \overline{y_i})^2,\ f_e = \sum_{i=1}^{n} (m_i - 1) = N - n \quad \text{且} \quad S_E/\sigma^2 \sim \chi^2(N-2)$$

由于

$$S_E = \sum_{i=1}^{n} \sum_{j=1}^{m_i} (y_{ij} - \hat{y}_i)^2 = \sum_{i=1}^{n} \sum_{j=1}^{m_i} (y_{ij} - \overline{y_i} + \overline{y_i} - \hat{y}_i)^2$$

$$= \sum_{i=1}^{n} \sum_{j=1}^{m_i} (y_{ij} - \overline{y_i})^2 + \sum_{i=1}^{n} m_i (\overline{y_i} - \hat{y}_i)^2 = S_e + S_{Lf}$$

其中，$\overline{y_i}=\frac{1}{m_i}\sum_{j=1}^{m_i}y_{ij}$，而

$$S_{\mathrm{Lf}} = \sum_{i=1}^{n} m_i(\overline{y_i} - \hat{y}_i)^2 = S_{\mathrm{E}} - S_{\mathrm{e}}, f_{\mathrm{Lf}} = f_{\mathrm{E}} - f_{\mathrm{e}} = n - 2$$

称为失拟平方和。这是因为$\overline{y_i}$总可以看成是$E(y_i)$的无偏估计，而当H_0: $E(y)=\beta_0+\beta_1 x$为真时，$\hat{y}_i$也是$E(y_i)$的无偏估计，若两者相差不大，可以认为H_0: $E(y)=\beta_0+\beta_1 x$为真，否则可能含有x对y的非线性影响或其他变量的影响，因此称它为失拟平方和。

可以证明在H_0: $E(y)=\beta_0+\beta_1 x$为真时，$S_{\mathrm{Lf}}/\sigma^2 \sim \chi^2(n-2)$，且与$S_{\mathrm{e}}/\sigma^2$相互独立。那么可用如下的统计量来进行检验：

$$F_{\mathrm{Lf}} = \frac{S_{\mathrm{Lf}}/f_{\mathrm{Lf}}}{S_{\mathrm{e}}/f_{\mathrm{e}}}$$

当H_0为真时$F_{\mathrm{Lf}} = \frac{S_{\mathrm{Lf}}/f_{\mathrm{Lf}}}{S_{\mathrm{e}}/f_{\mathrm{e}}} \sim F(f_{\mathrm{Lf}}, f_{\mathrm{e}})$。对于给定的显著性水平$\alpha$，拒绝域为：

$$\{F_{\mathrm{Lf}} \geqslant F_{1-\alpha}(f_{\mathrm{Lf}}, f_{\mathrm{e}})\}$$

当不能拒绝H_0时，认为一元线性回归模型合适，S_{Lf}与S_{e}两者都是随机误差引起的，因此两者可以合并，用来检验H_0: $\beta_1=0$是否为真。

当拒绝H_0时，说明S_{Lf}不全是随机误差引起的，需要改变模型，关于模型的修改有多种可能，譬如$y=\beta_0+\beta_1 x+\beta_2 x^2+\varepsilon$，或存在另一个自变量$x_2$对$y$有影响等，这些将要用到二元或多元线性回归作进一步处理。

[例 5-5] 根据例 5-2 求出的回归方程，对该模型进行失拟检验。

解： y关于x的一元线性回归方程为：

$$\hat{y} = -0.44410 + 0.002263x$$

对应的各偏差平方和及自由度分别为：

$S_{\mathrm{T}}=0.08435$，$f_{\mathrm{T}}=n-1=31$

$S_{\mathrm{R}}=0.05228$，$f_{\mathrm{R}}=1$

$S_{\mathrm{E}}=0.03207$，$f_{\mathrm{E}}=n-2=30$

由于在$x=835$，847，859，870处，各有2次重复的试验结果，所以可以求出纯误差平方和：$S_{\mathrm{e}}=0.0054$，$f_{\mathrm{e}}=4$，则失拟平方和为：

$$S_{\mathrm{Lf}}=S_{\mathrm{E}}-S_{\mathrm{e}}=0.03207-0.0054=0.02667, f_{\mathrm{Lf}}=f_{\mathrm{E}}-f_{\mathrm{e}}=30-4=26$$

从而$F_{\mathrm{Lf}}=\frac{S_{\mathrm{Lf}}/f_{\mathrm{Lf}}}{S_{\mathrm{e}}/f_{\mathrm{e}}}=0.7598<F_{0.95}(26, 4)=5.76$，这表明一元线性回归模型合适。

利用残差平方和可以对回归方程进行检验：

$$F = \frac{S_{\mathrm{R}}/f_{\mathrm{R}}}{S_{\mathrm{E}}/f_{\mathrm{E}}} = 48.9055 > F_{1-\alpha}(f_{\mathrm{R}}, f_{\mathrm{E}}) = F_{0.95}(1,30) = 4.17$$

所以回归方程是显著的。上述计算与分析的综合结果见表5－5方差分析表。

表5－5 方差分析表

来 源	平方和	自由度	均 方	F比
回归	0.05228	1	0.05228	48.9055
残差	0.03207	30	0.001069	
失拟	0.02667	26	0.001026	0.7598
纯误差	0.0054	4	0.001350	
总 计	0.08435	31		

5.3.7 回归方程残差诊断

以上对回归方程进行显著性检验，都是基于回归的四项假定。如果数据是随机收集的，那么独立性问题不大。若在同一x下有多个重复试验或重复观察，那么对回归函数是否为线性可以用失拟检验方法进行检验。然而通常在一个x下仅有一个观察值，因此无法用统计方法对回归函数是否为线性、方差是否相等，分布是否为正态等假定进行检验。为此我们只能利用残差进行诊断。

前面介绍过，残差的定义为实际观测值与拟合值之差，即$e_i = y_i - \hat{y}_i$。正常情况下，如果模型确实能够反映数据情况，则残差应能满足如下假定：

（1）各ε_i均值为0，从而各y_i的均值是$Ey_i = \beta_0 + \beta_1 x_i$，$i = 1, 2, \cdots, n$；

（2）各ε_i方差相等均为σ^2，从而各y_i的方差相等均为σ^2：

$$\mathrm{Var}(y_i) = \sigma^2 \quad i = 1,2,\cdots,n$$

（3）各ε_i相互独立，从而各y_i相互独立；

（4）各ε_i都服从同一正态分布，从而各y_i服从正态分布：$y_i \sim N(\beta_0 + \beta_1 x_i, \sigma^2)$。

为了检验残差是否满足这些条件，我们要进行残差诊断，而这主要是使用图形方法。在进行残差诊断时应该画出下列四种图：

（1）残差对于观测顺序的散点图：以残差为纵轴，以时间T为横轴；

（2）残差对于拟合值$\hat{y}$的散点图：以残差为纵轴，以拟合值$\hat{y}$为横轴；

（3）残差的正态概率图：在正态概率纸上，以累计百分比为纵轴，以残差为横轴；

（4）残差对于各自变量的散点图：以残差为纵轴，以各自变量为横轴。

下面画出在正常情况及不正常情况下的各散点的轮廓图状况（见图5－8）。

这些图并不特定指上述各图中的哪种图。总之，以残差为纵轴，横轴可以是时间、自变量、拟合值。正常的残差图应该如图5－8a所示的情况：散点散布在水平矩形中。非正常残差图如图5－8b、c、d所示的情况。

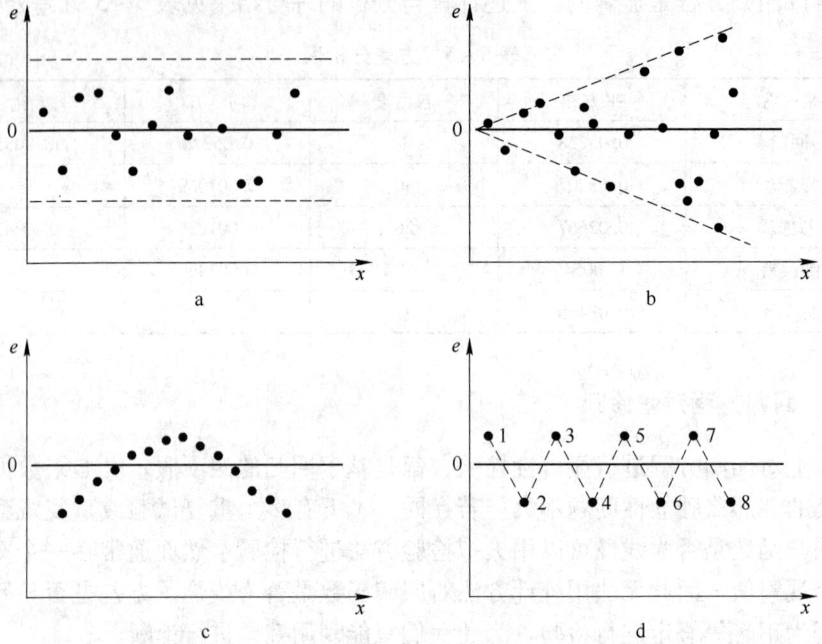

图 5-8 常见残差图类型

其中残差对于拟合值 $\hat{y}$ 的散点图中的不正常，主要出现的情况如图 5-8b、c 所示，这说明模型与数据拟合得不好，需要改进模型。如果出现如图 5-8b 的情况，即残差图呈现出“喇叭口”，一般说明对于 y 的线性模型与数据拟合不好，建议对 y 作个变换会更好，例如将 y 取平方根、取对数、取倒数等。残差对于各自变量的散点图情况的不正常，主要出现如图 5-8c 的情况，即出现“弯曲”。对于这种不正常，一般说明 y 对于 x 的线性模型与数据拟合不好，建议增加 x 的高阶项可使其好些（例如拟合 x 的二次函数或三次函数）。图 5-8d 的情况特别容易出现在横轴为试验顺序的图中，对于这种不正常，一般说明试验过程中混入了某种系统的但未知的干扰原因，要对数据（或数据收集）过程进行更仔细的分析，找出异常的原因，这常常导致要重新试验或重新收集数据。总之，要对不正常的残差找出原因，并设法解决。残差中出现问题要设法解决，但情况多种多样，很难找出能概括所有情况的一般办法，要靠丰富的经验才能顺利解决和多试验几种方法再确定。

[例 5-6] 以例 5-1 为例，试通过 MINITAB 做回归方程的显著性检验、回归总效果度量、回归系数显著性检验及残差分析。

解： 输入变量名称及数据，选择指令“统计 > 回归 > 回归（Stat > Regression > Regression）”，得到界面如图 5-9a 所示。再点击“图形（Graphs）”，得到如图 5-9 所示的界面，勾选“四合一（Four in one）”，在“残差与变量（Residuals Versus the variables）”中输入自变量名称，如图 5-9b 所示的右下角。

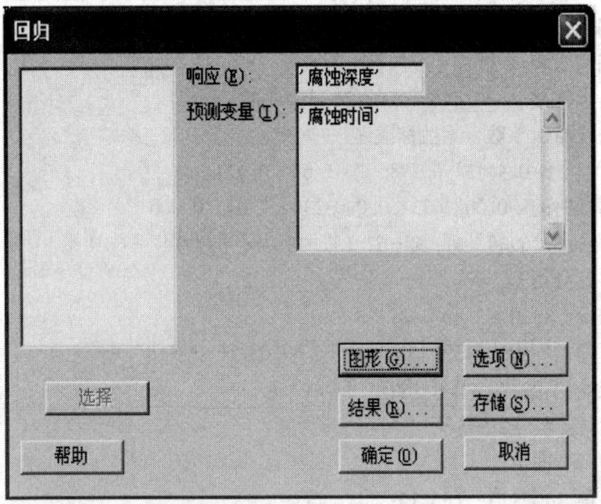

a

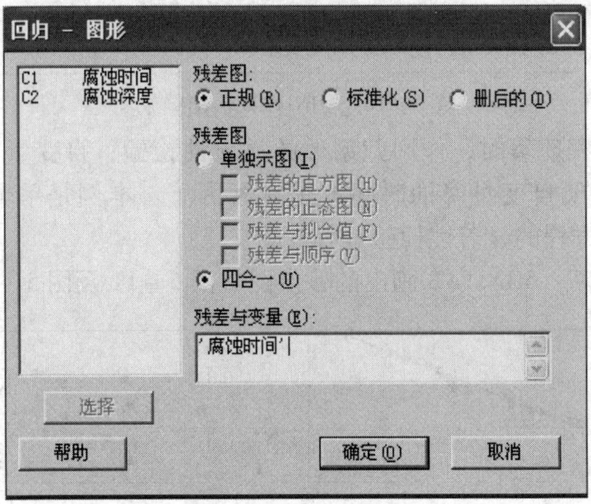

b

图5-9　回归操作图

点击“确定”后，可得下列输出结果见图5-10~图5-12。

输出结果说明：

(1) 回归方程的显著性检验：要先看ANOVA表中的结果。其中对应F统计量49.08的P值是$0.000<0.05$，所以从整体上判定回归方程是显著有效的。

(2) 回归方程总效果的度量：$R-Sq$与$R-Sq(adj)$很接近，且$R-Sq(adj)=60.8\%$，说明拟合的模型可以解释腐蚀深度y中60.89%的变异，回归的效果还可以，但不能认为好，这提示相关质量工程师还得关注腐蚀溶液以及可剥性保护涂料，因为腐蚀溶液和可剥性保护涂料的成分也会影响到腐蚀深度。同时拟合模型的S大约是0.0326586mm，上下大约为$2S$倍，即约0.0653172mm，所以我们认为模型拟合总效果还可以。

回归分析：腐蚀深度与腐蚀时间

回归方程为

腐蚀深度 = -0.444 +0.00226 腐蚀时间

自变量	系数	系数标准误	*T*	*P*
常量	-0.4443	0.2785	-1.60	0.121
腐蚀时间	0.0022633	0.0003230	7.01	0.000

S = 0.0326586　*R* - *Sq* = 62.1%　*R* - *Sq*（调整）= 60.8%

方差分析

来源	自由度	*SS*	*MS*	*F*	*P*
回归	1	0.052353	0.052353	49.08	0.000
残差误差	30	0.031997	0.001067		
合计	31	0.084350			

异常观测值

观测值	腐蚀时间	腐蚀深度	拟合值	拟合值标准误	残差	标准化残差
13	851	1.55000	1.48171	0.00675	0.06829	2.14*R*

R 表示此观测值含有大的标准化残差

图 5-10　MINITAB 输出结果

（3）回归方程显著时，作回归系数的显著性检验：自变量 x 系数的 P 值 = 0.000 <0.05，说明自变量腐蚀时间 x 是显著因子。本例是单个自变量的情况，这项检验与回归方程的显著性检验是等价的。

（4）残差诊断：MINITAB 画出的残差图见图 5-11 及图 5-12。

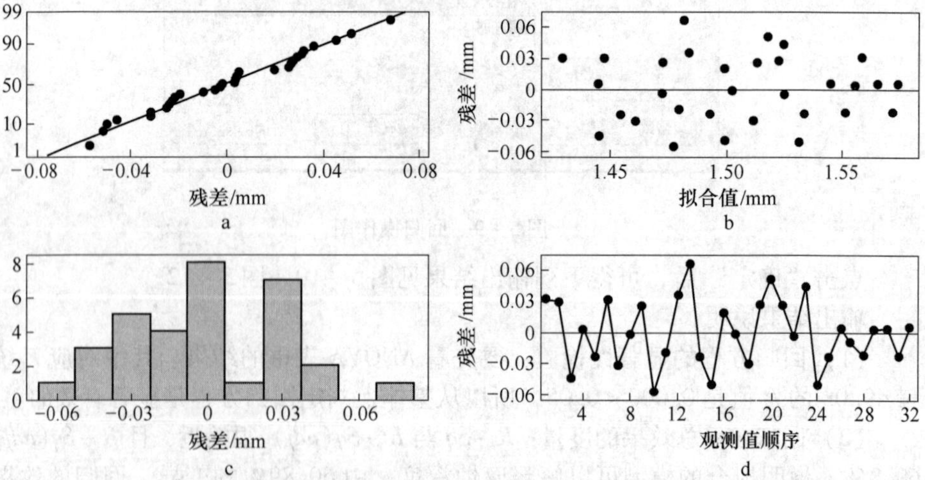

图 5-11　腐蚀深度残差图

a—正态概率图；b—与拟合值；c—直方图；d—观测值顺序

图 5-11 和图 5-12 为残差诊断的输出结果，下面加以解释：

（1）首先看右下角“残差与观测值顺序（Residuals Versus the Order of the

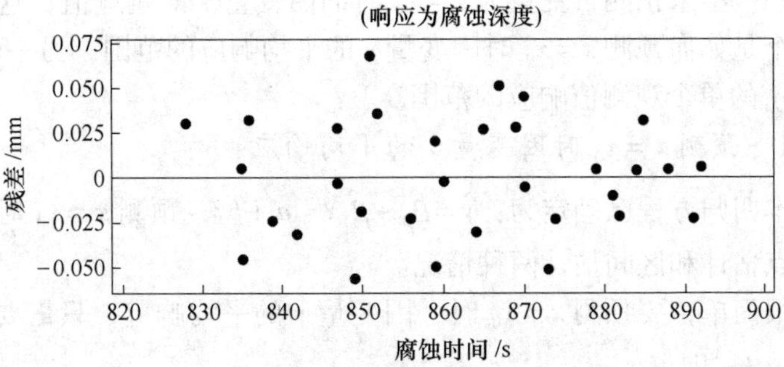

图 5-12 残差与腐蚀时间

Data)”：观察残差对于以观测值顺序为横轴的散点图，重点考察此图中残差值是否随机在水平轴上下无规则的波动。若是随机波动，说明残差值间是相互独立的。在本例中，残差值随机波动，彼此间是独立的。

(2) 看右上角“残差与拟合值 (Residuals Versus the Fitted Values)”：重点考察此散点图中残差是否保持着等方差性，即是否有“漏斗形”或“喇叭形”。若图形明显有漏斗形或喇叭形，说明对响应变量 y 需要做某种变换，变换后重新拟合模型，拟合效果会更好。本例中，图形正常，残差是等方差的。

(3) 看左上角“正态概率图 (Normal Plot of Residuals)”：观察残差的正态概率图，看残差值是否符合正态分布。本例中，$P = 0.521 > 0.05$，可以认为残差是服从正态分布的：左下角的“残差直方图 (Histogram of the Residuals)”可供辅助检查残差大致分布情况。

(4) 看残差对于以各自变量为横轴的散点图“残差与自变量腐蚀时间 (Residuals Versus the Variables)”：重点考察此图中是否有弯曲趋势。若残差虽保持等方差，但图形有明显的弯曲趋势，就应考虑增加自变量的高阶项才能使模型拟合得更好些。本例中，残差对于自变量“腐蚀时间”的散布图是正常的，无弯曲趋势。

由以上残差图分析可以得出结论：数据符合我们对于回归的基本假定，本例整个线性回归方程与数据拟合是较好的。

5.3.8 利用回归方程进行预测

建立了变量 x 与 y 之间的回归方程，并经检验确认回归方程有意义之后，就可以用来指导现场生产了。生产中通常关心这样两方面的问题：

(1) 对于任一给定的 x_0，预测相应的 y_0 应是多大或大致落在什么范围；

(2) 若生产中需要使 y 在某一范围 $y_1 \leqslant y \leqslant y_2$ 内取值，应将变量 x 控制在什么范围内。

前者就是所谓的预测问题，后者就是所谓的控制问题。

利用回归模型来预测自变量为 $x=x_0$ 时的因变量 y 的响应值，这里要考虑两个问题：一个是如何预测 $x=x_0$ 时因变量 y 的平均响应的范围；另一个是预测 $x=x_0$ 时因变量 y 的单个观测值响应的范围。

5.3.8.1　预测 $x=x_0$ 时因变量 y 的平均响应

假定样本回归方程已确定为：$\hat{y}=\hat{\beta}_0+\hat{\beta}_1x=a+bx$，预测 $x=x_0$ 时因变量 y 的平均响应有点估计和区间估计两种情况。

点估计很简单，要预测 $x=x_0$ 时，因变量 y 的平均响应，只需要将 $x=x_0$ 代入方程 $\hat{y}_i=a+bx_i$ 即可。

而求出因变量 y 的平均响应置信区间则比较复杂。本来，如果我们得到的回归方程已经就是理论的回归方程的话，则点估计就是准确的预测均值。但我们的回归方程是经验回归方程，回归方程中的参数是由样本估计而来，a，b 并不是理论回归方程中的 β_0，β_1，回归系数的波动导致预测因变量 y 的平均响应产生波动。

为得到 $E(y_0)$（即因变量 y 的平均响应）的置信区间，我们需要知道 $\hat{y}_0$ 的分布，由最小二乘估计的性质可得：

$$\hat{y}_0=\hat{\beta}_0+\hat{\beta}_1x_0=a+bx_0\sim N\left(\beta_0+\beta_1x_0,\left[\frac{1}{n}+\frac{(x_0-\bar{x})^2}{l_{xx}}\right]\sigma^2\right)$$

又 $S_E/\sigma^2\sim\chi^2(n-2)$，且 S_E 与 $\hat{y}_0=\bar{y}+\hat{\beta}_1(x_0-\bar{x})$ 相互独立，记：

$$\hat{\sigma}^2=\frac{S_E}{n-2}$$

则

$$\frac{(\hat{y}_0-E(y_0))\bigg/\sqrt{\dfrac{1}{n}+\dfrac{(x_0-\bar{x})^2}{l_{xx}}}\sigma}{\sqrt{\dfrac{S_E}{\sigma^2}\bigg/(n-2)}}=\frac{\hat{y}_0-E(y_0)}{\hat{\sigma}\sqrt{\dfrac{1}{n}+\dfrac{(x_0-\bar{x})^2}{l_{xx}}}}\sim t(n-2)$$

于是 $E(y_0)$ 的 $1-\alpha$ 的置信区间是：

置信下限：$$\theta_L=a+bx_0-t_{1-\alpha/2}(n-2)S\sqrt{\frac{1}{n}+\frac{(x_0-\bar{x})^2}{l_{xx}}}\qquad(5-5)$$

置信上限：$$\theta_U=a+bx_0+t_{1-\alpha/2}(n-2)S\sqrt{\frac{1}{n}+\frac{(x_0-\bar{x})^2}{l_{xx}}}\qquad(5-6)$$

式中，$S=\hat{\sigma}=\sqrt{MS_E}$。

这个置信区间通常用 CI（Confidence Interval）表示，称之为预测的理论均值的置信区间。从置信上限和置信下限公式（5－5）和公式（5－6），可以看出只有当 $x=x_0=\bar{x}$ 时，置信区间是最窄的，这说明，在对 y 进行预测时，自变量越接

近 $\bar{x}$，预测效果越好；越远离 $\bar{x}$ 时，预测效果越差；当自变量处于预测区域之外时，甚至预测结果不再具有实用价值。

5.3.8.2 预测 $x = x_0$ 时因变量 y 的个别响应

给出了 $x = x_0$ 时对应的因变量的均值 $E(y_0)$ 的区间估计，实用中往往更关心 $x = x_0$ 时对应的因变量 y_0 的取值范围。

事实上，$y_0 = E(y_0) + \varepsilon$，由于通常假定 $\varepsilon \sim N(0, \sigma^2)$，因此，$y_0$ 的最可能取值依然是 $\hat{y}_0$，于是，我们可以使用以 $\hat{y}_0$ 为中心的一个区间（$\hat{y}_0 - \delta$，$\hat{y}_0 + \delta$）作为 y_0 的取值范围，这个置信区间我们通常用 PI（Prediction Interval）表示。为确定 δ 的值，我们需要如下的结果：由于 y_0 与 $\hat{y}_0$ 独立，故：

$$y_0 - \hat{y}_0 \sim N\left(0, \left[1 + \frac{1}{n} + \frac{(x_0 - \bar{x})^2}{l_{xx}}\right]\sigma^2\right)$$

因此有

$$\frac{y_0 - \hat{y}_0}{\hat{\sigma}\sqrt{1 + \frac{1}{n} + \frac{(x_0 - \bar{x})^2}{l_{xx}}}} \sim t(n-2)$$

从而预测区间中 δ 的表达式为：

$$\delta = \delta(x_0) = t_{1-\alpha/2}(n-2)\hat{\sigma}\sqrt{1 + \frac{1}{n} + \frac{(x_0 - \bar{x})^2}{l_{xx}}}$$

上述预测区间与 $E(y_0)$ 的置信区间的差别就在于根号里多个 1，计算时要注意到这个差别，这个差别可导致预测区间比置信区间宽很多。

个别响应值 y_0 的 $1-\alpha$ 置信区间公式为：

$$\text{置信下限：}\theta_L = a + bx_0 - t_{1-\alpha/2}(n-2)S\sqrt{1 + \frac{1}{n} + \frac{(x_0 - \bar{x})^2}{l_{xx}}} \tag{5-7}$$

$$\text{置信上限：}\theta_U = a + bx_0 + t_{1-\alpha/2}(n-2)S\sqrt{1 + \frac{1}{n} + \frac{(x_0 - \bar{x})^2}{l_{xx}}} \tag{5-8}$$

式中，$S = \hat{\sigma} = \sqrt{MS_E}$。

由预测区间中 δ 的表达式可以看出预测区间的长度 2δ 与样本量 n，x 的偏差平方和 l_{xx}，x_0 到 $\bar{x}$ 的距离 $|x_0 - \bar{x}|$ 有关。x_0 愈远离 $\bar{x}$，预测精度就愈差。当 $x_0 \notin [x_{(1)}, x_{(n)}]$ 时，预测精度可能变得很差，在这种情况下的预测称作外推，需要特别小心。另外，若 x_1，x_2，…，x_n 较为集中时，那么 l_{xx} 就较小，也会导致预测精度的降低。因此，在收集数据时要使 x_1，x_2，…，x_n 尽量分散，这对提高精度有利。

5.3.8.3 预测 $x = x_0$ 时因变量 y 的个别响应近似公式

当 x_0 离 $\bar{x}$ 不太远且 n 较大时，式（5-7）和式（5-8）根式里的值近似为

1，$t_{1-\alpha/2}(n-2)$ 用 $Z_{1-\alpha/2}$ 代替，这样得到因变量 y 的 $1-\alpha$ 近似预测区间：

$$(a+bx_0-Z_{1-\alpha/2}S, a+bx_0+Z_{1-\alpha/2}S) \tag{5-9}$$

如果取 $\alpha=0.05$，则 $Z_{1-\alpha/2}=1.96$，约等于 2，所以式（5-9）可以简化为 $(\hat{y}-2S,\ \hat{y}+2S)$。正是由此，所以我们给出重要结论：粗略地说，以回归线为中心，上下各以 $2S$ 倍为距离画出平行线的区域（即 $\hat{y}\pm2S$ 范围）将包含大约 95% 的数据。

[例 5-7] 计算当腐蚀时间 $x=840$s 时，预测腐蚀深度 y 的情况。

解：(1) 预测 $x=x_0=840$ 时因变量 y 的平均响应。

$E(y_0)$ 的点估计：$\hat{y}=-0.44410+0.002263x=-0.44410+0.002263\times840=1.45682$

$E(y_0)$ 的区间估计：

置信下限：

$$\theta_L = a+bx_0-t_{1-\alpha/2}(n-2)S\sqrt{\frac{1}{n}+\frac{(x_0-\bar{x})^2}{l_{xx}}}$$

$$=1.45682-2.0423\times\sqrt{0.001069}\sqrt{\frac{1}{32}+\frac{(840-861.84375)^2}{10220.2}}$$

$$=1.4382$$

置信上限：

$$\theta_U = a+bx_0+t_{1-\alpha/2}(n-2)S\sqrt{\frac{1}{n}+\frac{(x_0-\bar{x})^2}{l_{xx}}}$$

$$=1.45682+2.0423\times\sqrt{0.001069}\sqrt{\frac{1}{32}+\frac{(840-861.84375)^2}{10220.2}}$$

$$=1.4755$$

即 CI 为（1.4382，1.4755）。

(2) 预测 $x=x_0=840$ 时，因变量 y 的个别响应。

置信下限：

$$\theta_L = a+bx_0-t_{1-\alpha/2}(n-2)S\sqrt{1+\frac{1}{n}+\frac{(x_0-\bar{x})^2}{l_{xx}}}$$

$$=1.45682-2.0423\times\sqrt{0.001069}\times\sqrt{1+\frac{1}{32}+\frac{(840-861.84375)^2}{10220.2}}$$

$$=1.3875$$

置信上限：

$$\theta_U = a+bx_0+t_{1-\alpha/2}(n-2)S\sqrt{1+\frac{1}{n}+\frac{(x_0-\bar{x})^2}{l_{xx}}}$$

$$=1.45682+2.0423\times\sqrt{0.001069}\times\sqrt{1+\frac{1}{32}+\frac{(840-861.84375)^2}{10220.2}}$$

=1.5261

即 PI 为（1.3875，1.5261）。

下面应用 MINITAB 对回归方程进行预测。

进入 MINITAB 界面，选择“统计 > 回归 > 回归（Stat > Regression > Regression）”，输入变量后，点击“选项（Opitions）”，输入 x 的一个值 840（单位：s），如图 5－13 所示。点击“确定”后，得下列输出结果（见图 5－14）。

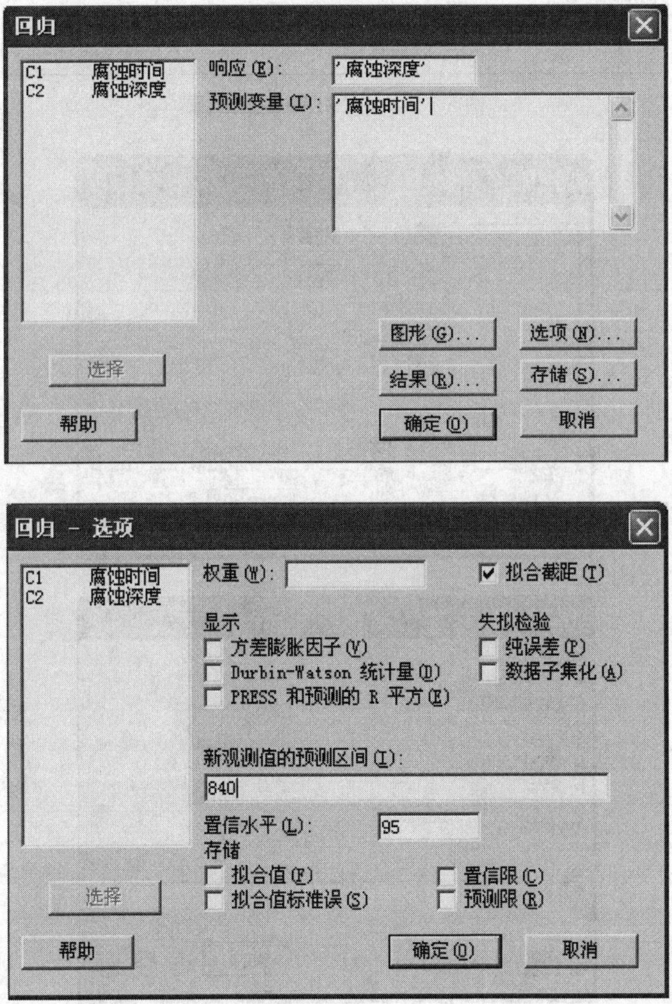

图 5－13 利用回归方程进行预测操作图

我们还可以通过选择指令“统计 > 回归 > 拟合线图（Stat > Regression > Fitted Line Plot）”，输入变量后，选择“选项（Opitions）”后，显示 CI 和 PI 预测区间的图形，如图 5－14 和图 5－15 所示。

新观测值的预测值

新观 拟合值

测值 拟合值 标准误 95%置信区间 95%预测区间

1 1.45681 0.00912 (1.43819，1.47543)(1.38756，1.52606)

新观测值的自变量值

新观 腐蚀

测值 时间

1 840

图 5－14 MINITAB 输出结果

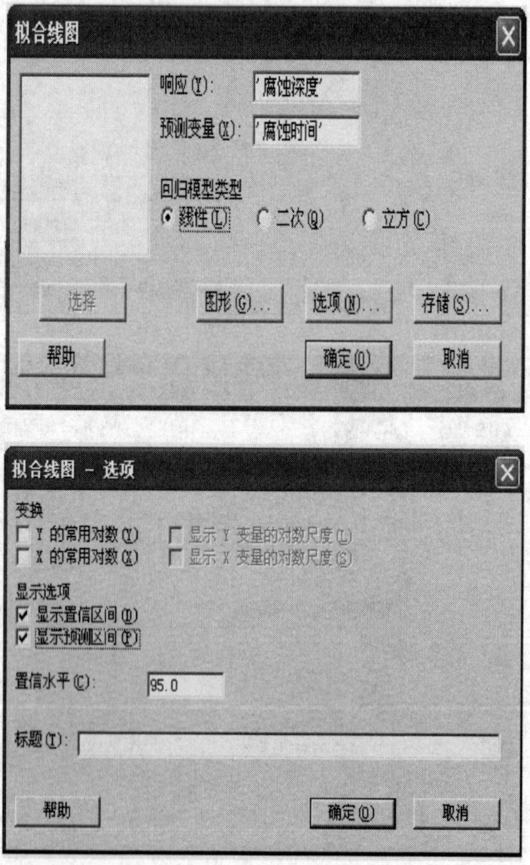

图 5－15 利用拟合线图显示 CI 和 PI 操作步骤

从图 5－16 也可以看出，PI 预测区间明显宽于置信区间 CI。要注意，在图 5－16 中给出的是对全部原有数据的预测置信区间，并非对给定的某个新观测值而给出的。

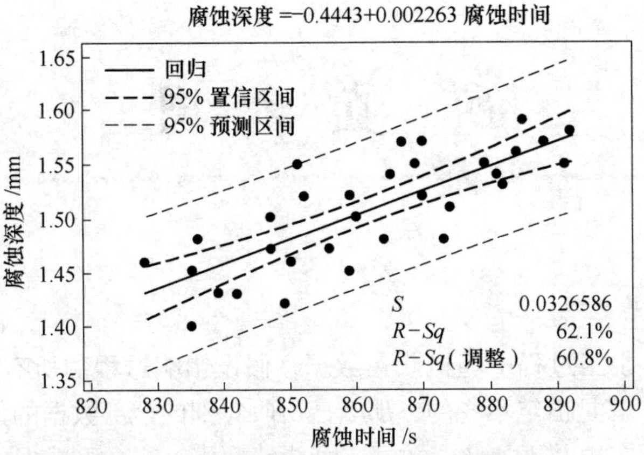

图 5-16 拟合线图显示 CI 和 PI 结果

5.3.9 利用回归方程进行控制

控制问题是预测的反问题。

若要求观察值 y 在 $[y_1, y_2]$ 内取值，其中 y_1，y_2 是标准或顾客要求给出的，那么应把自变量 x 控制在什么范围内才能以概率 $1-\alpha$ 保证 y 在 $[y_1, y_2]$ 内取值？就是要寻找这样两个值 x_1 和 x_2，使得：

$$y - \delta(x_1) = y_1$$

$$y + \delta(x_2) = y_2$$

由于 $\delta(x)$ 的计算较为复杂，实际中常用近似的预测区间来获得。如果要以概率 $1-\alpha$ 控制 y 在 $y_1 < y < y_2$ 内，可以通过下列不等式组：

$$y_1 \leqslant \hat{\beta}_0 + \hat{\beta}_1 x_1 - u_{1-\alpha/2}\hat{\sigma}$$

$$y_2 \geqslant \hat{\beta}_0 + \hat{\beta}_1 x_1 + u_{1-\alpha/2}\hat{\sigma}$$

分别解出 x_1 和 x_2，从而确定 x 值的控制范围。例如要求 $1-\alpha$ 为 0.95，还可以近似取 $u_{1-\alpha/2}$ 为 2。

[例 5-8] 若要求以概率为 95%，保证腐蚀深度 y 在（1.4，1.6）间，请确定腐蚀时间 x 应控制的范围。

解： 解方程组

$$\begin{cases} -0.44410 + 0.002263x_1 - 1.96 \times 0.032696 \geqslant 1.4 \\ -0.44410 + 0.002263x_2 + 1.96 \times 0.032696 \leqslant 1.6 \end{cases}$$

得：$x_1 = 843.20997$，$x_2 = 874.95176$。

即将腐蚀时间 x 控制在 843.31 ~ 874.95s 的范围内，一般能有 95% 以上的产品合格。

6 直方图

6.1 数据分布

如果从一个加工过程中随机收集数据，假设影响过程的所有因素（人、机、料、法、环等）都是恒定不变的，那么，所收集到的全部数据的值就应该都是相同的。然而在现实中并不如此，数据不可能精确相等，一组数据的值有变差是不可避免的。准确地说，即使我们假设一些因素是常量，其实它们也不会是完全不变的。但这并不是说我们所收集的数据是杂乱无章的，它们虽然是在不断地变化，其实它们都遵循着一定的规律，数据量值的波动是有统计规律可言的，这种统计规律性被称之为数据遵循着某种分布形式。

数据的分布有很多种，在质量管理中最常见的分布是正态分布。除此之外，诸如均匀分布、二项分布、对数正态分布和指数分布等非正态分布也经常用到。

6.2 数据的波动性和规律性

在生产实践中，尽管收集到的各种数据含义不同、种类有别，但都具有这样一个基本特征：毫无例外的都具有分散性即数据之间参差不齐。例如，同一批机加工零件的几何尺寸不可能完全相等；同一批材料的力学性能各有差异；同一根金属软管各段的疲劳寿命互不相同等。

数据的分散性是产品质量本身的差异所致，是由生产过程中条件变化和各种误差造成的，即使条件相同、原料均匀、操作谨慎，生产出来的产品质量数据也不会完全一致，它反映的是随机变量取值的不确定性这一特性。这仅是数据特征的一个方面。另一方面，如果收集数据的方法得当，收集的数据又足够多，经仔细观察或适当整理后，我们可以看出这些数据并不是杂乱无章的，而是呈现出一定的规律性。

我们知道，数据波动所呈现的规律性，是由随机变量（总体）的规律性，即总体分布所决定的。数据的波动规律，在一定程度上反映了总体分布的情况。

在实际问题中，我们往往并不知道总体服从什么分布。而是要通过分析样本数据的分布规律来推断总体的分布及其分布特征。然而，我们通常收集到的数据往往是杂乱无章的，很难凭直觉对其规律性有一个定量的了解，故必须对数据进行整理、加工和归纳，方能显现其规律性。数据的整理方法很多，例如“分层”

"排列图"就是整理、归纳的方法。

直方图也是整理分析质量数据，揭示质量数据分布规律的一种有用的工具。

6.3 直方图的原理

在平面直角坐标系内，X 轴代表随机变量的观测值（统计数据），Y 轴代表频次。在 X 轴上将随机变量的观测值区间分组，分别以各组底边作矩形其高度等于相应组内随机变量观测值的频次，如图 6－1 所示。

从图 6－1 看到，频次直方图由若干个等底边的矩形排列而成，矩形底的宽度 $a_1a_2 = a_2a_3 = a_3a_4 = \cdots$ 表示随机变量观测值的范围的间隔，高度表示在给定的间隔内随机变量观测值中的个数，即数字落入间隔内的频次。观察图中矩形的高矮及排列情况，就知道随机变量观测值的分布，即统计数据的分布情况。

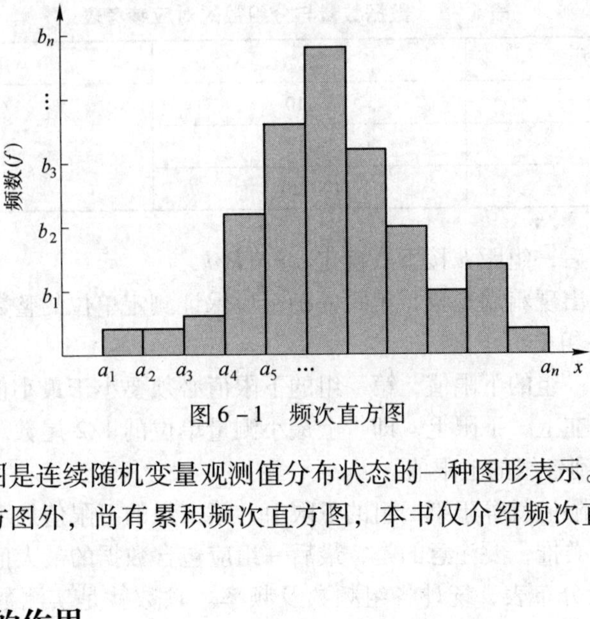

图 6－1 频次直方图

频次直方图是连续随机变量观测值分布状态的一种图形表示。

除频次直方图外，尚有累积频次直方图，本书仅介绍频次直方图，简称直方图。

6.4 直方图的作用

直方图的作用是：

（1）直观地看出产品质量特性值的分布状态（平均值和分散情况），便于掌握产品质量分布情况。

（2）显示质量波动情况，判断工序是否稳定。

（3）确定改进方向。通过直方图研究分析质量数据波动状况之后，就可确定怎样进行质量改进。

（4）用以调查工序能力和设备能力。在直方图上标出公差线或标准值，可以定量地调查工序能力和设备能力。

6.5 直方图的作图步骤

直方图的作图步骤是：

（1）收集数据。随机收集至少50个以上的质量特性数据，而且数据越多做直方图的效果越好。

（2）确定极差R。从收集数据中找出最大值X_{max}和最小值X_{min}，计算两者的差值，即极差$R = X_{max} - X_{min}$。

（3）确定分组的组数和组距。将数据分成多少组是个很关键的问题，分组数太少，会掩盖数据的变动情况，分组数太多，会使各组的数据多少差别悬殊，有时可能使其中一组没有数据，从而看不出规律。究竟分成多少组，通常要根据数据的多少而定，可参考表6－1。也可以采用斯特林经验公式：$k = 1 + 3.322\lg N$。

表6－1 数据数量与分组数的对应参考表

数据个数	分组数	常用组数k
50～100	6～10	10
100～250	7～12	
250以上	10～20	

分组数确定后，组距h按下式确定：$h = R/k$。

为避免分组出现骑墙现象，组距的确定应保证测定单位的整数倍。

（4）确定各组上、下限。

首先确定第一组的下限值，第一组的下限值必须要小于最小值，才可使得所测量的数据不落在上、下限上，即带上最小测量单位的1/2尾数。然后依次加上组距h，就可得到各组的上限值。

第一组的上限值就等于第二组的下限值，第二组的下限值加上h就等于第二组的上限值。余类推，要注意的是，最后一组应包含数据的最大值。

（5）作频数分布表，统计各组频数及频率。频数就是实测数据中处在各组中的个数，频率就是各组频数占样本大小的比重。

（6）画直方图。

直方图的横坐标表示质量特性，纵坐标表示频数。在横坐标上以各组组界为底边，以各组的频数为高，画出一系列的直方柱，就得到直方图。

在直方图的空白区域，标明有关数据资料，如数据个数、均值以及标准差等。

6.6 直方图的应用示例

［例6－1］ 已知某零件的外径尺寸的标准为$\phi 30^{+0.3}_{-0.1}$，在加工过程中抽取

100 个零件，测得外径尺寸数据如表 6－2 所示。

表 6－2 100 个零件的外径偏差原始数据表 (0.01mm)

排号	1	2	3	4	5	6	7	8	9	10
1	16	20	16	17	22	19	24	20	14	16
2	22	17	17	19	13	17	15	14	11	9
3	17	13	17	18	27	21	24	22	16	15
4	11	20	26	14	13	22	14	16	16	20
5	25	19	16	15	21	18	10	19	15	12
6	13	19	17	15	8	20	14	6	11	12
7	16	18	9	13	20	10	16	10	19	13
8	21	15	25	14	9	15	20	16	7	13
9	9	8	13	12	16	19	14	29	18	14
10	13	18	10	26	17	23	16	24	18	15
列最大值	25	20	26	26	22	23	24	29	19	20
列最小值	9	8	9	12	8	10	10	6	7	9

(1) 收集数据。现场随机收集数据 100 个，如表 6－2 所示。

(2) 确定极差。极差 $R = X_{max} - X_{min} = 29 - 6 = 23$。

(3) 确定分组的组数和组距。对于本例，k 取 8，所以 $h = R/k = 23/8 = 2.875$，为便于分组，取整为 3。

(4) 确定各组的上、下限。本例中的最小值是 6，测量单位为 1，所以第一组的下限值 $= 6 - (1/2) = 5.5$，上限值 $= 5.5 + 3 = 8.5$。第二组的下限值为第一组的上限值 8.5，第二组的上限值 $= 8.5 + 3 = 11.5$，依次得最后一组的上限值为 29.5。

(5) 作频数分布表，统计各组频数及频率。统计各组的数据个数，制作表 6－3。

表 6－3 频数分布统计表

组 距	频数 f_i	频率 f_i/n	累积频率 F_i
5.5 ~ 8.5	4	0.04	0.04
8.5 ~ 11.5	11	0.11	0.15
11.5 ~ 14.5	20	0.20	0.35
14.5 ~ 17.5	28	0.28	0.63
17.5 ~ 20.5	20	0.20	0.83
20.5 ~ 23.5	8	0.08	0.91
23.5 ~ 26.5	7	0.07	0.98
26.5 ~ 29.5	2	0.02	1

(6) 画直方图。在生产现场，可以借助 MINITAB 软件便捷地画出直方图，既美观又能准确给出数据均值及标准差。

打开 MINITAB 界面，输入变量名称及变量值。

选择“图形 > 直方图（Graph > Histogram）”中的“包含拟合”，指定“图形变量（Graph Variables）”为“外径偏差”，点击“确定”，则可得如图 6－2 所示的图形输出。

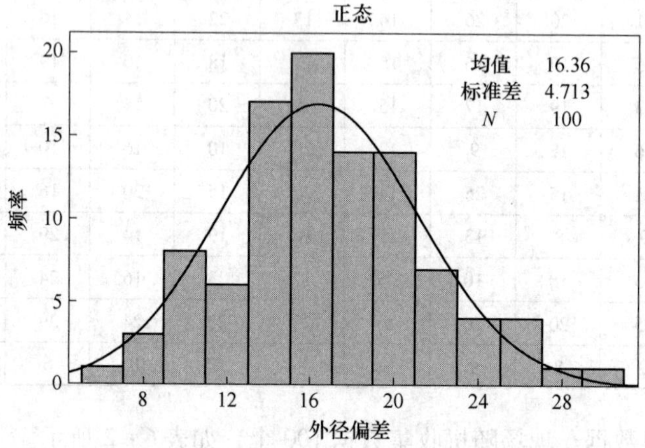

图 6－2 零件的外径偏差直方图

6.7 直方图的观察与分析

直方图作好之后，我们可以通过直方图来分析质量状况：一方面，可观察直方图的形状，判断总体（生产过程）的正常或异常，进而寻找异常的原因；另一方面，可与质量标准（公差）比较，判定生产过程中的质量情况。当出现异常情况时，应立即采取措施，预防不合格品的产生。

6.7.1 分布形状分析与判断

(1) 标准型：标准型的形状是中间高，两边低，左右基本对称。数据大体上呈正态分布，这时可判定工序处于稳定状态（见图 6－3）。

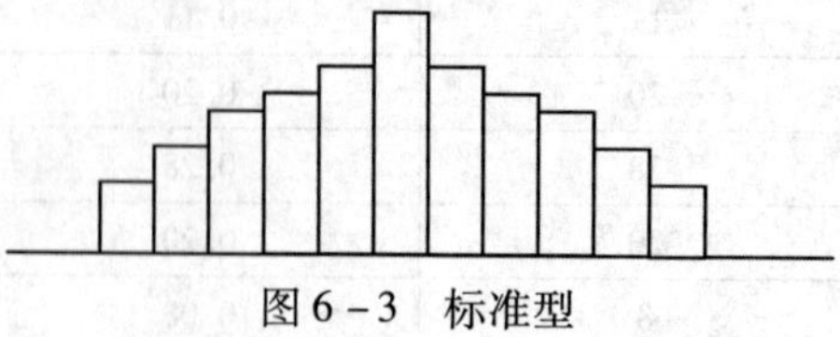

图 6－3 标准型

(2) 偏态型：一边的频数递减较快，形成左偏或右偏。一些有形位公差等要求的特性值是偏向型分布。也有的是由于加工习惯而造成的。例如，由于加工者担心产生不合格品，加工孔时常偏小呈左偏向型；加工轴时常偏大呈右偏向型。由于剔除了不合格品的数据所作的直方图也呈偏向型，则可判断测量工作有假（见图6－4）。

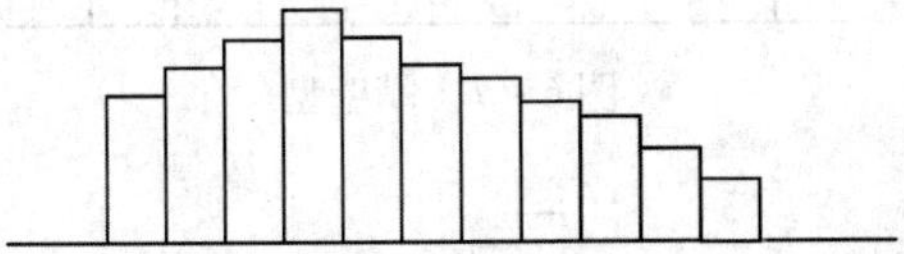

图6－4 偏态型

（3）双峰型：直方图出现两个顶峰，往往由于把不同材料、不同加工者、不同操作方法、不同设备生产的两批产品混在一起而造成的。这时若分层作直方图就能发现其差异（见图6－5）。

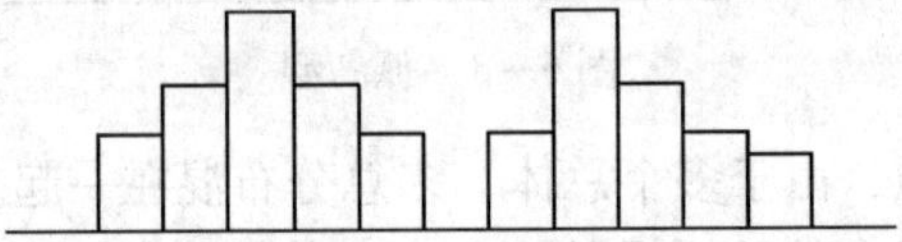

图6－5 双峰型

（4）锯齿型：直方图像锯齿一样凹凸不平，大多是由于分组不当或检测数据不准确而造成的，应查明原因，采取措施，重新作图分析。此时需要研讨组距是否取数据测定单位的整数倍，或者观测测定者读计测器刻度有无坏习惯（见图6－6）。

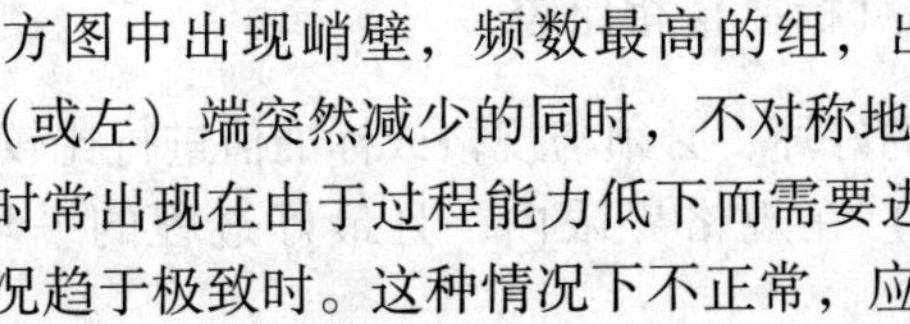

图6－6 锯齿型

（5）峭壁型：直方图中出现峭壁，频数最高的组，出现在远离中部的左（或右）端，在向右（或左）端突然减少的同时，不对称地向右（或向左）端缓慢地减小。这种形状时常出现在由于过程能力低下而需要进行100%筛选时，也会出现在偏向型的情况趋于极致时。这种情况下不正常，应采取措施，提高过程能力（见图6－7）。

（6）孤岛型：在直方图的左边或右边出现孤立的小直方。这表示在生产过程有某种异常。例如，如刀具的严重磨损，对刀错误，测量仪器出现系统偏差，或在短时间内有不熟练的工人替班加工等（见图6－8）。

（7）平顶型：当直方图没有突出的顶峰，呈平顶型，形成这种情况一般有三种原因。

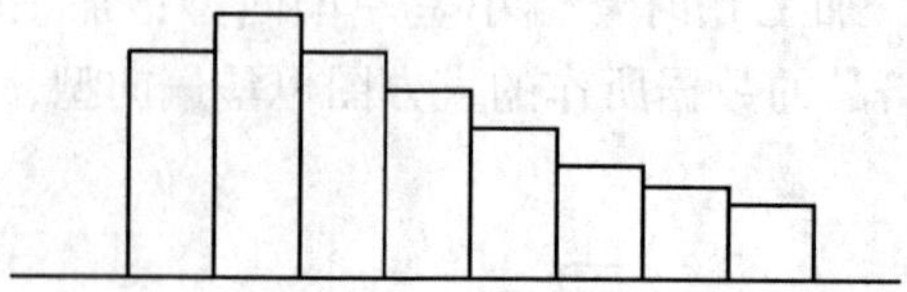

图 6-7　峭壁型

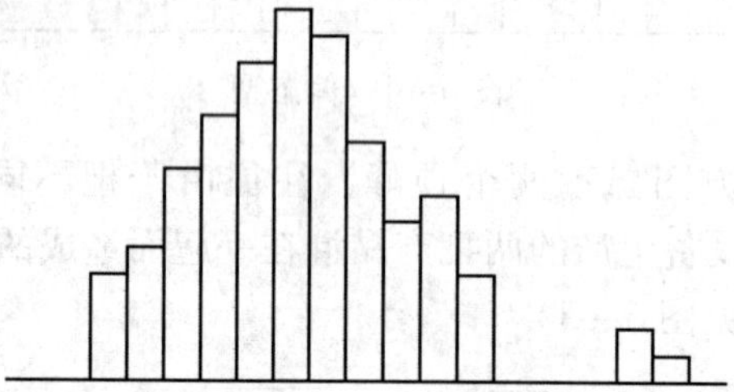

图 6-8　孤岛型

1）与双峰型类似，由于多个总体、多总分布混在一起。

2）由于生产过程中某种缓慢的倾向在起作用，如工具的磨损、操作者的疲劳等。

3）质量指标在某个区间中均匀变化（见图 6-9）。

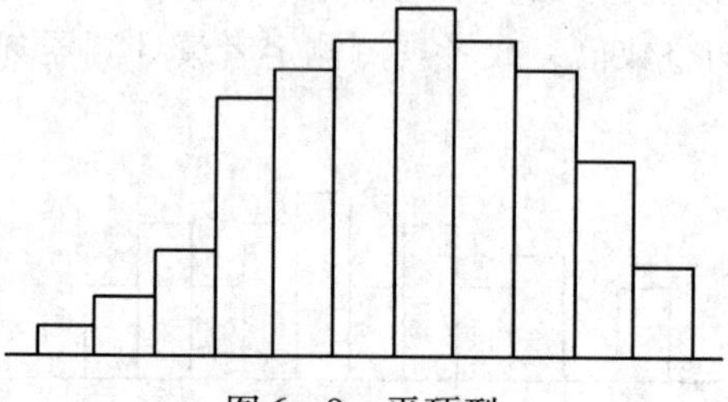

图 6-9　平顶型

6.7.2 直方图与规格（标准）相比较

要了解过程能力的好坏，必须与规格或标准值进行比较；一般而言，我们希望过程能力（直方图）在规格界限内，且最好过程的平均值与规格的中心相一致。

满足规范的例子：

(1) 理想型：过程能力在规格界限内，且平均值与规格中心一致，平均数加减 4 倍标准差为规格界限。过程稍有变大或变小都不会超过规格值，是一种最理想的直方图。表示产品良好，能力足够（见图 6-10）。

(2) 偏心型：直方图的分布在规范范围内，但分布中心和规范中心有较大的偏移。在这种情况下，工序稍有变化，就可能出现不合格品。因此，应分析原

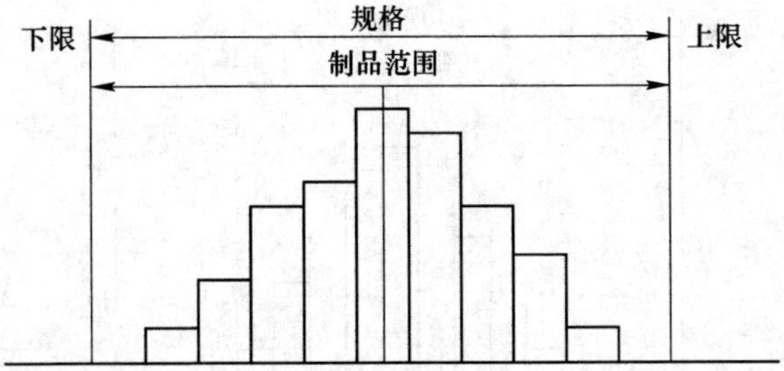

图6－10 理想型

因，采取措施，尽量使分布中心和规范中心重合（见图6－11）。

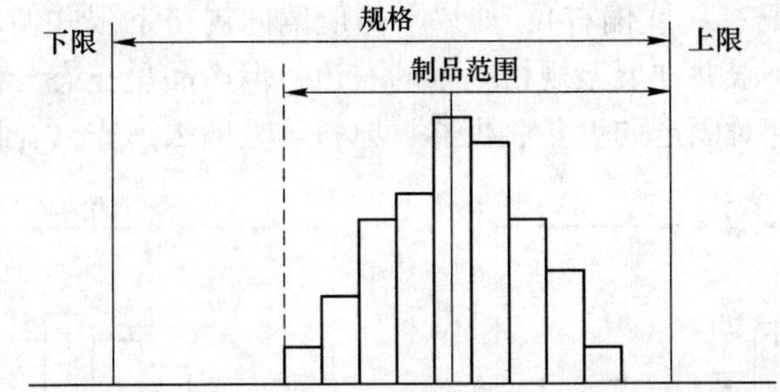

图6－11 偏心型

（3）无富裕型：产品的最大值和最小值均在规定范围内，两边均没有余地，也表示分布中心值和规范中心重合。若过程稍有变动，就有不合格品产生的危险。因此出现这种情况应立即采取措施，设法提高工序能力，缩小标准差，减少分布的离散（见图6－12）。

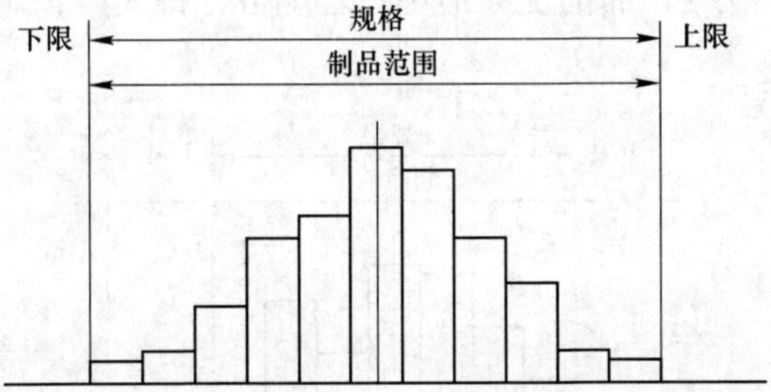

图6－12 无富裕型

（4）能力富裕型：直方图的分布在规定范围内，且两边有过大的余地。这种情况表明虽然不会出现不合格品，但很不经济，属于过剩质量，除了特殊精密、主要的零件外，一般应适当放宽材料、工具和设备的精度要求，或放宽检验频次，以降低鉴定成本（见图6－13）。

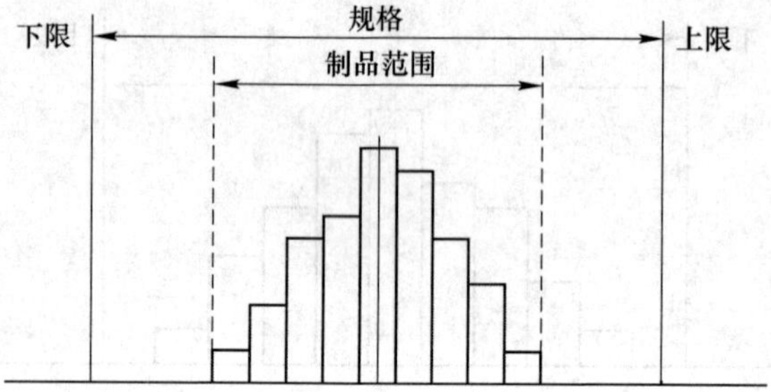

图6-13 能力富裕型

不满足规范的例子：

(1) 平均值偏左（或偏右）：如果平均值偏向规格下限并伸展至规格下限左边，或偏向规格上限并伸展至规格上限的右边，但产品呈正态分配，即表示平均位置有偏差，应针对固定的设备、机器、原料等方向去追查（见图6-14）。

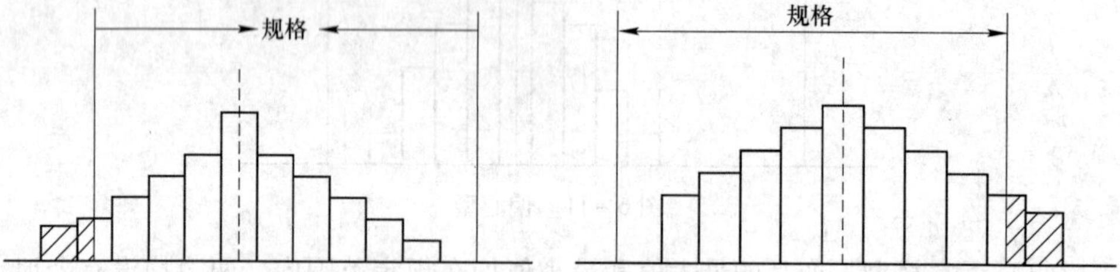

图6-14 平均值偏移

(2) 离散度过大：实际产品的最大值与最小值均超过规格值，有不合格品发生（斜线部分），表示标准太大，过程能力不足，应针对变动的人员、方法等方向去追查，要设法使产品的变异缩小；若规格订得太严，应放宽规格（见图6-15）。

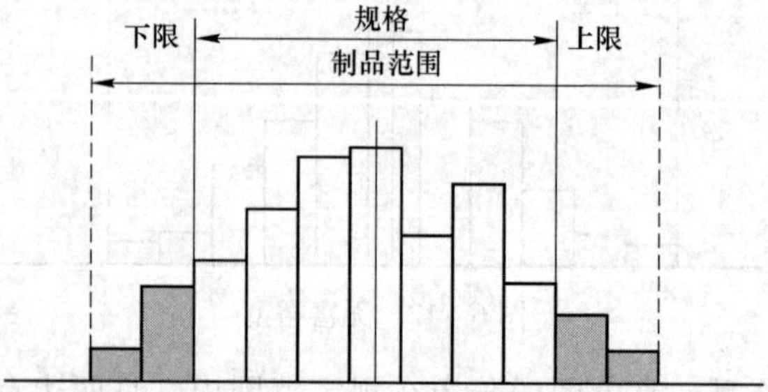

图6-15 离散度过大

(3) 完全在规格外：表示产品的生产完全没有依照规格去考虑；或规格订得不合理，根本无法达到规格（见图6-16）。

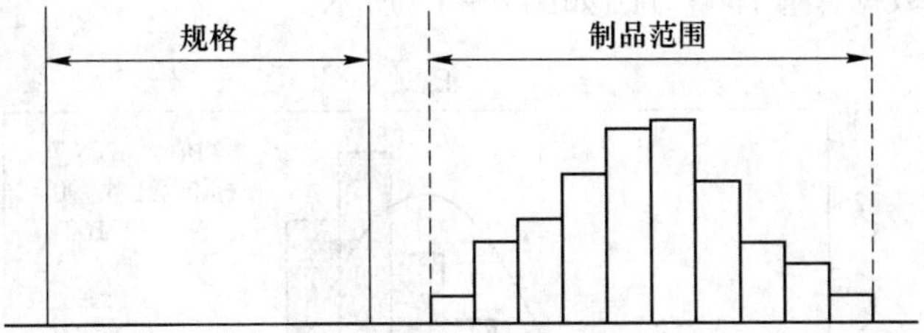

图 6－16 超出规格

6.8 直方图的分层处理

一间面包房里，两位面包师 A 和 B 正在分别烤制面包。为保证每位面包师的工艺规范，每天从烤箱中抽取两位师傅的面包，分别称量，质量规范为 200～220g 之间。经过 20 天的记录，烤出的法式面包每块的质量见表 6－4。请绘制整体直方图以及两位面包师各自的直方图。

表 6－4 面包称重记录表

时间	面包师	面包质量							
第 1 天	A	209.2	209.5	210.2	212.0	214.3	221.8	214.6	214.4
第 2 天	A	208.5	208.7	206.2	207.8	215.3	216.7	212.3	212.0
第 3 天	A	204.2	210.2	210.5	205.9	215.7	213.8	215.2	202.7
第 4 天	B	204.0	203.3	198.2	199.9	212.5	210.2	211.3	210.4
第 5 天	B	209.6	203.7	213.2	209.6	208.4	214.9	212.8	214.8
第 6 天	A	208.1	207.9	211.0	206.2	212.3	216.2	208.4	210.8
第 7 天	A	205.2	204.8	198.7	205.8	208.1	211.9	212.9	209.0
第 8 天	B	199.0	197.7	202.0	213.1	207.5	209.9	210.6	212.3
第 9 天	B	197.2	210.6	199.5	215.3	206.9	207.1	213.6	212.2
第 10 天	B	199.1	207.2	200.8	201.2	209.6	209.5	206.8	214.2
第 11 天	A	204.6	207.0	200.8	204.6	212.2	209.8	207.6	212.6
第 12 天	B	214.7	207.5	205.8	200.9	211.4	211.2	214.4	212.6
第 13 天	B	204.1	196.6	204.6	199.4	209.6	209.2	206.1	207.1
第 14 天	A	200.2	205.5	208.0	202.7	203.5	206.9	210.6	212.3
第 15 天	A	201.1	209.2	205.5	200.0	209.1	206.3	209.8	211.4
第 16 天	A	201.3	203.1	196.3	205.5	208.0	207.9	205.3	203.6
第 17 天	B	202.2	204.2	202.1	206.6	210.0	209.4	209.1	207.0
第 18 天	B	194.1	211.0	208.4	202.6	215.6	211.8	205.4	209.0
第 19 天	B	204.8	201.3	208.4	212.3	214.5	207.5	212.9	204.3
第 20 天	A	200.6	202.3	204.3	201.4	209.1	205.8	212.0	204.2

根据上述数据作整体直方图如图 6－17 所示。

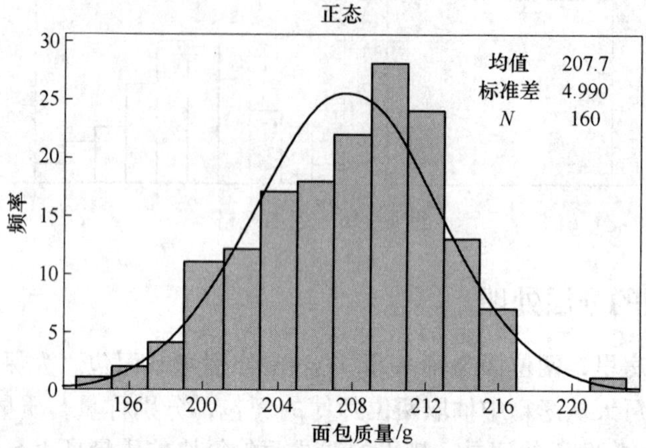

图 6－17 整体面包质量直方图

从此直方图可以看出分布已经有超出规范的要求，但此直方图来自两个面包师，应该进行分层处理，这样才能正常的观察两个面包师的制作过程情况（见图 6－18 和图 6－19）。

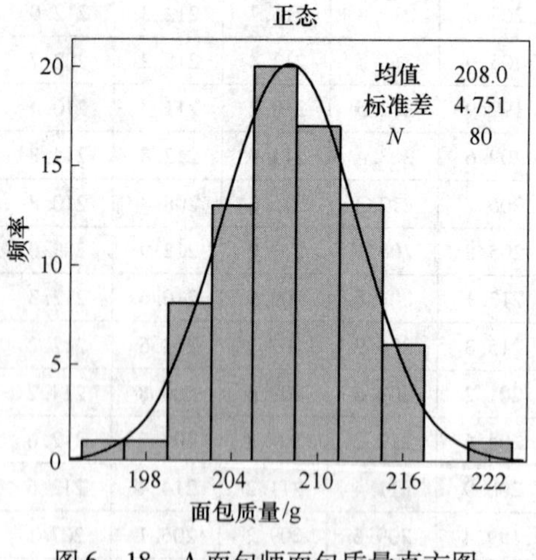

图 6－18 A 面包师面包质量直方图

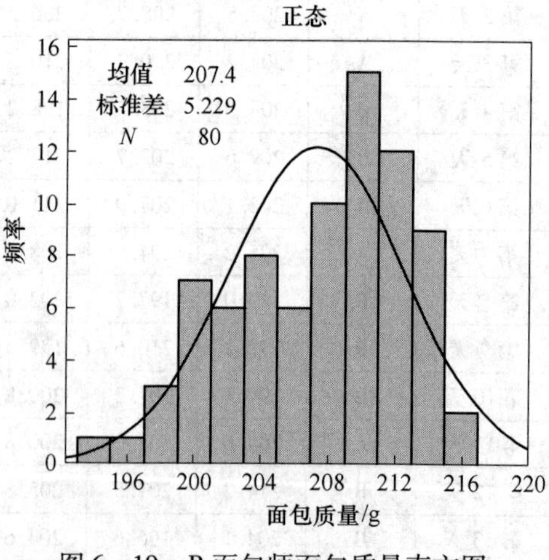

图 6－19 B 面包师面包质量直方图

从上述两人的直方图可以知道，面包师 A、面包师 B 所作面包均值都在规定的范围内，但面包师 A 的标准差较小，说明其所制作的面包质量更均匀一致，面包师 B 所制作的面包质量相对差异较大。

通过这个例子可以理解测量值之间总是存在着变差，因此，根据造成变差的不同原因把数据分层，把与相同原因有关的数据集中起来，那么导致变差出现的原因就容易调查了。通过减小变差和改善过程平均值的方法可以有效地提高过程能力和产品质量。

因此，直方图需要作分层处理。分层处理通常是将操作者、设备、原料、操作方法、环境条件、检测等方面的不同作为分层依据。一般而言，可按如下方法进行分层：

（1）在操作者方面，可按年龄、性别、技能等级、经历、培训、业绩考核、性格等的不同进行分层；

（2）在设备方面，可按设备类型、新旧或完好程度、精度、加工范围、工装等的不同进行分层；

（3）在原材料方面，可按供应商、批号、规格、等级、成分等的不同进行分层；

（4）在操作方法方面，可按工艺流程、过程参数、生产速度、手动或自动操作等的不同进行分层；

（5）在检测方面，可按测量设备、测量方法、测量人员、对测量设备的调整、取样条件和环境条件等的不同进行分层；

（6）在工作环境方面，可按照明度、清洁度、温度、湿度等的不同进行分层；

（7）在时间方面，可按生产日期、班次、上下午、白晚班等的不同进行分层；

（8）在其他方面，可根据具体情况决定分层的方法，比如按地区、使用条件、缺陷部位、工件在加热炉中的位置、不合格品的类型等的不同进行分层。

7 控制图

7.1 统计过程控制简介

7.1.1 统计过程控制技术的发展

统计过程控制（Statistical Process Control，简称 SPC）是一项建立在统计学原理之上的过程绩效及其波动分析与监控技术。从其诞生至今，经过 80 多年的发展与完善，已经从最初的仅仅应用于军事工业部门的质量控制，发展到今天被广泛应用于社会经济生活的各个领域，其监控的过程也从传统的单变量过程拓展到各种多变量过程。统计控制图是实施统计过程控制的主要工具，通过使用统计控制图，能够对过程绩效及其波动原因进行直观而实时的监控和分析，帮助人们及早地发现和识别引发过程变化的异常原因。

1924 年，美国的休哈特提出了过程控制的概念与实施过程监控的方法，并首先提出用控制图进行生产控制，稳定生产过程的质量，达到以预防为主的目的。

第一张控制图是休哈特在 1924 年 5 月 16 日提出的不合格品率（P）控制图。从质量控制理论的发展史来看，休哈特可称为统计质量控制 SPC 的奠基人。1931 年，休哈特出版了一部划时代的著作——《工业产品质量的经济控制》（*Economic Control of Quality of Manufactured Products*），该书的出版，标志着质量管理发展史上统计质量管理时代的开始。

在第二次世界大战后期，美国开始在军工部门推行休哈特的统计过程控制方法。战后，美国成为当时世界工业最强大的国家，只存在美国国内的竞争，没有外来竞争力量去迫使美国公司改变传统方法，致使统计过程控制技术在随后的 30 多年时间内，逐渐从美国企业的质量控制活动中消失。

与此形成鲜明对比的是，战后经济遭受严重破坏的日本，在 1950 年通过休哈特的同事戴明（W. Edwards Deming），将统计过程控制的概念引入日本。从 1950 年到 1980 年前后，经过 30 多年的不懈努力，日本一跃成为质量与生产力方面的世界领袖。美国质量管理专家伯格（Roger W. Berger）认为，统计过程控制技术是支撑日本企业成功的基石之一。

在日本企业强有力的竞争之下，从 20 世纪 80 年代开始，统计过程控制技术在西方工业国家重新受到重视。例如，美国汽车工业在全国范围内，大规模倡导使用统计过程控制技术对汽车制造过程进行统计分析与控制。福特、通用以及克莱斯勒汽车公司在ISO9000的基础上，联合制定了以统计过程控制为主要支撑的QS9000质量管理标准，在全球汽车供应商中推行；以LTV钢铁公司、内陆钢铁公司和伯利恒钢铁公司为代表的美国钢铁工业也加大了推行统计过程控制的力度；波音公司、洛克希德公司、诺斯罗普公司等航空工业企业也纷纷通过应用统计过程控制技术控制和削减产品在生产过程中的各种波动，并要求其供应商实施基于统计过程控制技术的一系列过程控制标准。这些努力促进了统计过程控制技术在理论上的不断完善和成熟。

7.1.2 统计过程控制的理论基础

统计过程控制技术的理论基础可以简单地概括为四个方面，即正态性假定、3σ 准则、小概率事件不可能发生原理和统计推断思想。

7.1.2.1 正态性

正态性假定，是指绝大多数的生产过程在达到稳定状态，或者统计受控时，其特性指标服从正态分布。一般认为，正态性假定具有广泛的适用性，某一生产过程越是内在地满足正态性假定，对这一生产过程实施统计过程控制技术的效果就越好。对于理论上并不服从正态分布的生产过程，通常用三种方法进行处理：

（1）对过程数据进行数学变换，以便变换后的数据服从或近似服从正态分布；

（2）利用统计量的大样本性质，选择大样本下近似服从正态分布的过程特性实施统计过程控制技术；

（3）按照统计过程控制技术的内在原理，直接针对非正态性过程设计出专用的统计控制图，并实施过程控制。

7.1.2.2 3σ 准则

在控制图中，控制限是判断工艺过程是否处于统计受控状态的判断基准，也是构造控制图的核心技术之一。目前，中国、美国、日本等国家均采用下述“3σ”确定控制限。

若工艺参数特征值 Y 服从均值为 μ、标准偏差为 σ 的正态分布，即 $Y \sim N(\mu, \sigma^2)$，根据数理统计基本原理，Y 取值超出 $\mu \pm 3\sigma$ 的概率为0.0027，是一种小概率事件，因此可以采用下式确定控制图的中心线和上下控制限：

$$CL = \mu$$
$$UCL = \mu + 3\sigma$$
$$LCL = \mu - 3\sigma$$

对不同类型的控制图，只要确定相应工艺参数特征值分布的均值和标准偏差，就可以采用上式计算中心线和上下控制限。

7.1.2.3　小概率事件不可能发生原理

小概率事件不可能发生原理，是指小概率事件在一次观察中是不会发生的。在一维正态情形下，根据 3σ 准则，事件“过程特性的观测值落在 $\mu\pm3\sigma$ 范围之外”发生的概率仅为 0.27%，这是一个小概率事件，其在一次观察中通常是不会发生的。不难看出，小概率事件不可能发生原理不同于一般的数学原理，它是一种基于统计原则的推理思想，存在犯某种错误的可能性。

7.1.2.4　统计推断思想

统计推断思想认为，既然小概率事件在一次观察中是不会发生的，那么一旦在某个过程特性的统计控制中出现了“小概率事件发生”的现象，就表明该过程发生了与预期不符的变化，或者说，原先统计受控的过程中出现了引发过程绩效发生变化的异常原因。统计推断思想是制定监控过程绩效是否统计受控的各种判定规则的基础。

7.1.3　统计控制图的分类

7.1.3.1　按用途划分

根据使用的目的不同，控制图可分为分析用控制图与控制用控制图两类。一个过程开始应用控制图时，不会恰巧处于满足要求的稳定状态，也即总存在异因。如果就以这种非稳态状态下的参数来建立控制图，控制图界限之间的间隔一定较宽，以这样的控制图来控制未来的生产过程，将会导致错误的结论。因此一开始，总需要将非稳态的过程调整到稳态，这就是分析用控制图的阶段。等到过程调整到稳态后，才能延长控制图的控制限作为控制用控制图，这就是控制用控制图的阶段。

分析用控制图阶段主要做两件事：一是使过程受控；见图 7－1，前三个分布图形都不相同，说明还未达到稳态，经过调整之后，三个分布图形完全相同，说明达到了稳态。二是使过程满足顾客要求，可用过程能力指数 C_p 或 C_{pk} 来表示是否达到顾客要求，譬如要求 $C_{pk}>1$ 或 $C_{pk}\geqslant1.33$ 等。见图 7－2，从图中可见，前三个分布图形相同，已达到稳态，但它们的不合格品率过大，也即过程能力指数太小，在经过调整后，三个分布图形不但相同，达到了稳态，而且它们的不合格品率，也即过程能力指数也同时满足了技术要求。

按过程是否达到受控状态和是否满足顾客要求这两个特性，可将过程分为如表 7－1 所示的四种状态。

表 7－1　过程受控状态

顾客要求 \ 受控状态	受　控	失　控
满足	Ⅰ	Ⅱ
不满足	Ⅲ	Ⅳ

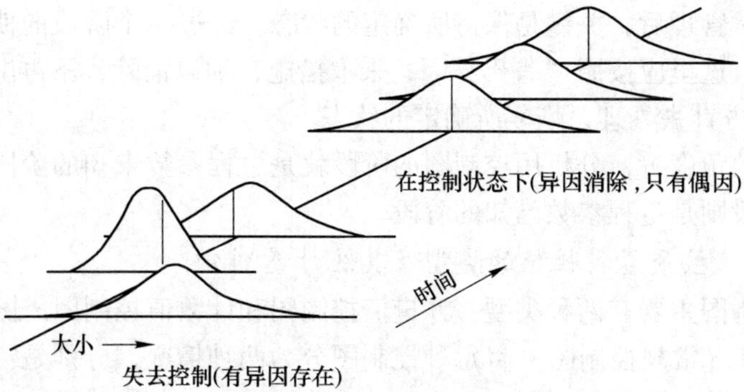

图 7-1 统计稳态

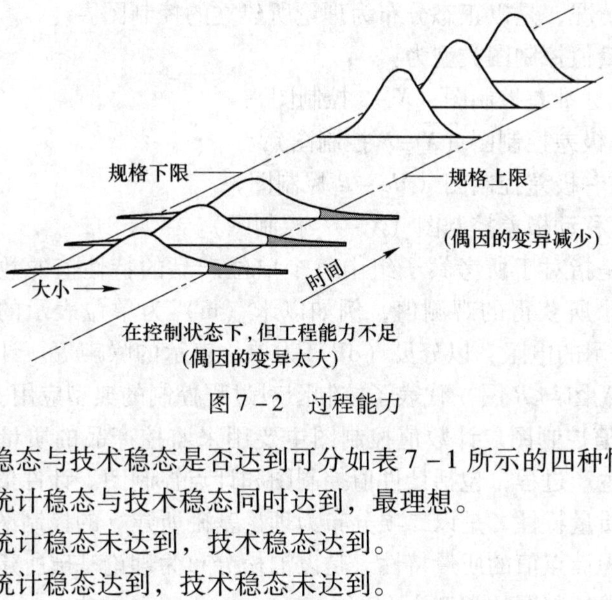

图 7-2 过程能力

根据统计稳态与技术稳态是否达到可分如表 7-1 所示的四种情况：

状态Ⅰ：统计稳态与技术稳态同时达到，最理想。

状态Ⅱ：统计稳态未达到，技术稳态达到。

状态Ⅲ：统计稳态达到，技术稳态未达到。

状态Ⅳ：统计稳态与技术稳态均未达到，最不理想。

显然，状态Ⅳ最不理想，也是现场所不能容忍的，需要加以调整，使之逐步达到状态Ⅰ。从表 7-1 可见，从状态Ⅳ达到状态Ⅰ的途径有二：状态Ⅳ→状态Ⅱ→状态Ⅰ或状态Ⅳ→状态Ⅲ→状态Ⅰ，究竟通过哪条途径应由具体的技术经济分析来决定。有时，为了更加经济，宁可保持在状态Ⅱ也是有的。当然，在生产线的末道工序一般以保持状态Ⅰ为宜。

分析用控制图的调整过程即质量不断改进的过程。

当过程达到了我们所确定的状态后，才能将分析用控制图的控制线延长作为控制用控制图。由于后者相当于生产中的立法，故由前者转为后者时应有正式交接手续。这里要用到判断稳态的准则（简称判稳准则），在稳定之前还要用到判断异常的准则（简称判异准则）。

进入日常管理后，关键是保持所确定的状态。经过一个阶段的使用后，可能又出现异常，这里应按照“查出异因，采取措施，加以消除，不再出现，纳入标准”20字的方针去处理，恢复所确定的状态。

从数学的角度看，分析用控制图的阶段就是过程参数未知的阶段，而控制用控制图的阶段则是过程参数已知的阶段。

7.1.3.2 按质量特性值的类型及其统计量划分

常规控制图主要有两种类型：计量值控制图和计数值控制图。国家标准 GB/T 4091—2001《常规控制图》将每种控制图分为两种情况，分别是：标准值给定的情况和标准值未给定的情况。

（1）计量值控制图。计量值控制图主要用来监控产品的质量特性值为连续型随机变量的情况，是以正态分布为理论所建立的控制图。

常用的计量值控制图类型为：

1）均值－标准差控制图（$\overline{X}-s$ 控制图）；

2）均值－极差控制图（$\overline{X}-R$ 控制图）；

3）中位数－极差控制图（$Me-R$ 控制图）；

4）单值－移动极差控制图（$X-R_s$ 控制图）。

计量数据是指对于所考察子组中每个单位产品的特性值的数值大小进行测量，测量和记录所获得的观测值，例如以米（m）为单位表示的长度，以欧姆（Ω）为单位表示的电阻，以分贝（dB）为单位表示的噪声等。计量控制图（尤其是最常用的 $\overline{X}$ 图与 R 图）代表了控制图对过程控制的典型应用。

（2）计数值控制图。计数值控制图主要用来监控产品的质量特性值为离散型随机变量的生产过程，包括计件值控制图和计点控制图。计件值控制图的控制对象为计件值质量特性，是以二项分布为理论基础所建立的控制图；计点值控制图的控制对象为计点值的质量特性，是以泊松分布为理论基础所建立的控制图。

常用的计数控制图的类型为：

1）不合格品率控制图（p 图）；

2）不合格品数控制图（np 图）；

3）不合格数控制图（c 图）；

4）单位产品不合格数控制图（u 图）。

7.1.3.3 按是否给定分布参数划分

《常规控制图》（GB/T 4091—2001）中，将计量值控制图和计数值控制图又分为标准值未给定情形的控制图和标准值给定情形的控制图两类。

（1）标准值未给定情形的控制图。由于未给定正态分布、二项分布、泊松分布的分布参数，所以必须通过分析用控制图取得过程的实际分布参数，控制图的控制界限计算完全基于过程质量特性值的实际分布数据。

（2）标准值给定情形的控制图。所谓标准值给定情形的控制图就是正态分布、二项分布、泊松分布总体分布已知时的控制图，所以它又可称总体给定的控制图。也可以看成是“附加条件的控制图”，这些附加条件意味着人们对该过程已掌握较多信息和深入了解。所以对新的过程来说，开始不宜采用“标准值给定的控制图”，而应采用“标准值未定的控制图”，待使用一段时间后，积累了经验和数据，足以定出分布参数时，才可改用“标准值”给定的控制图。

7.2 统计控制图的原理

7.2.1 统计控制图的原理与构造

以计量控制图来加以说明控制图的原理与构造。设过程的质量特性 X 是计量的，在过程处于稳定状态（即统计控制状态）时，X 应服从正态分布，记为 $N(\mu, \sigma^2)$，假如能把此正态分布的两个参数 μ（均值）与 σ（标准差）控制住，那么质量特性也就得到了控制。为了控制 μ 与 σ，常需要两张控制图，一张用于控制 μ，一张用于控制 σ。

在实际中，常用样本均值 $\overline{X}$ 估计 μ，而用样本标准差 s 或样本极差 R 估计 σ。若用 $\overline{X}$ 与 s 分别估计 μ 与 σ 就形成 $\overline{X}-s$ 图，若用 $\overline{X}$ 与 R 分别估计 μ 与 σ 就形成 $\overline{X}-R$ 图。

控制图是根据正态分布的 3σ 原理构造的。假如一个统计量 $T=T(x_1, x_2, \cdots, X_n)$（可以是 $\overline{X}$，s 或 R）服从正态分布或近似正态分布，即：

$$T \sim N(\mu_T, \sigma_T^2)$$

式中，μ_T 是 T 的均值，σ_T 是 T 的标准差，根据 3σ 原理，有：

$$P(\mu_T - 3\sigma_T) < T < (\mu_T + 3\sigma_T) = 0.9973$$

这表明，对统计量 T 作大量重复观察，则其中 99.73% 的 T 值应在区间 $(\mu_T-3\sigma_T, \mu_T+3\sigma_T)$ 之内，仅有 0.27% 在此区间外。若取：

（1）$\mu_T+3\sigma_T$ 为控制上限，记为 UCL；

（2）$\mu_T-3\sigma_T$ 为控制下限，记为 LCL；

（3）μ_T 为控制中心线，记为 CL。

将这三条水平线画在一张坐标纸上，其横轴为时间或样本序号，纵轴为 T 的观察值，这就形成了一张控制图。当把 T 的观察值按序点在图上，就可用于过程控制。这些上、下控制界限就被用来判断生产过程有无异常，当图上的点子越出了上控制界限或下控制界限时就认为生产过程出现异常，因为点子越出上、下控制界限是一个小概率事件，通常在一次试验中是不可能发生的，一旦发生，就认为过程出现异常。

综上可知，控制图实际上是生产过程质量的一种记录图形，它提供了判断过程是否处于统计控制状态的一种方法。

实际中，μ_T，σ_T 是未知的，仍需要收集样本作出估计。μ_T 常用 $\overline{T}$ 作估计，又记 σ_T 的估计为 $\hat{\sigma}_T$，则中心线及上、下控制界限分别为：

（1）$CL=\overline{T}$；

（2）$UCL=\overline{T}+3\hat{\sigma}_T$；

（3）$LCL=\overline{T}-3\hat{\sigma}_T$。

7.2.2 统计控制图的两类错误

在统计控制图的应用中，通常是借助于随机抽取的样本信息来进行统计决策的。样本的随机性使得使用者对过程总体的判断不可能绝对准确，存在犯两类错误的可能性。

第一类错误：当所涉及的过程处于受控状态时，却有某点由于样本的随机性落在控制限之外，这时按规则判断，过程失控。这个判断是错误的，这种错误称为第一类错误，其发生概率记为 α（见图 7-3）。

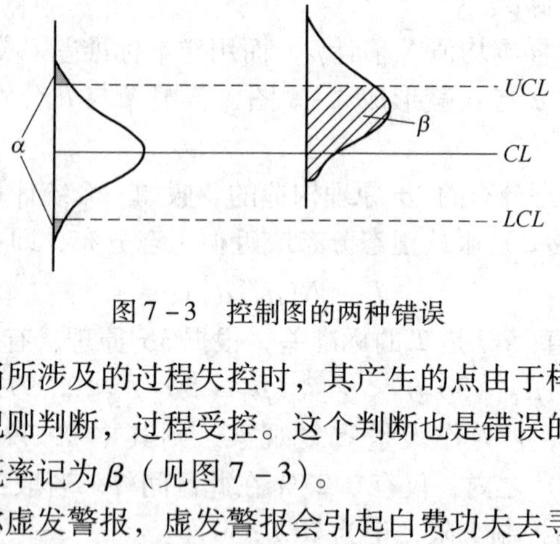

图 7-3　控制图的两种错误

第二类错误：当所涉及的过程失控时，其产生的点由于样本的随机性会落在控制限内，这时按规则判断，过程受控。这个判断也是错误的，这类错误称为第二类错误，其发生概率记为 β（见图 7-3）。

第一类错误又称虚发警报，虚发警报会引起白费功夫去寻找根本不存在的异常波动而造成的损失。第二类错误又称漏发警报，这是由于未检测出不合格品而造成的损失。

基于统计控制图是利用样本信息来对过程实施监控的这一特点，其犯两类错误是不可避免的。在统计控制图上，中心线一般是对称轴，所能变动的只是上、下控制限之间的距离。从理论上讲，在样本容量 n 一定的情况下，若上、下控制限之间的距离增大，则 α 会减小，但 β 将增大；反之，则 α 将增大，但 β 会减小。增加样本容量 n 是同时降低 α 和 β 的唯一有效途径。由此，在实践中，通常根据犯两类错误所造成的总损失最小来确定上、下控制限之间的合理距离。

常规控制图仅考虑犯第一类错误的概率 α，在控制限定为 $\mu_T\pm3\sigma_T$ 和过程受控场合，可以算得 $\alpha = 0.27\%$。实际使用经验表明，3σ 界限已是一个不低的要求，在大多数场合使用是适当的、合理的。

为减少犯第二类错误的概率，在常规控制图中增加了一些异常情况的判断准则。

值得一提的是，在有些企业，过程的规范要求被作为统计控制图的上、下控制限使用，这是一种错误的做法。因为规范要求是用来识别过程特性是否合格用的，是与过程的实际表现无关的固定值，而统计控制图的上、下控制限是识别普通原因波动和特殊原因波动用的，两者不能混为一谈。

7.2.3 判断过程正常的准则

利用统计控制图以便连续监控过程的状态变化，是统计过程控制技术应用的基本方法，为此需要制定判断过程状态是否正常的统计准则。在统计量服从正态分布的情况下，由于犯第一类错误的概率 $\alpha = 0.27\%$ 取得很小，所以只要一有点子落到控制限之外，就可以判断过程的状态异常。但由于 α 很小，犯第二类错误的概率 β 就大，只根据一个点子落到控制限之内，远不能判断生产过程是否确实处于受控状态。但如果连续有许多点子，如 25 个点子，全部落在控制限内，情况就大不相同。根据概率乘法原理，犯第二类错误的概率为 $\beta_T = \beta^{25}$，要比 β 小得多。例如，若 $\beta = 0.80$，则 $\beta_T = 0.80^{25} = 0.38\%$，这与 α 基本上在同一数量级上。如果连续落在控制限内的点子更多，即使有个别点子出界，过程仍可看作是处于统计受控状态。由此，在点子随机排列的情况下，符合下列准则之一的过程可以认为是处于统计受控状态：

准则 1：连续 25 个点子都落在上、下控制限内。

准则 2：连续 35 个点子中至多有 1 个点子落在上、下控制限外。

准则 3：连续 100 个点子中至多有 2 个点子落在上、下控制限外。

当然，在上述后两种情况下，对于落在上、下控制限外的点子仍然需要采取措施查找异常原因，防止异常原因出现的征兆被轻易放过，减少更大的风险因素发生。为加深对上述三条准则的理解，如下基于正态分布假设，d 为落在上、下控制限外的点子数，对这些准则所对应的随机事件的发生概率分别进行理论估计。

先分析准则 3，设过程正常为正态分布，若 d 为界外点子数，则连续 100 点时，$d \leqslant 2$ 的概率为：

$$P(d \leqslant 2 \mid n = 100) = C_{100}^{0}(0.9973)^{100} + C_{100}^{1}(0.9973)^{99}(0.0027) + C_{100}^{2}(0.9973)^{98}(0.0027)^{2} = 0.9974$$

因此得到 $P(d > 2 \mid n = 100) = 1 - P(d \leqslant 2 \mid n = 100) = 1 - 0.9974 = 0.0026$

与 $\alpha = 0.27\%$ 很接近。故，若过程处于稳定状态，是连续 100 点中在控制界限外的点子超过 2 的事件为小概率事件，它实际上不发生，若抽样时发生，则判断过程失控。$\alpha_3=0.0026$ 就是准则 3 的显著性水平。

同样，对于准则 2 可计算得：

$$P(d \leqslant 1 \mid n=35)=C_{35}^{0}(0.9973)^{35}+C_{35}^{1}(0.9973)^{34}(0.0027)=0.9959$$

因此得到 $P(d>1 \mid n=35)=1-P(d \leqslant 1 \mid n=35)=1-0.9959=0.0041$

这与 $\alpha=0.27\%$ 为同一个数量级的小概率，$\alpha_2=0.0041$ 就是准则 2 的显著性水平。

对于准则 1，有 $n=25$ 且 $d=0$，则其显著性水平 α_1 可计算得：

$$\alpha_1=P(d>0 \mid n=25)=1-P(d=0 \mid n=25)=1-(1-0.0027)^{25}=6.54\%$$

对比三条准则的显著性水平不难看出，与 α，α_2，α_3 相比，α_1 的数量级明显偏高，要比 α，α_2，α_3 大几十倍，这是很不相称的。另外，准则 1 与准则 2 也存在某种程度的耦合性，一个过程如果不满足准则 2，则往往也不能满足准则 1。据此，一些专家建议仅使用准则 2 和准则 3 作为判断过程正常的准则，而不使用准则 1。

7.2.4 判断过程异常的准则

在单变量统计控制图的应用中，“点子出界就可判断过程异常”是一类最基本的判断过程异常的准则。为增加统计控制图使用者的信心，通常将犯第一类错误的概率 α 取得很小，但这会导致犯第二类错误的概率 β 变得很大。为了克服这一弊端，对于落在上、下控制限内的多个连续的点子，要观察其排列是否具有随机性。如果界内点子呈现明显的非随机排列，也要判断过程是否异常。由此，符合下列准则之一的过程可以认为处于失控状态：

准则 1：点子落在上、下控制限外或恰好落在上、下控制限上；

准则 2：落在上、下控制限内的多个连续点子的非随机排列。

对于异常波动对应的点落在控制限内，各个点之间的关系，没有实践经验的人很难识别它们。为了指导人们正确识别异常波动各点之间的关系，GB/T 4091—2001《常规控制图》给出了“变差的可查明原因的模式检验”，其中列出了解释常规控制图的八种模式检验示意图。我们将这个模式称为“判异准则”。画出控制图后，应将它与表中的差别准则对照，看有没有其中的情况，如果有，说明过程发生了异常波动。必须指出，“判异准则”仅适用于 $\overline{X}-s$ 控制图和 $\overline{X}-R$ 控制图，而且只判别 $\overline{X}$ 图。

上、下控制限分别位于中心线的上 3σ、下 3σ 距离处。为了便于应用这 8 种模式，将控制图分为 6 个区，每个区的宽度为 1σ。要注意对这八种模式的识别与分析，以及时发现正在引起过程发生趋势性变化的异常原因。由于准则二是用来减少犯第二类错误的概率 β 的，所以其各个模式的 α 不宜取得太小，通常为

0.27% ~2%。

模式 1：1 点落在 A 区以外（见图 7－4）。

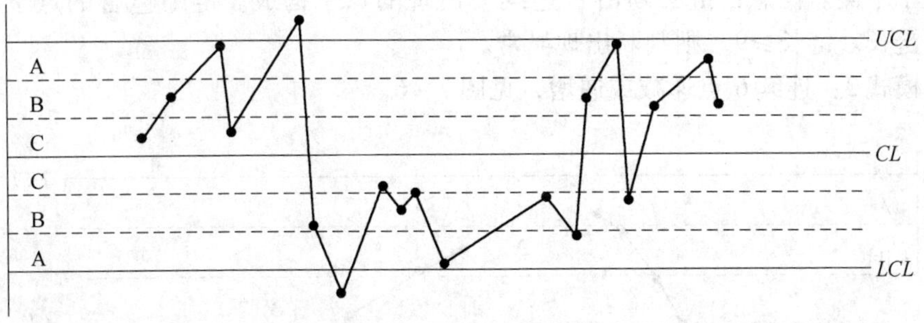

图 7－4 模式 1 的图示

此准则由休哈特在 1931 年提出，在许多应用中，它甚至是唯一的判异准则。此模式可对参数 μ 或参数 σ 的变化给出信号，变化越大，则给出信号越快。对于 $\bar{X}-R$ 控制图而言，若 R 图保持稳态，则可除去参数 σ 变化的可能。模式 1 还可对过程中的单个失控作出反应，如计算错误、测量误差、原材料不合格、设备故障等。若过程正常，则模式 1 犯第一种错误的概率，或称显著性水平，为 $\alpha_0=0.27\%$

模式 2：连续 9 点落在中心线同一侧，见图 7－5。

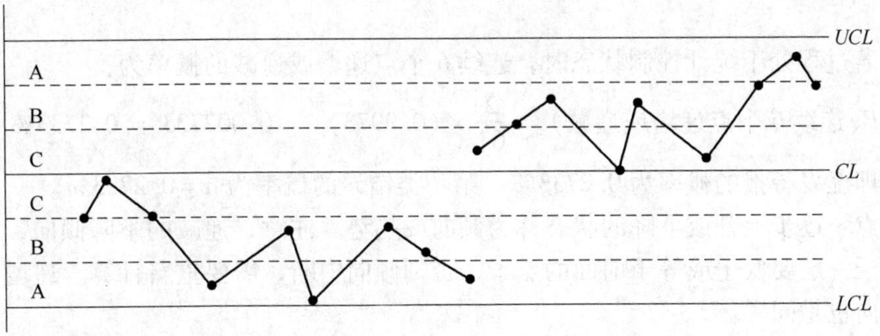

图 7－5 模式 2 的图示

此模式通常是为了补充模式 1 而设计的，以便改进控制图的灵敏度。选择 9 个点是为了使其犯第一种错误的概率的 α 与准则 1 的 $\alpha_0=0.27\%$ 大体相仿，同时也使得本准则采用的点数比美国格兰特和列文沃斯（Grant and Levenworth）在 1980 年提出的 7 个点链判异的准则所增点数不多。

出现此模式的现象，主要是由于分布 μ 减小的缘故。

当过程处于统计控制状态时，连续 9 个点落在中心线同一侧的概率为：

$$P(\text{连续 9 个点落在中心线同一侧}) = 2\times(0.5)^9 = 0.003906 = 0.3906\%$$

即虚发警报的概率为0.3906%，第一类错误的概率为 $\alpha = 0.3906\%$。

在控制图中心线同一侧连续出现的点称为链，链可能位于中心线的上侧也可能位于下侧。注意：链必须由"连续"出现的点子构成。链中包含的点子数目称为链长。链长≥9，则判断出现异常。

模式3：连续6点递减或递增，见图7-6。

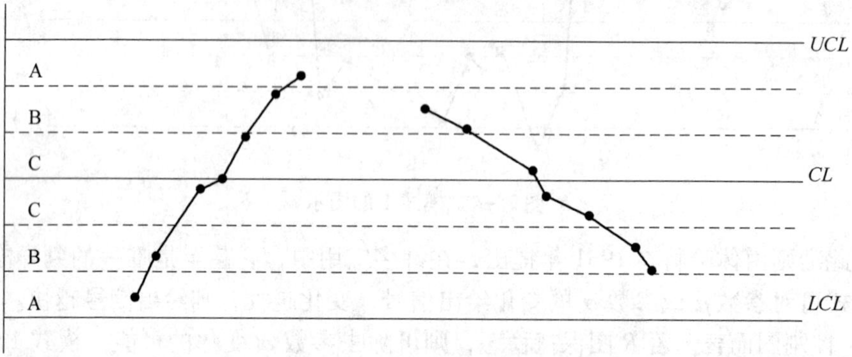

图7-6 模式3的图示

此模式是针对过程平均值的趋势（trend）进行设计的，它判定过程平均值的较小趋势要比模式2更为灵敏。产生趋势的原因可能是工具逐渐磨损、维修水平逐渐降低、操作人员技能的逐渐提高等，从而使得参数 μ 随着时间而产生变化。

若过程处于统计控制状态时，连续6个点递增或递减的概率为：

$$P(\text{连续6个点递增或递减}) = \frac{2}{6!} \times (0.9973)^6 = 0.002733 = 0.2733\%$$

即虚发警报的概率为0.2733%，第一类错误的概率为 $\alpha = 0.2733\%$。

点子逐步上升或下降的状态称为倾向或趋势。注意，递减的下降倾向，后面的点子一定要低于或等于前面的点子，否则倾向中断，需要重新计算。递增的上升倾向也是同样。

模式4：连续14个点中相依点上下交替，见图7-7。

出现本模式的现象是由于两台设备、两只纺锤、两位操作工、两台自动售货机，它们交替使用带来的系统影响。在采用多头秤加快包装速度的场合也有类似的情况。实际上，这就是一个数据分层不够的问题。选择14个点是通过蒙特卡洛（Monte Carlo）的试验模拟得到的，因为14个点时虚发警报的概率（大约为0.004）与模式1基本一致。

模式5：连续3个点中有2个点落在中心线同一侧的B区以外，见图7-8。

过程平均值的变化通常可由本准则判定，它对于变异的增加也较灵敏。这里需要说明：三个点中的两个点可以是任何两点，至于这第三个点可以在任意处，

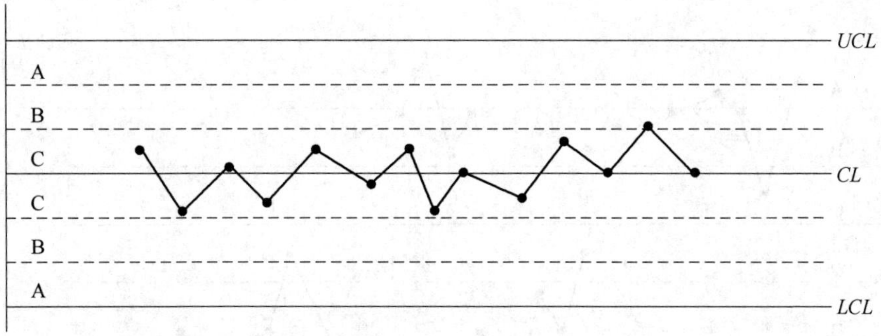

图 7－7 模式 4 的图示

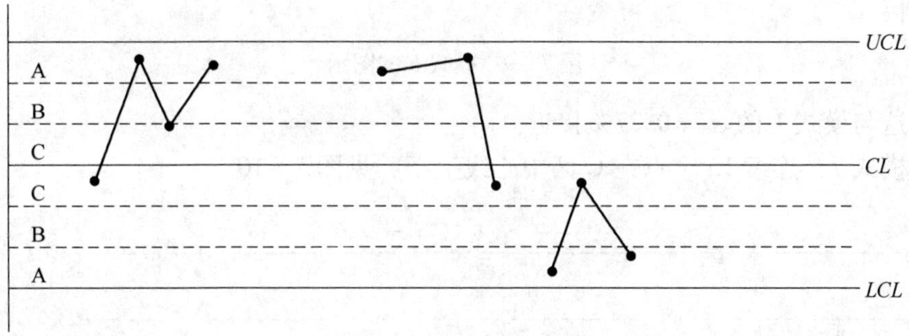

图 7－8 模式 5 的图示

甚至可以根本不存在。

当过程处于统计控制状态时，点子落在中心线一侧 2σ 界限与 3σ 界限之间的概率为：

$$\Phi(3) - \Phi(2) = 0.99865 - 0.977250 = 0.0214$$

3 个点中 2 个点子在中心线同一侧 A 区，另一个点子在控制界限内的任意处。这表明参数 μ 产生了变化，发生这种情况的概率为：

$$P(\text{连续 3 个点中有 2 个点落在中心线同一侧的 B 区以外})$$
$$= 2 \times C_3^2 \times 0.0214^2 \times (0.9973 - 0.0214) = 0.00268 = 0.268\%$$

这与 $\alpha_0 = 0.27\%$ 接近。

模式 6：连续 5 个点中有 4 个点落在中心线同一侧的 C 区以外，见图 7－9。

与模式 5 类似，这第 5 个点可在任意处。本模式对于过程平均值的偏移也是较灵敏的。出现本模式的现象是由于参数 μ 发生了变化。

当过程处于统计过程控制时，控制图中点子落在 1σ 与 3σ 之间的概率为

$$\Phi(3) - \Phi(1) = 0.99865 - 0.841345 = 0.157305$$

$$P(\text{连续 5 个点中有 4 个点落在中心线同一侧的 C 区以外})$$
$$= 2 \times C_5^1 \times 0.157305^4 \times (0.5 - 0.00135 - 0.157305) = 0.002081817 = 0.21\%$$

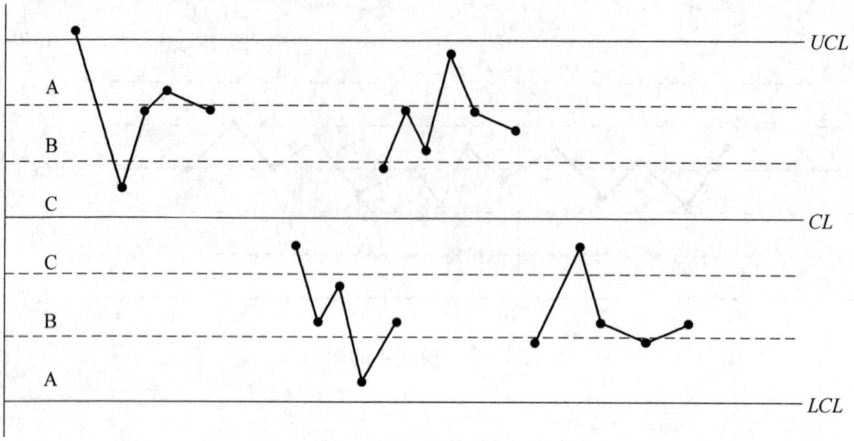

图 7-9 模式 6 的图示

这与模式 1 的 $\alpha_0=0.27\%$ 接近。

模式 7：连续 15 个点在 C 区中心线上下，见图 7-10。

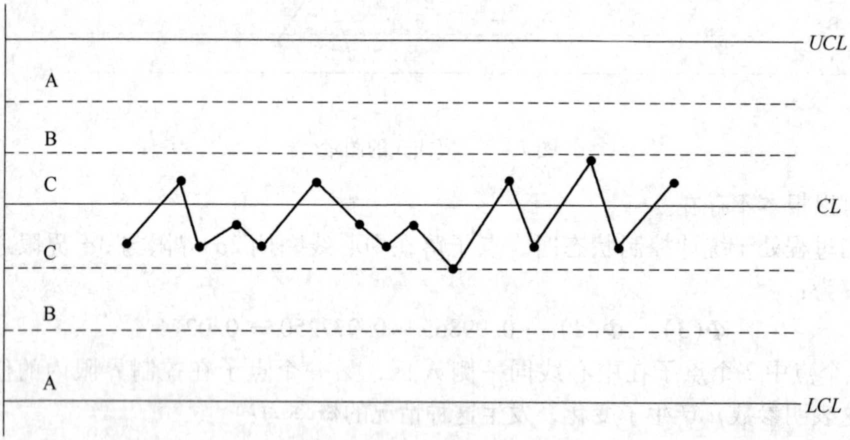

图 7-10 模式 7 的图示

出现本模式的现象是由于参数 σ 变小。对于本模式不要被它的良好“外貌”所迷惑，而应该注意到它的非随机性。造成本模式的原因可能有：数据虚假或数据分层不够等。

注意，碰到这种情况不要高兴得过早，首先需要检查下列两种可能性：

（1）是否应用了假数据，弄虚作假；

（2）是否数据分层不够。

在排除了上述两种可能性之后，这时才能总结现场减少标准差 σ 的先进经验。

现在分别计算下列各种点子集中在中心线附近的 α，若过程正常，则：

连续 14 个点子集中在中心线附近的 α 为 $\alpha_{14}=0.68268^{14}=0.00478$

连续 15 个点子集中在中心线附近的 α 为 $\alpha_{15}=0.68268^{15}=0.00326$

连续 16 个点子集中在中心线附近的 α 为 $\alpha_{16}=0.68268^{16}=0.00223$

其中 $\alpha_{15}=0.00326$ 比较接近模式 1 的 $\alpha_0=0.27\%$，故有模式 7。这里，似乎 $\alpha_{16}=0.00223$ 与 $\alpha_0=0.27\%$ 更稍稍接近一点，但是连续 16 个点要比连续 15 个点多一个点子，应用起来不如 15 个点方便。故仍选取连续 15 个点集中在中心线附近判异的模式。

模式 8：连续 8 个点在中心线两侧，但无一在 C 区中，见图 7-11。

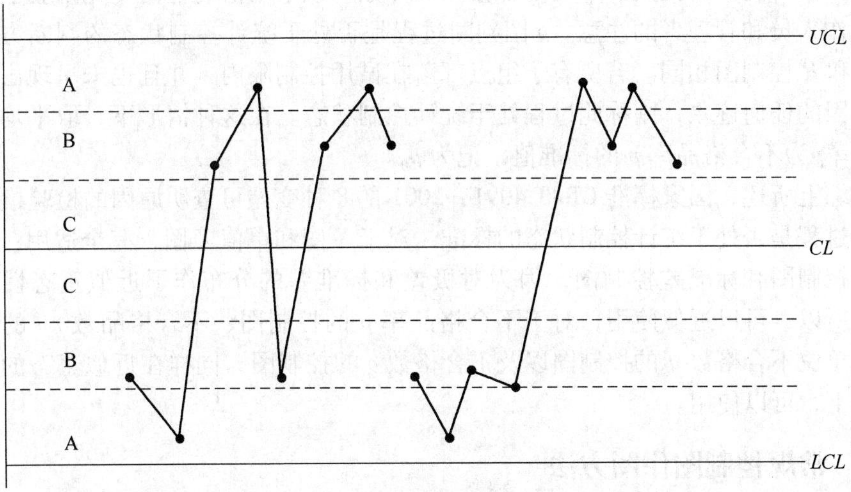

图 7-11 模式 8 的图示

造成本准则现象的可能原因是数据分层不够、数据来自两个总体或变差 σ 增大。

当过程处于统计控制状态时，连续 8 个点落在中心线两侧且无一在 C 区内的概率为：

$$P(\text{连续 8 个点在中心线两侧且无一在 C 区中})$$
$$=(0.1587\times 2)^8=0.000103=0.0103\%$$

即虚发警报的概率为 0.0103%，第一类错误的概率为 $\alpha=0.0103\%$。

根据上述计算，显然 $\alpha_8=0.000103$ 较之 $\alpha_0=0.27\%$ 过小，而 $\alpha_6=0.0019$ 与模式 1 的 $\alpha_0=0.0027$ 接近。故有人建议将模式 8 改成："连续 6 个点落在中心线两侧且无 1 点在 C 区以内"。

7.2.5 常规控制图判断准则的使用

国家标准 GB/T 4091—2001 明确指出：这些检验适用于 $\overline{X}$ 图和单值 X 图。这

里假定质量特性 X 的观测值服从正态分布。

对于极差和标准差，国家标准 GB/T 4091—2001 指出：应该注意，极差和标准差的分布并不是正态的，尽管在为计算控制限估计常数时，对极差和标准差的分布作了近似正态性的假设，这种假设对于经验决策程度而言还是令人满意的。

对于极差 R 控制图，国家标准 GB/T 4091—2001 指出：与控制限进行对比，检查数据点是否有失控点，或有无异常的模式或趋势。对于极差数据中关于可查明原因的每一个征兆，分析过程的运行，以便找出原因，进行纠正，并防止它再次出现。

对于不合格品率 p 的控制图，国家标准 GB/T 4091—2001 指出：p 图用来确定在一段时间内所提交的平均不合格品百分数。该平均值的任何变化都会引起过程操作人员和管理者的注意。p 图判断过程是否处于统计控制状态的判断方法与 $\overline{X}$ 图和 R 控制图相同。若所有子组点都落在试用控制限内，并且也未呈现出可查明原因的任何迹象，则称此过程处于统计控制状态。在这种情形下，取平均不合格品率$\overline{p}$为不合格品率 p 的标准值，记为 p_0。

综上所述，国家标准 GB/T 4091—2001 的 8 种变差可查明原因的检验模式和判断过程是否处于统计控制状态的标准，对于 $\overline{X}$ 图和单值 X 图，完全适用；对于极差控制图和标准差控制图，因为对极差和标准差的分布作了近似正态性的假设，所以，可以近似使用；对于不合格品率 p 的控制图、不合格品数 np 的控制图、单位不合格数 u 的控制图以及不合格数 c 的控制图，同样在近似正态的假设条件下，可以使用。

7.3 常规控制图作图方法

7.3.1 建立控制图的预备工作

7.3.1.1 质量特性的选择

在选择控制方案所需的质量特性时，通常应将影响生产或服务性能的特性作为首选对象。所选择的质量特性可以是所提供服务的特征，或者是所用材料或产品零部件以及提供给购买者的成品的特征。凡控制图有助于及时提供过程信息，以使过程得到纠正并能生产出更好的产品或服务的场合，首先应该采用统计控制方法。所选择的质量特性应对产品或服务的质量具有决定性的影响，并能保证过程的稳定性。

7.3.1.2 生产过程的分析

应详细分析生产过程以确定下列各点：

（1）引起过程异常原因的种类与位置。

（2）设定规范的影响。

（3）检验的方法与位置。

(4) 所有可能影响生产过程的其他有关因素。

还应做出分析以确定生产过程的稳定性、生产与检验设备的准确度、所生产产品或服务的质量以及不合格的类型与其原因之间的相关性模式。必要时，对生产运作的状况和产品质量提出要求，以便做出安排去调整生产过程与设备，并设计生产过程的统计控制方案。这将有助于确认建立控制的最佳位置，迅速查明生产过程中的任何不正常因素，以便迅速采取纠正措施。

7.3.1.3 合理子组的选择

控制图的基础是将观测值划分为“合理子组”，即将所考察的观测值划分为一些子组，可认为子组内差异仅由随机原因造成，而组间的任何差异是由控制图所欲检测的可查明原因造成的。

合理子组的划分有赖于某些技术知识、对生产状况的熟悉程度和获取数据的条件。如果方便，可根据时间或来源来确定子组，这样可能更容易追踪与纠正产生问题的具体原因。按收集观测值的顺序所给出的检验和试验记录，提供了根据时间划分子组的基础。由于在制造业中保持生产系统随时间恒定不变很重要，故根据时间划分子组的做法在制造业中通常有用。

应该始终记住，如果在计划收集数据时就注重样本的选取，使得从每个子组取得的数据都可以适当地处理为一个单独的合理子组，那么分析工作将大为简便；并且应以此种方式确定子组。此外，在尽可能的范围内，应保持子组大小 n 不变，以避免繁琐的计算和解释。当然，应该注意，常规控制图原理对于 n 变化的情形也同样适用。

7.3.1.4 子组频数与子组大小

关于子组频数或子组大小，无法制定通用的规则。子组频数可能决定于取样和分析样本的费用，而子组大小则可能决定于一些实际的考虑。例如，低频率长间隔抽取的大子组，可以更准确地检测出过程平均中的小偏移，而高频率短间隔地抽取的小子组，则能更迅速地检测出大偏移。通常，子组大小取为 4 或 5，而抽样频数，一般在初期时高，一旦达到统计控制状态后就变低。对于初步估计而言，抽取大小为 4 或 5 的 20~25 个子组就足够了。

7.3.1.5 预备数据的收集

在确定了要控制的质量特性以及子组的子组抽样频数和子组大小以后，我们必须收集和分析一些原始的检验数据和测量结果，以便能够提供初始的控制图数值，这是为确定绘于控制图上的中心线与控制限所需要的。预备数据可以从一个连续运作的生产过程中逐个子组进行收集，收集组数 $K \geqslant 25$，一般取 25~30 组。注意，在收集原始数据的过程中，过程不得间歇地受到外来因素的影响，如原材料的供给、操作方式、机器设置等方面的变化。换言之，在收集原始数据时，过程应该呈现出一种稳定状态。

7.3.2 计量值控制图应用步骤

下面给出了有关标准值未给定情况下建立计量控制图的步骤。建立其他控制图时，基本步骤相同，只是用于计算的常数有所不同。

（1）收集数据。

（2）计算统计量。统计量是用于计算控制界限的量。不同种类的控制图所计算的统计量各不相同，应对收集的数据进行统计计算，以得到相应的统计量。常用的统计量有以下几种：

1）子组平均值 $\overline{X}$；

2）数据总平均值 $\overline{\overline{X}}$；

3）子组极差 R 以及子组极差的平均值 $\overline{R}$；

4）子组标准差 s 以及子组标准差的平均值 $\overline{s}$；

5）子组中位数以及子组中位数的平均值；

6）相邻单值数据的极差 R_s 以及极差的平均值。

（3）计算控制界限。

（4）作控制图并打点。

（5）判断过程是否处于受控状态（统计稳态）。

（6）判断过程能力是否充足（技术稳态）。

（7）将分析用的控制图转换为控制用的控制图，实施日常过程控制。

7.4 应用统计控制图应注意的问题

在统计控制图的应用中，应着重考虑以下几个方面的问题：

（1）在什么场合使用控制图。原则上讲，对于任何过程，凡需要对其过程输出特性进行控制与管理的，都可以应用统计控制图。但最好选择那些指标能够定量化的过程特性，并尽可能应用计量值控制图。如果过程特性只能进行定性的描述而不能进行定量的测量，也可以使用计数值控制图，但其对过程偏移的检出能力和效果可能不及计量值控制图。此外，所控制的过程必须具有重复性，只有这样才能发现其内在的统计规律。对于一次性或少数几次的过程特性，应用统计控制图可能很难达到预期效果。

（2）如何选择控制对象。在使用统计控制图时，应选择那些能够代表过程的主要过程特性的指标作为控制对象。一个过程往往具有各种各样的特性，需要选择能够真正代表过程功能的特性指标。例如，假定某产品在强度方面有问题，就应该选择强度作为控制对象。在电动机装配车间，如果对于电动机轴的尺寸要求很高，就需要把机轴直径作为统计控制图的控制对象。

（3）怎样选择控制图。选择控制图时应主要考虑以下三点：

1）根据所控制过程的数据性质选择统计控制图。如果数据为连续计量值，则选择 $\overline{X}-R$，$\overline{X}-s$，$Me-R$ 或 $X-R_s$ 控制图；如果数据为离散计件值，则选择 p 或 np 控制图；如果数据为离散计点值，则选择 c 或 u 控制图。

2）根据过程的特性数量，选择统计控制图的数量或类型。如果过程只包含一个特性，则选择单变量控制图；如果过程包含多个特性，则选择多变量控制图。

3）还需要权衡考虑其他要求。如检出能力大小，抽取样品、取得数据的难易程度与经济性等。如果要求检出能力大时，可选择针对成组数据的控制图，如 $\overline{X}-R$ 控制图。

（4）如何分析控制图。如果在统计控制图中未出现点子出界，而且点子的排列也是随机的，则可以认为过程处于统计受控状态。如果统计控制图中的点子出界或点子非随机排列，则可以认为过程失控。对那些对统计控制图的应用还不够熟悉的使用者而言，当统计控制图上出现失控警告时，应首先检查以下几个方面：样品的抽取是否随机？数据的读取是否正确？数据的测量计算有无差错？描点有无错误？此外，如何使用 MINITAB 等专业质量统计软件来辅助实施统计过程控制，则还应检查模式、参数等的选择是否恰当。在这些方面检查无误后，再调查过程中可能存在的特殊原因波动，以免产生对受控过程的不适当的调整。

（5）对失控状态的处理和分析。若点子出界或界内点子非随机排列，应执行“查出异因，采取措施，加以消除，不再出现，纳入标准”的方针，防止这类情况再次发生。需要强调指出的是，只有采取了旨在消除或减少特殊原因波动的纠正措施，过程才会不断得到改进并持续保持在统计受控状态。这也是实施统计过程控制技术能够发挥预防作用的根本原因，如果出现了问题而不采取针对性的纠正措施，统计控制图的应用就成为流于形式的花架子，如果这样，还不如不用统计控制图。

对于过程而言，控制图起着告警铃的作用，控制图点子出界就好比告警铃响，告诉工作人员现在应该执行 20 字方针了。但一般来说，控制图只起告警铃的作用，而不能告知这种告警究竟是由什么异常因素造成的。要找出造成异常的原因，除根据生产和管理方面的技术与经验来解决外，往往需要进一步使用其他有关的质量工程技术或工具。

（6）统计控制图的控制限的重新制定。统计控制图的控制限是基于过程处于统计受控状态的假设来制定的，这时与过程有关的 5M1E 等环境因素处于基本稳定的状态。如果上述环境因素发生变化，如操作人员更换或通过学习操作水平显著提高，设备更新，采用新型原材料或其他原材料，改变工艺参数或采用新工艺，以及生产环境改变等，则需要重新制定控制限。由于统计控制图是科学管理生产过程的重要依据，所以经过一段时间的使用后，也需要重新抽取数据，进行计算，并对过程是否发生了显著变化加以检验。

（7）统计控制图的保管问题。控制图的计算以及日常的记录都应作为技术资料加以妥善保管。对于点子出界或界内点排列非随机的异常情况以及当时的处理情况都应予以记录，因为这些都是以后出现异常时查找原因的重要参考资料。有了长期保存的记录，便能对该过程的质量水平有清楚的了解，这对于今后在产品设计和制定规范方面都是十分有用的。

8 常规计量值控制图

8.1 均值－极差控制图

8.1.1 $\overline{X}-R$ 控制图，标准值给定

对于计量值数据而言，这是最常用也最基本的控制图，用于过程特性为长度、质量、强度、纯度、时间和生产量等单变量计量值的场合。

均值控制图主要用于判断生产过程的均值是否处于或保持在所要求的统计控制状态，极差控制图用于判断生产过程的波动是否处于或保持在所要求的统计控制状态。使用时要求子组容量 $n<10$，这种图的优点是计算极差方便，缺点是评估的精度比较低。

常规计量控制图控制限公式及系数表见表 8－1 和表 8－2。

表 8－1　常规计量控制图控制限公式

统计量	标准值未给定		标准值给定	
	中心线	上控制限与下控制限	中心线	上控制限与下控制限
$\overline{X}$	$\overline{\overline{X}}$	$\overline{\overline{X}} \pm A_2\overline{R}$ 或 $\overline{\overline{X}} \pm A_3\overline{S}$	X_0 或 μ	$X_0 \pm A\sigma_0$
R	$\overline{R}$	$D_4\overline{R}$，$D_3\overline{R}$	R_0 或 $d_2\sigma_0$	$D_3\sigma_0$，$D_1\sigma_0$
S	$\overline{S}$	$B_4\overline{S}$，$B_3\overline{S}$	S_0 或 $C_4\sigma_0$	$B_5\sigma_0$，$B_6\sigma_0$

注：X_0、R_0、S_0、μ、σ_0 为给定的标准值。

表 8－2　计量控制图计算控制限的系数表

子组中观测值的个数	控制限系数											中心线系数			
	A	A_2	A_3	B_3	B_4	B_5	B_6	D_1	D_2	D_3	D_4	C_4	$1/C_4$	D_2	$1/d_2$
2	2.121	1.880	2.659	0.000	3.267	0.000	2.606	0.000	3.686	0.000	3.267	0.7979	1.2533	1.128	0.8865
3	1.732	1.023	1.954	0.000	2.568	0.000	2.276	0.000	4.358	0.000	2.574	0.8862	1.1284	1.693	0.5907
4	1.500	0.729	1.628	0.000	2.266	0.000	2.088	0.000	4.698	0.000	2.282	0.9213	1.0854	2.059	0.4857
5	1.342	0.577	1.427	0.000	2.089	0.000	1.964	0.000	4.918	0.000	2.114	0.9400	1.0638	2.326	0.4299
6	1.225	0.483	1.287	0.030	1.970	0.029	1.874	0.000	5.078	0.000	2.004	0.9515	1.0510	2.534	0.3946

续表 8 - 2

子组中观测值的个数	控制限系数											中心线系数			
	A	A_2	A_3	B_3	B_4	B_5	B_6	D_1	D_2	D_3	D_4	C_4	$1/C_4$	D_2	$1/d_2$
7	1.134	0.419	1.182	0.118	1.882	0.113	1.806	0.204	5.204	0.076	1.924	0.9594	1.0423	2.704	0.3698
8	1.061	0.373	1.099	0.185	1.815	0.179	1.751	0.388	5.306	0.136	1.864	0.9650	1.0363	2.847	0.3512
9	1.000	0.337	1.032	0.239	1.161	0.232	1.707	0.547	5.393	0.184	1.816	0.9693	1.0317	2.970	0.3367
10	0.949	0.308	0.975	0.284	1.716	0.276	1.669	0.687	5.469	0.223	1.777	0.9727	1.0281	3.078	0.3249
11	0.905	0.285	0.927	0.321	1.679	0.313	1.637	0.811	5.535	0.256	1.744	0.9754	1.0252	3.173	0.3152
12	0.866	0.266	0.886	0.354	1.646	0.346	1.610	0.922	5.594	0.283	1.717	0.9776	1.0229	3.258	0.3069
13	0.832	0.249	0.850	0.382	1.618	0.374	1.585	1.025	5.647	0.307	1.693	0.9794	1.0210	3.336	0.2998
14	0.802	0.235	0.817	0.406	1.594	0.399	1.563	1.118	5.696	0.328	1.672	0.9823	1.0194	3.407	0.2935
15	0.775	0.223	0.789	0.428	1.572	0.421	1.544	1.203	5.741	0.347	1.653	0.9835	1.0180	3.472	0.2880
16	0.750	0.212	0.63	0.448	1.552	0.440	1.526	1.282	5.782	0.363	1.637	0.9835	1.0168	3.532	0.2831
17	0.728	0.203	0.739	0.466	1.534	0.458	1.511	1.356	5.820	0.378	1.622	0.9845	1.0157	3.588	0.2787
18	0.707	0.194	0.718	0.482	1.518	0.475	1.496	1.424	5.856	0.391	1.608	0.9854	1.0148	3.640	0.2747
19	0.688	0.187	0.698	0.497	1.503	0.490	1.483	1.487	5.891	0.403	1.597	0.9862	1.0140	3.689	0.2711
20	0.671	0.180	0.680	0.510	1.490	0.504	1.470	1.549	5.921	0.415	1.585	0.9869	1.0133	3.735	0.2677
21	0.655	0.173	0.663	0.523	1.477	0.516	1.459	1.605	5.951	0.425	1.575	0.9876	1.0126	3.778	0.2647
22	0.640	0.167	0.647	0.534	1.466	0.528	1.448	1.659	5.979	0.434	1.566	0.9882	1.0119	3.819	0.2618
23	0.626	0.162	0.633	0.545	1.455	0.539	1.438	1.710	6.006	0.443	1.557	0.9887	1.0114	3.858	0.2592
24	0.612	0.157	0.619	0.555	1.445	0.549	1.429	1.759	6.031	0.451	1.548	0.9892	1.0109	3.895	0.2567
25	0.600	0.153	0.606	0.565	1.435	0.559	1.420	1.806	6.056	0.459	1.541	0.9896	1.0105	3.931	0.2544

注：该表摘自 GB/T 4091—2001。

[例 8 - 1] 某粉末冶金厂生产粉末冶金产品，袋装出厂，按用户要求每袋质量（重要）平均为 1000.5g，装袋过程自动化，长期过程稳定经验确定其标准差为 0.9g，请对装袋过程质量进行控制。

解： 第 1 步，选择控制图。

已知过程标准差的真值的标准差 $\sigma_0 = 0.9g$，$X_0 = 1000.5g$，选用标准值给定的 $\overline{X} - R$ 控制图。

第 2 步，收集数据。

在装袋生产处于稳定状态下随机抽取样本，称重后填入数据表，共收集 25 个样本，每个样本含 5 袋，$n = 5$，计算它们的 $\overline{X}$ 和 R，见表 8 - 3。

表 8－3 粉末包装生产线抽样检验数据表

样本	X_1	X_2	X_3	X_4	X_5	$\sum X_i$	$\overline{X}$	R
1	1000.2	1000.1	998.0	999.0	1000.0	4997.3	999.46	2.2
2	1000.0	1000.3	1000.4	998.0	1000.5	4999.2	999.84	2.5
3	1000.1	1000.1	1000.2	1000.0	1000.1	5000.5	1000.1	0.2
4	1000.2	999.0	998.0	1000.3	1000.0	4997.5	999.5	2.3
5	999.0	998.0	999.0	1000.5	1000.1	4996.6	999.32	2.5
6	1000.3	1000.2	1000.0	999.0	1000.0	4999.5	999.90	1.3
7	1000.5	1000.2	1000.3	1000.1	1000.0	5001.1	1000.22	0.5
8	999.0	1000.0	998.0	1000.4	1000.1	4997.5	999.50	2.4
9	1000.5	1000.3	1000.0	1000.1	1000.0	5000.9	1000.18	0.5
10	1000.2	999.0	999.0	999.0	1000.3	4997.5	999.50	1.3
11	1000.0	1000.0	1000.0	1000.1	998.0	4998.1	999.62	2.1
12	998.0	999.0	1000.5	1000.1	1000.0	4997.6	999.52	2.5
13	1000.0	1000.3	1000.4	998.0	999.0	4997.7	999.54	2.4
14	999.0	1000.0	1000.1	1000.4	1000.2	4999.7	999.94	1.4
15	1000.2	1000.1	999.0	1000.5	1000.1	4999.9	999.98	1.5
16	1000.1	1000.1	1000.3	1000.2	1000.1	5000.8	1000.16	0.2
17	1000.1	999.0	998.0	1000.2	1000.5	4997.8	999.56	2.5
18	1000.5	1000.4	1000.2	1000.1	1000.0	5001.2	1000.24	0.5
19	999.0	999.0	999.0	999.0	998.0	4994.0	998.80	1.0
20	998.0	1000.0	1000.1	1000.1	1000.2	4998.4	999.68	2.2
21	1000.2	998.0	999.0	997.0	1000.0	4994.2	998.84	3.2
22	1000.2	1000.1	997.0	998.0	999.0	4994.3	998.86	3.2
23	999.0	1000.0	1000.1	1000.3	1000.5	4999.9	999.98	1.5
24	1000.5	1000.4	1000.3	1000.2	1000.0	5001.4	1000.28	0.5
25	1000.0	1000.2	1000.3	1000.0	1000.1	5000.6	1000.12	0.3

第 3 步，建立试用控制图。

从表 8－1 知，标准给定的 $\overline{X}-R$ 的控制限为：

$\overline{X}$图：中心线：$CL=X_0$ 或 μ；

上控制限：$UCL=X_0+A\sigma_0$；

下控制限：$LCL=X_0-A\sigma_0$。

R 图：中心线：$CL=R_0$ 或 $d_2\sigma_0$；

上控制限：$UCL=D_2\sigma_0$；

下控制限：$LCL = D_1\sigma_0$。

上式中系数 A，d_2，D_1，D_2 根据 $n=5$，查表 8－2 得：$A=1.342$，$d_2=2.326$，$D_1=0.000$，$D_2=4.918$，故：

$\overline{X}$图：中心线：$CL = X_0 = 1000.5(g)$；

上控制限：$UCL = X_0 + A\sigma_0 = 1000.5 + 1.342 \times 0.9 = 1001.708(g)$；

下控制限：$LCL = X_0 - A\sigma_0 = 1000.5 - 1.342 \times 0.9 = 999.292(g)$。

R 图：中心线：$CL = d_2\sigma_0 = 2.326 \times 0.9 = 2.093(g)$；

上控制限：$UCL = D_2\sigma_0 = 4.918 \times 0.9 = 4.426(g)$；

下控制限：$LCL = D_1\sigma_0 = 0.000 \times 0.9 = 0(g)$。

第 4 步，点绘$\overline{X}$图和 R 图。

将计算得到的$\overline{X}_i$和 R_i 分别点到相应样本号的坐标上，然后用直线依次连接各点即得。

现在用 MINITAB 质量统计软件可以很方便地做出控制图（见图 8－1）。

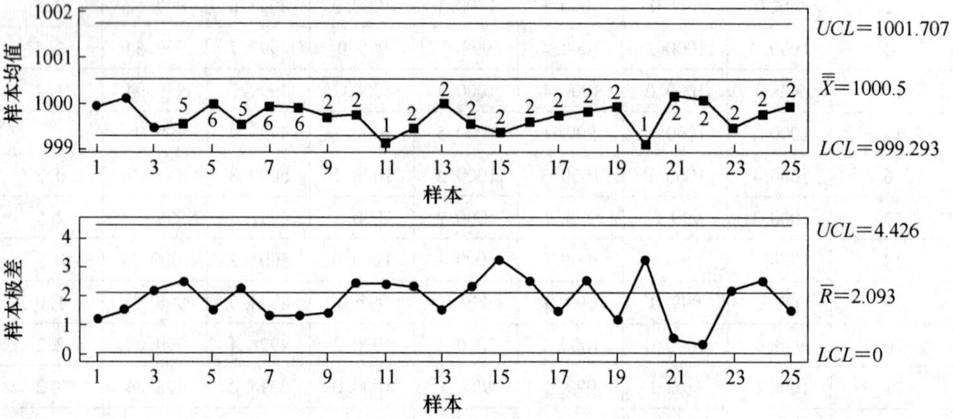

图 8－1 每袋质量的 $\overline{X}-R$ 图

第 5 步，分析 $\overline{X}-R$ 图。

图上点的分布情况反映了样本数据的分布情况。

$\overline{X}$图显示过程平均的中心位置，并表明过程的稳定性。

R 图反映质量波动情况，它揭示了样本组内（本例每 5 个数为一组）不希望出现的变差。R 图是考察过程的变异大小的一种指示器，也是过程运行质量一致性的一个度量。

由于无论是对样本平均值还是对样本的极差的解释能力，均依赖于产品间变异的估计，所以，分析控制图时，首先分析 R 图，然后分析$\overline{X}$图，R 图失控会影响$\overline{X}$图。

对 R 图可进行如下分析：

（1）在 R 图上检查诸点有无超出控制限，有无异常模式，如链、趋势、分层等。若有超出控制限的点，或有若干点连续上升或下降都是值得查明原因的波动。通常表明存在下列情况中的一种或多种：控制限计算或描点出错；分布的标准差在逐渐缩小或增大；测量系统已经发生变化，此时要认真分析，找出有用信息。

（2）查明原因后，可剔去该子组，重新计算 R 图的控制限。再一次检查是否出现异常现象，若有，可重复“识别-纠正-重新计算”程序。

（3）从 R 图中剔去的任一子组，也应将该子组从 $\overline{X}$ 图中剔去。并重新计算 $\overline{X}$ 图的中心线和上、下控制限。

当确认 R 图受控后，就可转入 $\overline{X}$ 图的分析，按照前面的判异准则即可。

根据图 8-2 分析，可判定该装袋生产线的 $\overline{X}-R$ 图不正常，说明生产过程不稳定。

每袋质量的 Xbar 控制图检验结果
检验 1。1 个点，距离中心线超过 3.00 个标准差。
检验出下列点不合格：11，20
检验 2。连续 9 点在中心线同一侧。
检验出下列点不合格：9，10，11，12，13，14，15，16，17，18，19，20，21，22，23，24，25
检验 5。3 点中有 2 点，距离中心线超过 2 个标准差（在中心线的同一侧）
检验出下列点不合格：4，6，12，14，15，16
检验 6。5 点中有 4 点，距离中心线超过 1 个标准差（在中心线的同一侧）
检验出下列点不合格：5，6，7，8，9，10，11，12，13，14，15，16，17，18，19，20，22，23，24，25
检验 8。行内连续 8 点距离中心线超过 1 个标准差（中心线的上方和下方）
检验出下列点不合格：10，11，12，13，14，15，16，17，18，19，20
注意：如果使用新数据更新图形，以上结果可能不再正确。

图 8-2 MINITAB 相应的判定

第 6 步，判断过程是否处于统计稳态。

如果 $\overline{X}-R$ 图正常，说明生产过程稳定。本例的控制图不正常，首先应检查计算和作图过程中是否有误，有误则重新计算和作图；若无误，则检查生产过程，找出原因，进行改造，等待过程稳定后，再收集数据作图。

第 7 步，计算过程能力指数，判断过程是否处于技术稳态。

过程能力指数的计算以及判断见第 9 章。

8.1.2 $\overline{X}-R$ 控制图，标准值未给定

［**例 8-2**］ 某发动机制造公司的一车间负责凸轮轴生产，为实施统计过程

控制，该车间决定在 B－1 凸轮轴直径的生产过程中使用 $\overline{X}-R$ 控制图进行控制。

解： 第 1 步，选择控制图。

根据上述分析，选择标准值未给定的 $\overline{X}-R$ 控制图，其控制限为（见表 8－1）由于标准值未给定，所以建立不了控制图，需要知道 $\overline{\overline{X}}$ 和 $\overline{R}$ 及 A_2，D_3，D_4。

第 2 步，收集数据。

生产过程进行稳定状态后收集数据，随机从生产线上抽取 25 组每组含 5 个凸轮轴，对它们进行测量、记录，并记入表 8－4。

表 8－4 B－1 凸轮轴直径的样本数据

样本	X_1	X_2	X_3	X_4	X_5	$\overline{X}$	R
1	84.030	84.002	84.029	83.992	84.008	84.010	0.038
2	83.995	83.992	84.001	84.001	84.011	84.001	0.019
3	83.988	84.024	84.021	84.005	84.002	84.008	0.036
4	84.002	83.996	83.993	84.015	84.009	84.003	0.022
5	83.992	84.007	84.015	83.989	84.014	84.003	0.026
6	84.009	83.994	83.997	83.985	83.993	83.996	0.024
7	83.995	84.006	83.994	84.000	84.005	84.000	0.012
8	83.985	84.003	83.993	84.015	83.988	83.997	0.030
9	84.008	83.995	84.009	84.005	84.004	84.004	0.014
10	83.998	84.000	83.990	84.007	83.995	83.998	0.017
11	83.994	83.998	83.994	83.995	83.990	83.994	0.008
12	84.004	84.000	84.007	84.000	83.996	84.001	0.011
13	83.983	84.002	83.998	83.997	84.012	83.998	0.029
14	84.006	83.967	83.994	84.000	83.984	83.990	0.039
15	84.012	84.014	83.998	83.999	84.007	84.006	0.016
16	84.000	83.984	84.005	83.998	83.996	83.997	0.021
17	83.994	84.012	83.986	84.005	84.007	84.001	0.026
18	84.006	84.010	84.018	84.003	84.000	84.007	0.018
19	83.984	84.002	84.003	84.005	83.997	83.998	0.021
20	84.000	84.010	84.013	84.020	84.003	84.009	0.020
21	83.998	84.001	84.009	84.005	83.996	83.996	0.033
22	84.004	83.999	83.990	84.006	84.009	84.002	0.010
23	84.010	83.989	83.990	84.009	84.014	84.002	0.025
24	84.015	84.008	83.993	84.000	84.010	84.005	0.022
25	83.982	83.984	83.995	84.017	84.013	83.998	0.035

$\overline{\overline{X}}$是平均值的平均值，等于25个平均值除以25；$\overline{R}$是25个R的平均值：

$$\overline{\overline{X}}=\frac{1}{25}\sum_{i=1}^{25}\overline{X}_{\mathrm{i}}=\frac{2100.024}{25}=84.001$$

$$\overline{R}=\frac{1}{25}\sum_{i=1}^{25}R_{\mathrm{i}}=\frac{0.581}{25}=0.028$$

第3步，建立控制限。

由于$\overline{X}$控制图的控制限的计算中包含样本平均极差$\overline{R}$，如果过程的方差统计失控，计算出来的控制限就没有意义。由此，计算$X-R$控制图的控制限应该从R控制图开始。

由于样本大小$n=5$，查表8－2，可得$A_2=0.577$，$D_3=0$，$D_4=2.115$。

$\overline{X}$图：中心线：$CL=\overline{\overline{X}}=84.001$；

上控制限：$UCL=\overline{\overline{X}}+A_2\overline{R}=84.001+0.577\times0.023=84.014$；

下控制限：$LCL=\overline{\overline{X}}-A_2\overline{R}=84.001-0.577\times0.023=83.988$。

R图：中心线：$CL=\overline{R}=0.023$；

上控制限：$UCL=D_4\overline{R}=2.115\times0.023=0.048$；

下控制限：$LCL=D_3\times\overline{R}=0\times0.023=0$。

第4步，点绘$\overline{X}$图和R图。

将图8－5的$\overline{X}$值和R值点绘在建立起来的控制图上，然后用直线依次连续各点即得。

应用MINITAB软件得到控制图如图8－3所示。

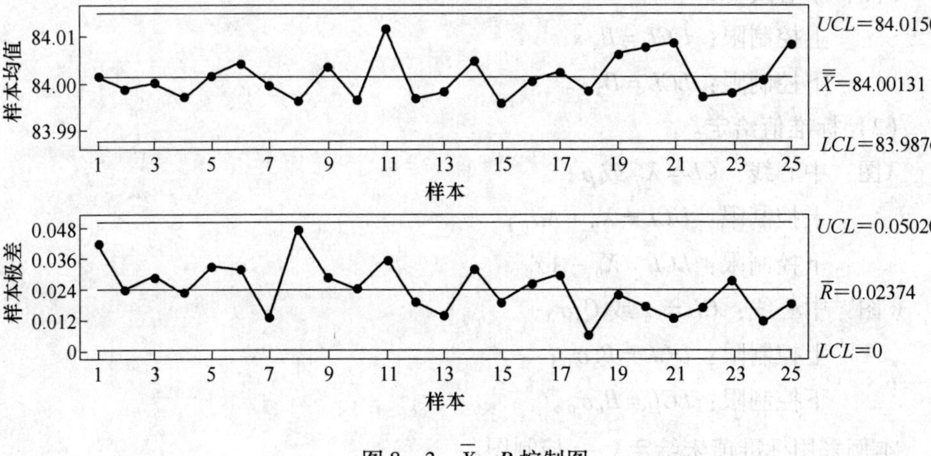

图8－3 $\overline{X}-R$控制图

第5步，分析$\overline{X}-R$图。

根据判断过程正常的准则，可以判断该过程的方差处于统计受控状态。同时也可以判断该过程的均值也处于统计受控状态。

第6步，计算过程能力指数，判断过程是否处于技术稳态。

过程能力指数的计算以及判断见第9章。

8.2 均值－标准差控制图（$\overline{X}-s$ 控制图）

$\overline{X}-s$ 控制图与 $\overline{X}-R$ 控制图基本相似，只是用标准差 s 控制图代替了均值 $\overline{X}$ 控制图。由于极差计算相对简单，故 R 控制图得到了广泛应用，但当样本大小 $n>10$ 时，继续使用极差估计总体标准差 σ 的效率降低，因而需要使用 s 控制图来代替 R 控制图。

［例8－3］ 某制造企业一车间生产孔径 $\Phi 10.9^{+0.25}_{+0.05}$ 的零件，为加强质量控制，欲采用 $\overline{X}-s$ 控制图进行过程控制。利用 $\overline{X}-s$ 控制图分析该工序是否处于稳定受控状态。

解： 第1步，选择控制图。

$\overline{X}-s$ 控制图也有标准值未给定和标准值给定两种。从表8－1中知道这两种图的控制限是：

（1）标准值未给定。

$\overline{X}$ 图：中心线：$CL=\overline{\overline{X}}$；

上控制限：$UCL=\overline{\overline{X}}+A_3\overline{s}$；

下控制限：$LCL=\overline{\overline{X}}-A_3\overline{s}$。

s 图：中心线：$CL=\overline{s}$；

上控制限：$UCL=B_4\overline{s}$；

下控制限：$LCL=B_3\overline{s}$。

（2）标准值给定。

$\overline{X}$ 图：中心线：$CL=X_0$ 或 μ；

上控制限：$UCL=X_0+A\sigma_0$；

下控制限：$LCL=X_0-A\sigma_0$。

s 图：中心线：$CL=s_0$ 或 $C_4\sigma_0$；

上控制限：$UCL=B_5\sigma_0$；

下控制限：$LCL=B_6\sigma_0$。

本例采用标准值未给定 $\overline{X}-s$ 控制图。

第2步，收集数据。

生产过程进入稳定状态后收集数据，随机从生产线上抽取25组数据每组含10个零件，对孔径进行测量、记录，并记入表8－5。

表8-5 某产品孔径$\Phi 10.9^{+0.25}_{+0.05}$的抽样数据

No.	测量值											标准差 s
	1	2	3	4	5	6	7	8	9	10	$\overline{X}$	
1	10.16	10.18	10.16	10.19	10.14	10.16	10.18	10.16	10.15	10.16	10.166	0.017
2	10.16	10.14	10.15	10.18	10.12	10.13	10.20	10.16	10.17	10.14	10.150	0.024
3	10.20	10.21	10.18	10.16	10.14	10.22	10.19	10.18	10.17	10.21	10.178	0.025
4	10.15	10.19	10.14	10.12	10.09	10.19	10.14	10.16	10.13	10.22	10.148	0.037
5	10.18	10.17	10.13	10.15	10.20	10.18	10.18	10.16	10.21	10.29	10.168	0.024
6	10.11	10.11	10.13	10.15	10.14	10.10	10.12	10.13	10.16	10.18	10.128	0.025
7	10.16	10.14	10.15	10.16	10.19	10.21	10.16	10.18	10.14	10.17	10.160	0.022
8	10.17	10.24	10.19	10.16	10.17	10.21	10.18	10.21	10.22	10.22	10.186	0.035
9	10.19	10.18	10.15	10.14	10.20	10.16	10.18	10.16	10.09	10.13	10.172	0.033
10	10.18	10.15	10.14	10.12	10.13	10.15	10.14	10.18	10.20	10.13	10.144	0.026
11	10.19	10.14	10.06	10.19	10.18	10.18	10.17	10.16	10.11	10.12	10.152	0.042
12	10.15	10.14	10.21	10.17	10.15	10.12	10.18	10.17	10.24	10.20	10.164	0.036
13	10.18	10.14	10.12	10.16	10.18	10.10	10.09	10.08	10.09	10.17	10.156	0.040
14	10.08	10.14	10.12	10.13	10.15	10.18	10.19	10.20	10.28	10.18	10.128	0.036
15	10.19	10.15	10.16	10.18	10.18	10.19	10.18	10.17	10.14	10.16	10.172	0.017
16	10.16	10.15	10.12	10.19	10.18	10.16	10.17	10.22	10.11	10.18	10.160	0.032
17	10.15	10.19	10.12	10.14	10.17	10.08	10.12	10.11	10.15	10.17	10.160	0.032
18	10.17	10.14	10.13	10.21	10.18	10.15	10.17	10.22	10.40	10.11	10.160	0.043
19	10.15	10.11	10.12	10.14	10.22	10.23	10.21	10.18	10.15	10.17	10.156	0.038
20	10.17	10.17	10.13	10.10	10.07	10.09	10.12	10.14	10.16	10.20	10.130	0.042
21	10.15	10.18	10.17	10.19	10.21	10.22	10.12	10.18	10.16	10.17	10.180	0.029
22	10.18	10.20	10.13	10.14	10.18	10.09	10.08	10.15	10.14	10.18	10.166	0.040
23	10.15	10.16	10.14	10.14	10.12	10.18	10.17	10.10	10.09	10.15	10.142	0.029
24	10.18	10.19	10.10	10.17	10.08	10.09	10.18	10.13	10.15	10.16	10.134	0.040
25	10.16	10.18	10.17	10.19	10.18	10.12	10.08	10.21	10.15	10.18	10.176	0.038

计算$\overline{\overline{X}}$和$\overline{s}$。

$$\overline{\overline{X}} = \frac{\sum_{i=1}^{K}\overline{X}_i}{K} = \frac{10.166 + 10.150 + \cdots + 10.134 + 10.176}{25} = 10.157$$

$$\overline{s} = \frac{\sum_{i=1}^{K}s_i}{K} = \frac{0.017 + 0.024 + \cdots + 0.040 + 0.038}{25} = 0.032$$

第 3 步，建立控制限。

根据 $n=10$，查表 8－2 得：$A_3=0.95$，$B_3=0.28$，$B_4=1.72$，故：

$\overline{X}$图：中心线：$CL=\overline{\overline{X}}=10.157$；

上控制限：$UCL=\overline{\overline{X}}+A_3\overline{s}=10.157+0.95\times0.032=10.187$；

下控制限：$LCL=\overline{\overline{X}}-A_3\overline{s}=10.157-0.95\times0.032=10.126$。

s 图：中心线：$CL=\overline{s}=0.032$；

上控制限：$UCL=B_4\overline{s}=1.72\times0.032=0.055$；

下控制限：$LCL=B_3\overline{s}=0.28\times0.032=0.009$。

第 4 步，点绘$\overline{X}$图与 s 图。

将数据表中的$\overline{X}$值和 s 值点绘在建立起来的控制图上，然后用直线依次连接各点即得。

应用 MINITAB 软件得到的控制图如图 8－4 所示。

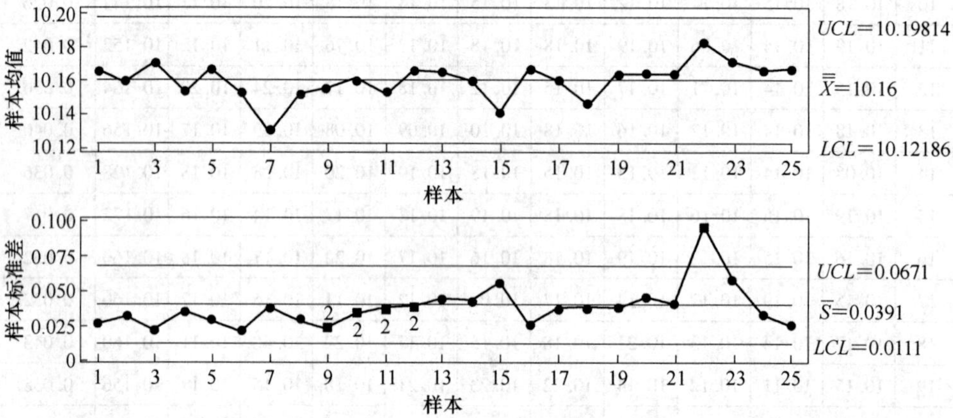

图 8－4 $\overline{X}-s$ 控制图

第 5 步，分析$\overline{X}-s$ 图。

MINITAB 给出分析结果如图 8－5 所示。

零件孔径的 S 控制图检验结果

检验 1。1 个点，距离中心线超过 3.00 个标准差。

检验出下列点不合格：22

检验 2。连续 9 点在中心线同一侧。

检验出下列点不合格：9，10，11，12

注意：如果使用新数据更新图形，以上结果可能不再正确。

图 8－5 孔径控制图检验结果输出

第 6 步，判断过程是否处于统计稳定状态。

由控制图以及分析输出结果，可以判断过程失控，应按照“查出异因，采取措施，加以消除，不再出现，纳入标准”20 字方针去处理，直至恢复过程的稳定状态。

第 7 步，计算过程能力指数，判断过程是否处于技术稳态。

当过程处于统计稳定状态时，再进行过程能力指数的计算以及判断。

8.3　单值 - 移动极差控制图（$X-R_s$ 控制图）

在某些实际场合，不易得到一个子组，仅能得到一个数据，譬如：

（1）生产效率、消耗定额、单位成本等要在一天或数天内才能得到一个数据；

（2）液体浓度、化学溶液的 pH 值等，由于生产过程质量均匀，不需要多抽样；

（3）取得测量值的成本高或需要时间长，如复杂的化学分析，破坏性检查等。

在这些场合可以运用单值 - 移动极差图对生产过程进行控制，这里“单值”是指每次所得的一个测量值，可用来估计正态均值 μ，控制过程位置。这里的“移动极差”是指相邻两个测量值的差的绝对值，可用来估计正态标准差 σ，控制过程的波动，单值控制图的控制限公式如表 8 -6 所示。

表 8 -6　单值控制图的控制限公式

统计量	标准值未给定		标准值给定	
	中心线	上控制限与下控制限	中心线	上控制限与下控制限
单值 X	$\overline{X}$	$\overline{X} \pm E_2 \overline{R}$	X_0 或 μ	$X_0 \pm 3\sigma_0$
移动极差 R	$\overline{R}$	$D_4 \overline{R}$，$D_3 \overline{R}$	R_0 或 $d_2\sigma_0$	$D_2\sigma_0$，$D_1\sigma_0$

注：X_0、R_0、μ、σ_0 为给定的标准值；

$\overline{R}$ 表示 $n=2$ 时观测值的平均移动极差；

系数 d_2、D_1、D_2、D_3、D_4 以及 E_2（$=3/d_2$）由表 8 -2 中 $n=2$ 行可查得。

[例 8 -4]　某企业大量使用钢板，为确保企业产品的质量，该企业每天从进货钢板中随机抽取一张钢板取样做化学分析，检验其含锰量是否符合标准要求，以控制钢板的入厂质量。请用控制图对钢板质量进行控制。

解：第 1 步，选择控制图。

本题选用 $X-R_s$ 控制图。

第 2 步，收集数据。

本例收集 25 个样本，每个样本只有一个数据 $n=1$。统计分析人员从厂里的化试验室拿到连续 25 天的入厂钢板化学成分的化验结果的数据，填入表 8 -7 中，标准规定该种钢板的含锰量为 0.35% ~0.65%。

表 8-7 钢板 Mn 含量数据表

样本号	含量/%	R_s/%	样本号	含量/%	R_s/%	样本号	含量/%	R_s/%
1	0.45	—	10	0.46	0.03	19	0.45	0.05
2	0.48	0.03	11	0.45	0.01	20	0.45	0.00
3	0.50	0.02	12	0.49	0.04	21	0.46	0.01
4	0.47	0.03	13	0.49	0.00	22	0.49	0.03
5	0.49	0.02	14	0.50	0.01	23	0.46	0.03
6	0.50	0.01	15	0.47	0.03	24	0.47	0.01
7	0.47	0.03	16	0.49	0.02	25	0.50	0.03
8	0.48	0.01	17	0.50	0.01			
9	0.49	0.01	18	0.50	0.00			

本例属于标准值未给定情况，从表 8-8 中知道，建立标准值未给定 $X-R_s$ 控制图需要$\overline{X}$，$\overline{R}$，E_2，D_3，D_4，因此，首先要计算它们。

（1）计算$\overline{X}$，本例 $n=25$。

$$\overline{X}=\frac{1}{n}\sum_{i=1}^{n}X_i=\frac{1}{25}(0.45+0.48+0.50+\cdots+0.50)=0.4784\approx0.48(\%)$$

（2）计算 $\overline{R_s}$，因为 R_{s1} 无值，故只有 24 个 R_s 值。

$$\overline{R_s}=\frac{1}{n}\sum_{i=1}^{n-1}R_{si}=\frac{1}{25-1}(0.03+0.02+0.03+\cdots+0.03)=0.019583\approx0.02(\%)$$

第 3 步，建立控制限。

查系数 E_2，D_3，D_4 的值。因为每个样本中只有一个数据，即 $n=25$，但表 8-2 中没有 $n=1$，所以取表中“子组中观测值个数 $n=2$”，按 $n=2$ 查表得：$D_3=0.000$，$D_4=3.267$，$d_2=1.128$，$E_2=3/d_2=3/1.128\approx2.6596\approx2.660$。

$\overline{X}$图：中心线：$CL=\overline{X}=0.48\%$；

上控制限：$UCL=\overline{X}+E_2\overline{R_s}=0.48+2.660\times0.02=0.5332\approx0.53(\%)$；

下控制限：$LCL=\overline{X}-E_2\overline{R_s}=0.48-2.660\times0.02=0.4268\approx0.43(\%)$。

R_s 图：中心线：$CL=\overline{R_s}=0.02\%$；

上控制限：$UCL=D_4\overline{R_s}=3.267\times0.02=0.06534\approx0.07(\%)$；

下控制限：$LCL=D_3\overline{R_s}=0.000\times0.02=0$。

根据控制限的计算结果建立控制图。

第 4 步，点绘 $X-R_s$ 图。

将表 8-9 中的 X_i 和 R_{si} 分别点在建立的 $X-R_s$ 中相应位置，即得 $X-R_s$ 控制图。

应用 MINITAB 软件得到 $X-R_s$ 的控制图，如图 8－6 所示。

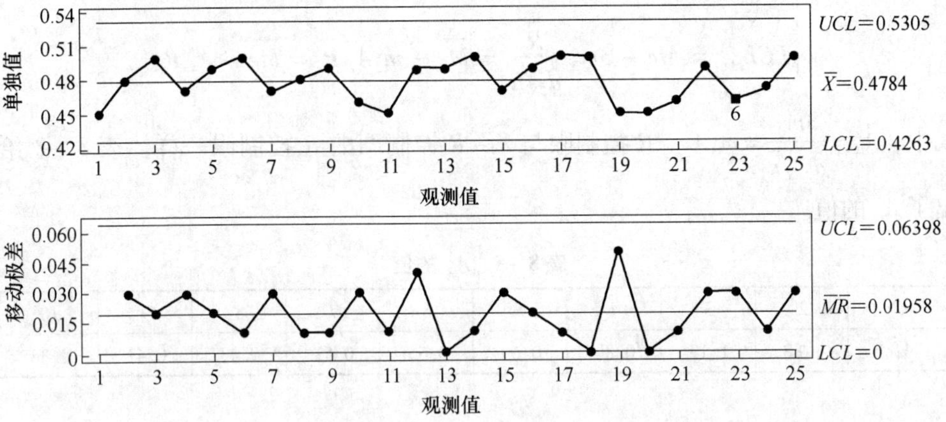

图 8－6 $X-R_s$(I－MR) 控制图

第 5 步，判断分析过程是否处于统计稳定状态。

在图 8－5 中未见到异常现象，而且从 $\overline{X}$ 图上看，钢板的质量稳定，从 R_s 图上看，钢板波动较小。

第 6 步，计算过程能力指数，判断过程是否处于技术稳定状态。

8.4 中位数－极差控制图（*Me*－*R* 控制图）

中位数－极差控制图也称 *Me*－*R* 控制图，在技术特点上与 $\overline{X}-R$ 控制图相似，只不过用 *Me* 控制图代替 $\overline{X}$ 控制图而已。若样本取自正态总体，*Me* 为样本中位数，m 个样本的样本平均中位数为：

$$\overline{Me} = \frac{1}{m}\sum_{i=1}^{m} Me_i$$

可以证明 $E(Me)=\mu, \sigma_{\text{Me}} = m_3\sigma/\sqrt{n}$。其中 m_3 为一与样本大小 n 有关的常数。于是 $\hat{\mu}=\overline{Me}$，则在 σ 已知条件下的 *Me* 控制图的控制限为：

$$\begin{cases} UCL_{\text{Me}} = \overline{Me} + 3m_3\dfrac{\sigma}{\sqrt{n}} \\ CL_{\text{Me}} = \overline{Me} \\ LCL_{\text{Me}} = \overline{Me} - 3m_3\dfrac{\sigma}{\sqrt{n}} \end{cases}$$

若 σ 未知，由于 $\hat{\sigma}=\overline{R}/d_2$，则 *Me* 控制图的控制限为：

$$
\begin{cases}
UCL_{\mathrm{Me}} = \overline{Me} + 3m_3 \dfrac{\overline{R}}{d_2\sqrt{n}} = \overline{Me} + m_3A_2\,\overline{R} = \overline{Me} + A_4\,\overline{R} \\
CL_{\mathrm{Me}} = \overline{Me} \\
LCL_{\mathrm{Me}} = \overline{Me} - 3m_3 \dfrac{\overline{R}}{d_2\sqrt{n}} = \overline{Me} - m_3A_2\,\overline{R} = \overline{Me} - A_4\,\overline{R}
\end{cases}
$$

式中，$A_4 = \dfrac{3m_3}{d_2\sqrt{n}} = m_3A_2$。$R$ 控制限与 $\overline{X}-R$ 控制图的 R 控制限一样。表 8－8 给出了 A_4 的值。

表 8－8　A_4 的值

n	2	3	4	5	6	7	8	9	10
A_4	1.88	1.19	0.80	0.69	0.55	0.51	0.43	0.41	0.36

9 常规计数值控制图

9.1 不合格品率控制图（p 图）

计数数据记录了子组中具有某种特性（或属性）的个体的数量，记录了一件产品或一定面积内某种事件发生的次数。通常，获得计数数据方便快捷而且成本低，常常不需要专门的技术。计数控制图包括计件控制图和计点控制图。计件控制图的背景是二项分布。记抽取的 n 个产品中有 D 个不合格品，那么 D 服从二项分布 $b(n, p)$。二项分布的参数除了抽取的样本容量 n 外，反映产品质量的参数就是一个 p。所以在这种情况下只需要一张控制图就可以判断过程是否稳定。

计件特性的常规控制图有两种：不合格品率控制图（p 图）与不合格品数控制图（np 图）。后者（np 图）仅在诸样本量相等时才可使用，因为只有在诸样本量相等的前提下，不合格品数才具有可比性。而 p 图无此要求。在样本量相等的条件下，p 图与 np 图等效。

过程能力指数不适宜用于计件控制图。计件控制图的过程能力一般用平均不合格品率 $\bar{p}$ 表达。不过要求 $\bar{p}$ 是用尽量多的产品通过检查而算得的。

p 控制图主要用于判断生产过程中的不合格品率 p 是否保持在所要求的统计受控状态。当 p 控制图的监控对象为不合格品率时，某一过程处于统计受控状态是指由该过程形成的任何单位产品不合格品的概率为一固定常数 p，而且各个单位产品是相互独立的。这样，由该过程形成的每一个单位产品都是具有参数 p 的二项随机变量的一个实现。假设取一个包含 n 个单位产品的随机样本，其中不合格单位产品数为 D，则 D 服从参数为 n 和 p 的二项分布，即：

$$p\{D = k\} = C_n^k p^k (1 - p)^{n-k}$$

式中，$k = 0, 1, \cdots, n$。由此，随机变量 D 的均值和方差分别为 np 与 $np(1 - p)$。

样本不合格品率 p 定义为样本不合格品数 D 与样本大小 n 的比值，即：

$$p = \frac{D}{n}$$

则随机变量 p 的均值和方差分别为：

$$\mu_p = p$$

$$\sigma_p^2 = \frac{p(1-p)}{n}$$

与正态分布情况不同，这里μ_p和σ_p^2是不独立的，故只需一张控制图即p控制图就可以对过程进行控制。

如果过程的不合格品率P已知，则p控制图的控制限为：

$$\begin{cases} UCL = \mu_p + 3\sigma_p = p + 3\sqrt{\dfrac{p(1-p)}{n}} \\ CL = \mu_p = P \\ LCL = \mu_p - 3\sigma_p = p - 3\sqrt{\dfrac{p(1-p)}{n}} \end{cases}$$

如果不合格品率p未知，则需要利用历史数据对其进行估计。通常至少需要取25个分析用样本。假设每个样本的样本大小为$n_i(i=1, 2, \cdots, m)$，第i个样本中的不合格品数为D_i，则其样本不合格品率为：

$$p_i = \frac{D_i}{n_i}$$

而样本平均不合格品率为：

$$\bar{p} = \frac{\sum_{i=1}^{m} D_i}{\sum_{i=1}^{m} n_i}$$

式中，m为样本个数，$\bar{p}$可以作为不合格品率p的估计量。由此，在p未知情况下的p控制图的控制限为：

$$\begin{cases} UCL = \bar{p} + 3\sqrt{\dfrac{\bar{p}(1-\bar{p})}{n_i}} \\ CL = \bar{p} \\ LCL = \bar{p} - 3\sqrt{\dfrac{\bar{p}(1-\bar{p})}{n_i}} \end{cases}$$

[例9-1] 某机床厂生产数控机床，大量使用某电子元件厂生产线集成的电路板，为了评估和监察入厂的电路板的质量，对电路板实行抽样检验，每批抽50块进行通电检验：通电算合格，不通电算不合格。共抽查了24批。

解：第1步，选择控制图。

根据题意描述可知应选择标准值未知的不合格品率控制图（p图）。

第2步，收集数据。

对入厂的电路板每批随机抽取50块，共24批，对抽取的50块电路板一一通电进行检验，将不合格品数n_i和计算出的不合格品率p_i填入表9-1。

表 9-1 电路板通电抽样检验数据汇总

样本号	检验产品数 n_i	不合格品 n'	不合格品率 $p_i/\%$	样本号	检验产品数 n_i	不合格品 n'	不合格品率 $p_i/\%$
1	50	1	2	13	50	3	6
2	50	2	4	14	50	0	0.00
3	50	3	6	15	50	2	4
4	50	0	0.00	16	50	1	2
5	50	2	4	17	50	1	2
6	50	2	4	18	50	2	4
7	50	1	2	19	50	1	2
8	50	3	6	20	50	2	4
9	50	1	2	21	50	2	4
10	50	2	4	22	50	1	2
11	50	1	2	23	50	1	2
12	50	1	2	24	50	0	0.00

计算不合格品率的平均值 $\bar{p}$：

$$\bar{p}=\frac{1}{24}(0.02+0.04+\cdots+0.00)=0.03=3\%$$

第 3 步，建立控制限。

标准值未给定的 p 图的控制限为：

$$\begin{cases} UCL=\bar{p}+3\sqrt{\dfrac{\bar{p}(1-\bar{p})}{n_i}}=0.03+3\sqrt{\dfrac{0.03(1-0.03)}{50}}=10\% \\ CL=\bar{p}=3\% \\ LCL=\bar{p}-3\sqrt{\dfrac{\bar{p}(1-\bar{p})}{n_i}}=0.03-3\sqrt{\dfrac{0.03(1-0.03)}{50}}=-4\% \end{cases}$$

计算得出的不合格品率不可能是负数，所以，取 $LCL=0$，以此作 $\bar{p}$ 图。

第 4 步，点绘 p 图。

将表 9-1 中的 p 值点在已建立起来的 p 图中，该图是试用控制图。

也可用 MINITAB 软件绘出 p 图，如图 9-1 所示。

第 5 步，分析 p 图。

在 p 图中未见有何异常，说明电路板的不合格品率受控。

第 6 步，处置。

将 p 图的控制限向右延长，作为未来控制图用。

[例 9-2] 某发动机公司对活塞头生产过程应用统计过程控制，拟采用不

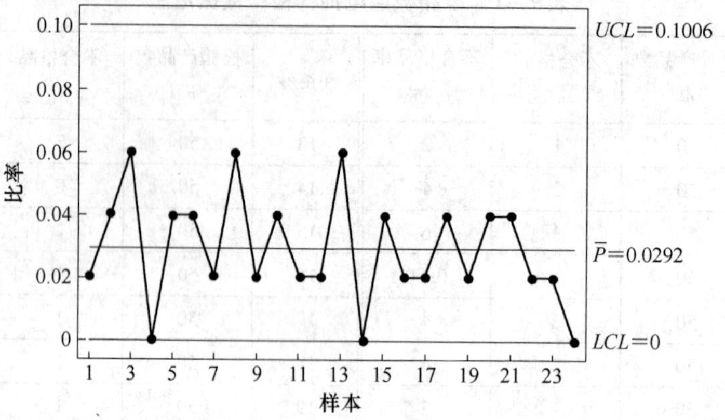

图 9-1 不合格品数量的 p 控制图

合格品率控制图对过程进行统计监控。

解： 第 1 步，选择控制图。

根据题意描述可知应选择标准值未知的不合格品率控制图（p 图）。

第 2 步，收集数据。

现采集了一组用于进行过程状况分析的初始数据，共有 28 个样本，每个样本的大小不等。数据如表 9-2 所示。

表 9-2 活塞头抽样检验数据汇总

样本序号	样本大小	不合格品数	不合格品率	上控制限
1	85	2	0.024	0.102
2	83	5	0.060	0.103
3	63	1	0.016	0.112
4	60	3	0.050	0.114
5	90	2	0.022	0.100
6	80	1	0.013	0.104
7	97	3	0.031	0.098
8	91	1	0.011	0.100
9	94	2	0.021	0.099
10	85	1	0.012	0.102
11	55	0	0	0.117
12	92	1	0.011	0.099
13	94	0	0	0.099
14	95	3	0.032	0.098
15	81	0	0	0.103

续表 9-2

样本序号	样本大小	不合格品数	不合格品率	上控制限
16	82	7	0.085	0.103
17	75	3	0.040	0.106
18	57	1	0.018	0.116
19	91	6	0.066	0.100
20	67	2	0.030	0.110
21	86	3	0.035	0.101
22	99	8	0.080	0.097
23	76	1	0.013	0.105
24	93	8	0.086	0.099
25	72	5	0.069	0.107
26	97	9	0.093	0.098
27	99	10	0.100	0.097
28	76	2	0.026	0.105

计算样本不合格品率：

根据表中的数据计算各个样本的不合格品率。对第一个样本，有：

$$p_1 = \frac{D_1}{n_1} = \frac{2}{85} = 0.024$$

其余类推。

计算 $\bar{p}$：

根据表中的样本数据，有：

$$\bar{p} = \frac{\sum_{i=1}^{28} D_i}{\sum_{i=1}^{28} n_i} = \frac{90}{2315} = 0.0389$$

第 3 步，建立控制限。

因各个样本的大小 n_i 互不相同，需要针对每个样本点分别计算控制限。对第 1 个样本，有：

$$\begin{cases} UCL = \bar{p} + 3\sqrt{\dfrac{\bar{p}(1-\bar{p})}{n_i}} = 0.0389 + 3\sqrt{\dfrac{0.0389(1-0.0389)}{85}} = 0.102 \\ CL = \bar{p} = 0.0389 \\ LCL = \bar{p} - 3\sqrt{\dfrac{\bar{p}(1-\bar{p})}{n_i}} = 0.0389 - 3\sqrt{\dfrac{0.0389(1-0.0389)}{85}} = -0.024 \end{cases}$$

式中，LCL 为负值，但 p 不可能为负，取 $LCL=0$ 作为其自然下界。其余类推。

第 4 步，点绘 p 图。

将表 9-2 中的 p 值点在已建立起来的 p 图中，该图是试用控制图。

也可用 MINITAB 软件绘出 p 图，如图 9-2 所示。

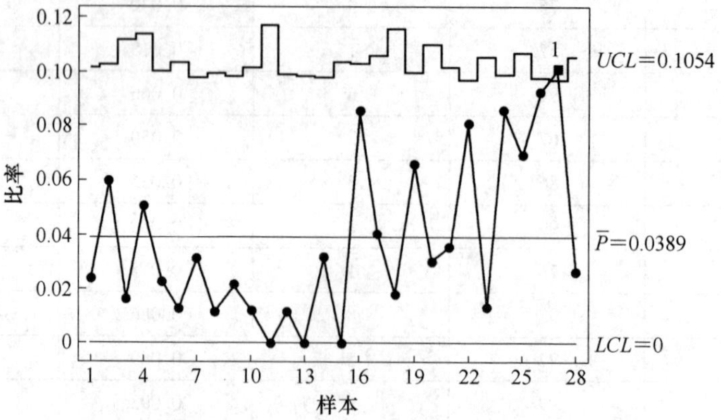

图 9-2 不合格品的 p 控制图

注：使用不相等样本量进行的检验。

第 5 步，分析 p 图。

如果分析表明过程输出特性处于统计失控状态，则应该采取纠正措施，消除并减少特殊原因波动。如果分析表明，该过程已经处于统计受控状态，则延长上述 p 控制图的控制限，将其转换为控制用的控制图。

由表 9-2 中的数据可以看出，第 27 个样本的点子落在控制限之外，如输出 p 图所示。由此可以判断活塞头生产过程中存在特殊原因的波动，需要采取必要的纠正措施予以消除。

将异常原因消除之后，重新收集数据，按步骤做控制图。

需要注意的是，生产过程即使已处于统计控制状态，但不等于产品质量符合要求。不过，我们总是首先要使生产过程受控，然后再调节某些因素，使质量指标符合要求，这可借助于参数设计方法。当生产过程通过调整后再重新收集数据制定控制界限，只有当生产过程受控，并满足顾客的质量要求时所制定的控制界限才能用于生产控制。

对不合格品率 p 的控制图，有下列几点说明：

（1）若 p_0 很小，则需选择子组大小 n 充分大，以使得 $np_0 \geqslant 1$，通常取：

$$\frac{1}{p_0} < n < \frac{5}{p_0} \text{或} \frac{1}{p} < n < \frac{5}{p}$$

从数理统计的观点来看，子组大小 n 要取到 $25/p_0$，方可认为二项分布近似正态分布。但这样，子组大小要比 $5/p_0$ 增大 5 倍太不经济，故实际工作中要求 p

控制图的子组大小要遵从$\frac{1}{p_0} < n < \frac{5}{p_0}$的要求。

（2）要求下控制限取值为正。

对表 9-2 中的第 1 个样本点而言，其 LCL 为负，这是不合理的。在 3σ 准则下，若要求 LCL 为正，则应有：

$$LCL = p - 3\sqrt{\frac{p(1-p)}{n}} > 0$$

即要求
$$n > \frac{9(1-p)}{p}$$

若 $p=0.01$，则要求 $n=891$，该样本的大小偏大，且与（1）中的要求不一致。在多数情况下，为了满足公式 $n > \frac{9(1-p)}{p}$ 的要求，通常允许下控制限为负，但需将其值赋为 0。

（3）p 控制图上的点子超出下控制限的问题。

如果 p 控制图上的点子超出了 LCL（只有在 LCL 为正时，这一情况才可能出现），表明过程的不合格品率非常低，这是值得保持的好现象。但应该防止出现如下三种不真实的情况：由于质量检验人员缺乏经验而出现漏检；由于检验仪表有问题而出现错检；采集的样本数据不真实。

（4）若子组大小 n 随子组的不同而发生变化时，则对于每个子组都要计算出各自单独的控制限，此时 p 控制图的上、下控制限成凹凸状，增加了绘制控制图的困难。国家标准 GB/T 4091—2001 提供了两种解决方案：方案一：如果子组大小变化不大，则可采用单一的基于平均子组大小的一组控制限。实际上，当子组大小的变化在子组大小目标值的 ±25% 以内时，可采用上述方法。方案二是采用通用控制图法。

9.2 不合格品数控制图（np 图）

np 控制图的统计基础也是二项分布。设：取包含 n 件单位产品的随机子组，其中不合格品数为 X，则 X 服从参数为 n 和 p 的二项分布，即：

$$p(X = x) = C_n^x p^x (1-p)^{n-x} \quad x = 0,1,2,\cdots,n$$

从数理统计知：

$$E(X) = np$$
$$D(X) = np(1-p)$$

若过程的参数 p 已知，记为 p_0，则不合格品数 np 控制图的控制限为：

$$UCL = np_0 + 3\sqrt{np_0(1-p_0)}$$
$$CL = np_0$$
$$LCL = np_0 - 3\sqrt{np_0(1-p_0)}$$

若过程的参数 p 未知，np 控制图的控制限为：

$$UCL = n\bar{p} + 3\sqrt{n\bar{p}(1-\bar{p})}$$
$$CL = n\bar{p}$$
$$LCL = n\bar{p} - 3\sqrt{n\bar{p}(1-\bar{p})}$$

注意：当子组大小为常数时，得到的控制限可用于每个子组；当子组大小变化时，每个子组都需要计算各自的控制限。对于不合格品数 np 控制图，上、下控制限以及中心线都要受子组大小的影响，因此，一般要求在实际工作中，np 控制图用于子组大小为常数的情况。

[**例 9－3**] 一生产晶体管的企业，大量生产某型号的功率管，试绘制出分析用 np 控制图，分析生产是否处于受控状态。

解：第 1 步，选择控制图。

根据题意描述可知应选择标准值未知的不合格品数控制图（np 图）。

第 2 步，收集数据。

根据生产的情况，决定抽样时间为白班、夜班的刚上班、中间和下班前时间，样本数为 30，样本大小取 $n=100$。抽样情况与结果见表 9－3。

表 9－3 功率管的抽样数据汇总

抽样时间	样本序号	样本大小	不合格品数	抽样时间	样本序号	样本大小	不合格品数
1 日 8：00	1	100	7	17：00	16	100	9
10：00	2	100	9	18：00	17	100	12
12：00	3	100	8	20：00	18	100	12
13：00	4	100	10	22：00	19	100	8
15：00	5	100	10	24：00	20	100	9
17：00	6	100	11	3 日 8：00	21	100	10
18：00	7	100	8	10：00	22	100	12
20：00	8	100	9	12：00	23	100	10
22：00	9	100	12	13：00	24	100	11
24：00	10	100	9	15：00	25	100	9
2 日 8：00	11	100	10	17：00	26	100	8
10：00	12	100	8	18：00	27	100	11
12：00	13	100	11	20：00	28	100	12
13：00	14	100	11	22：00	29	100	8
15：00	15	100	10	24：00	30	100	10
合计						3000	294

计算样本的平均不合格品率。

利用样本不合格品率 $\bar{p}=\frac{\sum_{i=1}^{m}(pn)_i}{n\times m}$ 公式，得到样本的平均不合格品率为：

$$\bar{p}=\frac{(pn)_1+(pn)_2+\cdots+(pn)_{30}}{n\times m}=\frac{294}{3000}=0.098$$

第3步，建立控制限。

由于过程的参数 p 未知，np 控制图的控制限为：

$$UCL=n\bar{p}+3\sqrt{n\bar{p}(1-\bar{p})}=0.098\times100+3\times\sqrt{0.098\times(1-0.098)\times100}=18.7$$

$$CL=n\bar{p}=100\times0.098=9.8$$

$$LCL=n\bar{p}-3\sqrt{n\bar{p}(1-\bar{p})}=100\times0.098-3\times\sqrt{0.098\times(1-0.098)\times100}=0.9$$

第4步，点绘 np 控制图。

在纸上画出 $pn-i$ 坐标系。横坐标为样本序号 i，纵坐标为不合格品数 np，在图上画出 $UCL=18.7$，$CL=9.8$ 和 $LCL=0.9$ 等控制限，CL 用实线表示，UCL 与 LCL 用虚线表示。然后，在图的相应位置上描出样本 np 值的点，用实线相连即可。

也可用 MINITAB 软件绘出 np 图，如图 9-3 所示。

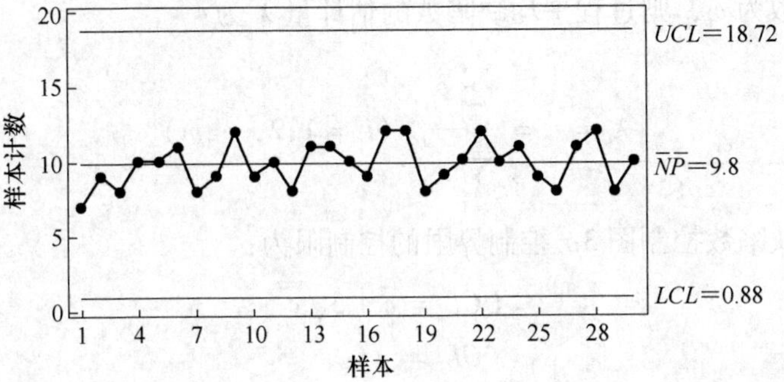

图 9-3 不合格品数的 np 控制图

第5步，分析 np 控制图。

从图 9-3 中可以看出，所有的 30 个样本点都在控制界限内。而且点子随机排列，因此断定本生产处于统计受控状态。

同时如果分析表明，过程已经处于技术受控状态，则延长上述 np 控制图的控制限，将其转换为控制用控制图。

9.3 缺陷数控制图（c 图）

缺陷数控制图是用于对产品上的缺陷数量进行控制的场合，简称 c 控制图。缺陷数控制图是计数值中计点值的控制图。c 控制图主要应用于控制产品上的疵点或缺陷的数目，如气孔、砂眼、针孔和不良焊点等。

9.3.1 c 控制图的原理

由统计理论可知，一定检查单位的产品缺陷数的分布通常服从泊松分布，即有：

$$p(x) = \frac{e^{-\lambda}\lambda^x}{x!} \quad (x = 0,1,2,\cdots)$$

式中，$p(x)$ 是被检查产品恰好有 x 个缺陷的概率，x 是缺陷数，$\lambda(\lambda > 0)$ 是平均缺陷数。

泊松分布的数学期望 $E(x) = \lambda$，$\sigma^2 = \lambda$。当 λ 足够大（一般认为 $\lambda \geqslant 6$）时，泊松分布近似趋于正态分布 $N(\lambda, \lambda)$。过程平均缺陷数 λ 已知时，根据 3σ 原理可以得到缺陷数控制图的控制限为：

$$UCL = \lambda + 3\sqrt{\lambda}$$
$$CL = \lambda$$
$$LCL = \lambda - 3\sqrt{\lambda}$$

若 λ 未知时，必须通过抽取样本进行估计。假设，从稳定状态下大量生产的一批产品中随机抽取 m 个样本（m 不小于 25），第 i 个样本的大小为 n_i，第 i 个样本的缺陷数为 c_i，则过程平均缺陷数的估计量 $\hat{\lambda}$ 为：

$$\hat{\lambda} = \bar{c} = \frac{\sum_{i=1}^{m} c_i}{\sum_{i=1}^{m} n_i} \quad (i = 1,2,\cdots,m)$$

此时，缺陷数控制图 3σ 控制界限的控制限为：

$$UCL = \bar{c} + 3\sqrt{\bar{c}}$$
$$CL = \bar{c}$$
$$LCL = \bar{c} - 3\sqrt{\bar{c}}$$

应用 c 控制图应注意以下几点：

（1）检查单位的大小。一个检查单位可以包含一个或多个产品（即 n 可为 1 或其他数），确定检查单位大小主要考虑以下两个方面：一是便于取得数据；二是参数 λ 要适中，太小会妨碍 c 控制图的检出能力，太大则增加检测费用，要求使每个检查单位的 c 在 1 ~5 之间。

（2）抽样的样本大小应相同。因为如果检查样本不能保持不变，则各样本的 λ 也不相同。那么，c 控制图的控制线将会凹凸不平，绘图时显得极不方便。

9.3.2 c 控制图的绘制

［例 9 -4］ 某铜带厂生产铜带，铜带正面对疵点数要求很严格，为了控制

生产过程的疵点，每天从生产线上随机抽取 23 卷铜带（每卷 30m），进行疵点检查，请建立控制图。

解： 第 1 步，选择控制图。

本例是计点数据，而且每卷长 30m，是样本量相等的情况，因此应选择 c 控制图。

第 2 步，收集数据。

从检验合格的铜带产品中随机抽出 23 卷，把铜带展开检查其下面的疵点数，检查结果列于表 9－4。

表 9－4 铜带疵点统计数据汇总

卷号	样本大小	缺陷数	卷号	样本大小	缺陷数
1	30	3	13	30	6
2	30	5	14	30	7
3	30	7	15	30	8
4	30	6	16	30	6
5	30	4	17	30	5
6	30	5	18	30	7
7	30	6	19	30	8
8	30	3	20	30	6
9	30	7	21	30	7
10	30	6	22	30	5
11	30	7	23	30	4
12	30	5			
合计					133

计算 $\bar{c}$：
$$\bar{c}=\frac{\text{疵点总数}}{\text{批数}}=\frac{133}{23}=5.8\ (\text{点})$$

第 3 步，建立控制图。

本例属于标准值未给定的情况，因此 c 控制图的控制限为：

$$UCL=\bar{c}+3\sqrt{\bar{c}}=5.8+3\sqrt{5.8}=13$$
$$CL=\bar{c}=5.8$$
$$LCL=\bar{c}-3\sqrt{\bar{c}}=5.8-3\sqrt{5.8}=-1.4$$

疵点数不可能为负数，故取 $LCL=0$

第 4 步，点绘 c 图。

在纸上画出 $c-i$ 坐标系。横坐标为大样本序号 i，纵坐标为缺陷数 c，在图上画出 $UCL=13$，$CL=5.8$ 和 $LCL=0$ 等控制限。然后，在图的相应位置上描出

大样本 c 值的点，用实线相连即得。

也可用 MINITAB 软件绘出 c 图，如图 9－4 所示。

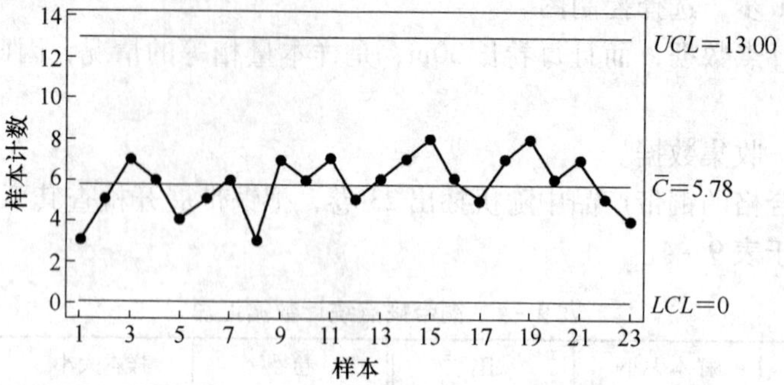

图 9－4 缺陷数的 c 控制图

第 5 步，分析 c 图。

从图 9－4 中未发现异常。

第 6 步，处置。

如果平均不合格疵点数符合质量要求，将图 9－4 中的三条线向右边延长，作为控制用的控制图用。

9.4 单位缺陷数控制图（u 图）

单位缺陷数控制图主要用于对单位数量产品缺陷数进行控制的场合，是通过检测样本的单位数量（长度、面积、容积等）上的缺陷数来控制产品质量的，用于判断生产过程的单位产品缺陷数是否处于或保持在所要求的水平，简称 u 控制图。单位缺陷数控制图也可用于控制事故、灾害等发生的次数。

9.4.1 u 控制图的原理

单位缺陷数控制图也是计数值中计点值的控制图，与 c 控制图的原理相同。u 控制图与 c 控制图的关系和 p 控制图和 pn 控制图的关系相似。因此，u 控制图不像 c 控制图那样要求样本大小需相同，即取样的大小是可以变化的，只要将各个样本的缺陷数换算成平均每个检查单位的缺陷数（简称平均缺陷数）即可。

u 控制图的统计基础为泊松分布。设：取包含 n 个单位的随机子组，其中不合格数为 X，则 X 服从参数为 $n\lambda$ 的泊松分布，其中：λ 为单位不合格数，即：

$$P(X = x) = \frac{(n\lambda)^x e^{-n\lambda}}{x!} \quad x = 0,1,2,\cdots$$

从数理统计知：

$$E(X) = n\lambda$$

$$D(X) = n\lambda$$

而子组单位不合格数 u 的定义为：

$$u = \frac{X}{n}$$

于是

$$E(u) = \frac{E(X)}{n} = \frac{n\lambda}{n} = \lambda$$

$$D(u) = \frac{D(X)}{n^2} = \frac{n\lambda}{n^2} = \frac{\lambda}{n}$$

若参数 λ 已知，记为 u_0，则单位不合格数 u 控制图的控制限为：

$$UCL = \mu_u + 3\sigma_u = u_0 + 3\sqrt{\frac{u_0}{n}}$$

$$CL = \mu_u = u_0$$

$$LCL = \mu_u - 3\sigma_u = u_0 - 3\sqrt{\frac{u_0}{n}}$$

若参数未知，则需对总体参数 λ 进行估计。由数理统计知，λ 的估计值为：

$$\hat{\lambda} \approx \bar{u} = \frac{\sum_{i=1}^{m} X_i}{\sum_{i=1}^{m} n_i}$$

式中 m——子组数；

n_i——每个子组的样本量大小。

注意，因为子组大小 n_i 是可变的，所以，不能简单地按照求平均值的方法来估计 λ。

$$\hat{\lambda} \neq \frac{1}{m}\sum_{i=1}^{m} u_i$$

于是 u 控制图的控制限为：

$$UCL = \bar{u} + 3\sqrt{\frac{\bar{u}}{n}}$$

$$CL = \bar{u}$$

$$LCL = \bar{u} - 3\sqrt{\frac{\bar{u}}{n}}$$

9.4.2 *u* 控制图的绘制

样本量相等用 c 图，样本量不相等用 u 控制图。

[例 9－5] 某生产电源线的车间，检查电源线绝缘层的气泡缺陷，检测数据见表 9－5。试通过 u 控制图判断生产过程是否处于受控状态。

解：第1步，选择控制图。

本例是计点数据，电源线作为检查产品，样本量不相同，选择 u 控制图。

第2步，收集数据。

收集数据见表9－5。

表9－5 电源线绝缘层气泡缺陷数抽样数据

抽样时间	样本序号 i	样本大小 n_i/m	样本缺陷数 c_i/个	单位样本缺陷数/个·m^{-1}	UCL_i	LCL_i
1日8：00	1	1.0	4	4.0	8.14	－2.20
9：00	2	1.0	5	5.0	8.14	－2.20
10：00	3	1.0	3	3.0	8.14	－2.20
11：00	4	1.0	3	3.0	8.14	－2.20
12：00	5	1.0	4	4.0	8.14	－2.20
13：00	6	1.0	5	5.0	8.14	－2.20
14：00	7	1.0	3	3.0	8.14	－2.20
15：00	8	1.3	2	1.5	7.50	－1.56
16：00	9	1.3	5	3.8	7.50	－1.56
17：00	10	1.3	3	2.3	7.50	－1.56
18：00	11	1.3	2	1.5	7.50	－1.56
19：00	12	1.3	4	3.1	7.50	－1.56
20：00	13	1.3	1	0.8	7.50	－1.56
21：00	14	1.3	5	3.8	7.50	－1.56
22：00	15	1.3	2	1.5	7.50	－1.56
2日8：00	16	1.3	4	3.1	7.50	－1.56
9：00	17	1.3	2	1.5	7.50	－1.56
10：00	18	1.2	6	5.0	7.69	－1.75
11：00	19	1.2	4	3.3	7.69	－1.75
12：00	20	1.2	3	2.5	7.69	－1.75
13：00	21	1.2	0	0.0	7.69	－1.75
14：00	22	1.7	8	4.7	6.94	－1.00
15：00	23	1.7	3	1.8	6.94	－1.00
16：00	24	1.7	8	4.7	6.94	－1.00
17：00	25	1.7	5	2.9	6.94	－1.00
合计		31.6	94	2.97（平均）		

计算各样本单位平均缺陷数 $\bar{u}_i$。

利用公式 $\bar{u}_i = c_i/n_i$，计算第 i 个样本平均单位的缺陷数，见表9－5中单位样本缺陷数栏。

计算样本的 $\bar{u}$。

$$\overline{u}=\frac{\sum_{i=1}^{m}c_i}{\sum_{i=1}^{m}n_i}=\frac{4+5+\cdots+5}{1.0+1.0+\cdots+1.7}=\frac{94}{31.6}=2.97\text{ 个 /m}$$

第 3 步，计算控制限建立控制图。

本例属于标准值未给定，因此，控制限为：

$$UCL=\overline{u}+3\sqrt{\frac{\overline{u}}{n}}$$

$$CL=\overline{u}$$

$$LCL=\overline{u}-3\sqrt{\frac{\overline{u}}{n}}$$

计算各样本的 UCL 和 LCL 的值，结果见表 9－5 中相应的栏。由于实际的 LCL_i 不可能为负，因此如果计算出的值为负数就认定为 0。

第 4 步，绘图。

在纸上画出 $u-i$ 坐标系。横坐标为大样本序号 i，纵坐标为单位缺陷数 u，在图上画出中心线 $CL=2.97$。然后，在图的相应位置上描出各样本 UCL 和 LCL 的值，用虚线相连。最后，在图的相应位置上描出 u 值的点，用实线将各点相连即得控制图。

也可用 MINITAB 软件绘出 u 图，如图 9－5 所示。

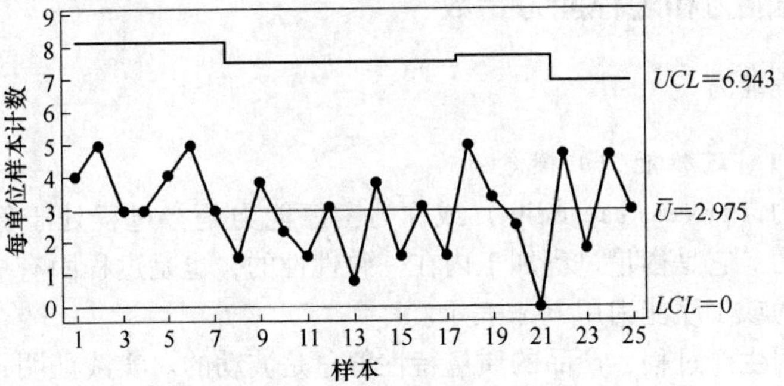

图 9－5　样本缺陷数的 u 控制图

（注：使用不相等样本量进行的检验）

第 5 步，分析 u 图。

从图 9－5 中可以看出，虽然所有的点都在控制限内，但是 1～7 号点子都在中心线上侧，即点子不是随机排列的，因此断定本生产不处于受控状态。应按照“20 字方针”进行分析并解决。

第 6 步，处置。

问题解决后，再次抽取数据做控制图，如果过程受控，并且单位缺陷数符合质量要求，将图 9－5 中的三条线向右边延长，作为控制用的控制图用。

10 过程能力分析

过程能力分析就是以过程能力的现状进行评价并计算过程能力指数的过程，按照变量的数量不同，过程能力分析可以区分为两种类型：单变量过程能力分析和多变量过程能力分析。进行过程能力分析并确认相应过程的过程能力充足，是实施统计过程控制的基础。对某个生产过程而言，在实施统计过程控制之前，首先必须对其满足规范要求的能力进行评价，以确定该过程是否可以转入统计过程的控制阶段。如果一个生产过程的过程能力不足，则该生产过程即使在统计上受控也是毫无意义的。因为，这样的生产过程将会稳定的输出质量上不合格的产品。一旦评价的结果表明过程能力不足，就必须对影响过程输出的各个相关因素，如人员、机器、原料、方法、环境及测量等因素的能力或状况是否满足生产需要进行分析，并针对其中的薄弱环节和存在的问题制定纠正措施，不断提高过程能力，直至过程能力满足生产需要。如果评价的结果表明过程能力充足，则可以转入统计过程的控制阶段。本章主要讨论单变量过程能力分析。

10.1 过程能力和过程能力指数

10.1.1 过程能力

10.1.1.1 过程能力的概念

过程能力（process capability）或称为工序能力是指过程处于稳定状态下的实际加工能力。它是衡量过程加工内在一致性性的，也是过程固有变异的一种度量。过程能力或工序能力用 B 来表示。

对于任何生产过程，产品的质量特性值总是波动的。实践证明，如果工序能力越高，产品质量指标的波动就越小；反之，如果工序能力越低，产品质量指标的波动就越大。因此，工序能力可以用产品质量指标的实际波动来描述。一般采用稳定状态下工序质量指标分布标准差 σ 的 6 倍来刻画，即：

$$B = 6\sigma$$

为什么要用 6σ 来刻画工序能力呢？这是因为，当工序处于稳定状态时，产品的质量指标服从正态分布 $N(\mu, \sigma^2)$，此时在 $\mu \pm 3\sigma$ 的范围内包括了 99.73% 的产品，也就是说几乎包括了全部产品。但是，为什么不把范围取得更大一些呢？比如取 $\mu \pm 4\sigma$ 或取 $\mu \pm 5\sigma$。当然，这样做还会更全面些，因为在 $\mu \pm 4\sigma$ 范围内可包括全部产品的 99.994%，在 $\mu \pm 5\sigma$ 范围内可包括全部产品的

99.9994%。不过从 6σ 范围增加到 8σ 或 10σ 范围，需在设备精度、操作工人的技术等级等方面花费很高的成本和要求，但合格产品比例却增加得很少，付出的代价远远超出所获得的效益。从经济角度看，是不合算的，因而一般都用 6σ 来表示工序能力，这样，可以兼顾全面性和经济性两个方面。

10.1.1.2 影响过程能力的因素

在加工过程中，影响过程能力的因素主要有以下 5 个方面：

(1) 设备。如设备精度的稳定性、性能的可靠性、定位装置和传动装置的准确性、设备冷却润滑的保护情况、动力供应的稳定程度等。

(2) 工艺。如工艺流程的安排，过程之间的衔接，工艺方法、工艺装备、工艺参数、测量方法的选择，过程加工的指导文件，工艺卡、操作规范、作业指导书、过程质量分析表等。

(3) 材料。如材料的成分、物理性能、化学性能处理方法、配套元器件的质量等。

(4) 操作者。如操作人员的技术水平、熟练程度、质量意识、责任心等。

(5) 环境。如生产现场的温度、湿度、噪声干扰、振动、照明、室内净化、现场污染程度等。

工序能力是上述诸种因素的综合反映。对五种要素应通过标准化的方法加以适当固定，并且在生产过程中再给予严格的控制管理，使之不出现或少出现异常，这样工序就会基本处于稳定状态。此时的产品质量波动基本为固定分布（即分布的平均值和标准偏差大体不变）。只有工序具有比较稳定的分布时，才能计算工序能力。如果工序存在异常，则必须追查异常原因，采取改善措施，使工序恢复稳定状态。然后再计算工序能力。

过程能力是上述 5 个因素的综合反映，但是在实际生产中，这 5 个因素对不同行业、不同企业、不同过程，及对质量的影响程度有着明显的差别，起主要作用的因素称为主导因素。如对化工企业来说，设备、装置、工艺是主导因素。又如，机械加工的铸造过程的主要因素一般是工艺过程和操作人员的技术水平，而手工操作较多的冷加工、热处理及装配调试中的操作人员更为重要，是主导性因素，等等。

在生产过程中，随着企业的技术改造和管理的改善，以及产品质量要求的变化，主导因素也会随着发生变化。如果设备问题解决了，可能工艺管理或其他方面又成为主导因素；当工艺问题解决了，可能操作人员的水平、环境条件的要求又上升为主导因素，等等。进行过程能力分析，就是要抓住影响过程能力的主导因素，采取措施，提高过程质量，保证产品质量达到要求。

上述讨论是就计量值质量指标而言。当质量指标为计数值时，工序能力可通过平均不合格品率 $\bar{p}$、平均不合格品数 $\overline{pn}$、平均缺陷数 $\bar{c}$ 和平均单位缺陷数 $\bar{u}$ 来表示。

10.1.1.3 进行过程能力分析的意义

过程能力分析的主要用途是用于评价过程连续生产符合规范的输出能力，并估计预期的不合格品的数量。

对制造业来说，过程能力分析在以下几方面都具有意义：

（1）用于为设计部门确定零件尺寸公差、形位公差和表面粗糙度提供依据，以改进设计。

（2）用于为工艺部门编制工艺方法，选择最佳工艺方法，确定加工条件提供依据；为工艺验证提供数据，编制合理的操作规范。

（3）用于为生产部门调整相互关联的各个过程，合理组织生产，更新设备提供依据。

（4）用于为质量管理部门设置质量控制点，找出持续改进的机会。

（5）用于为质量检验部门编制检验工作计划和估计不合格品率提供依据。

（6）用于为考核操作工人主观努力程度提供依据；使检验人员对生产过程做到心中有数。

（7）可为企业领导提供决策依据，在开发新产品和安排生产时，一方面要充分考虑用户的需求，给用户适用的产品，使用户满意；另一方面要充分考虑企业现有的过程能力，做到既保证产品质量，又降低成本，提高经济效益。

10.1.2 过程能力指数

过程能力只表示一种工序固有的实际加工能力，而与产品的技术要求无关。产品的技术要求是指产品质量指标的允许波动范围或公差范围，它是判断产品质量的标准和依据。为了反映和衡量工序能力满足技术要求的程度，我们引进过程能力指数或工序能力指数（记为 C_p），它被定义为技术要求与工序能力的比值，即：

$$\text{过程能力指数} = \frac{\text{技术要求}}{\text{过程能力}}$$

可以看出，过程能力指数愈大，说明工序能力愈能满足技术要求，产品质量愈有保证或有潜力可近似。

下面分别不同情况介绍过程能力指数的计算方法。

计量值过程能力指数的计算。

10.1.2.1 双侧公差且分布中心 μ 与标准中心 M 重合

双侧公差而且分布中心 μ 和标准中心 M 重合的情况，如图 10－1 所示。

此时，C_p 值的计算为：

$$C_p = \frac{T}{6\sigma} = \frac{T_U - T_L}{6\sigma}$$

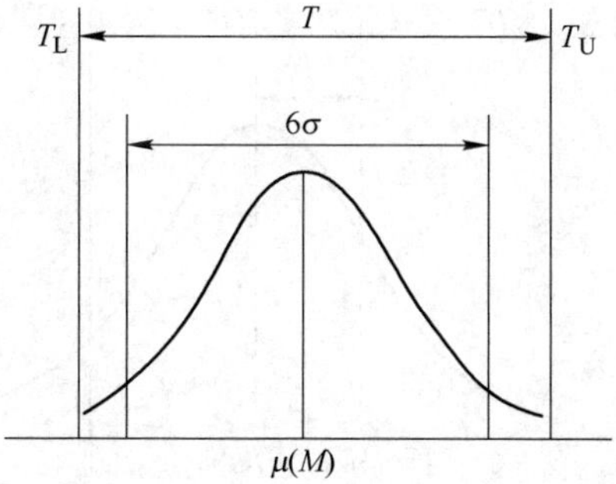

图 10-1 分布中心和标准中心的重合示意

式中，T_U 为质量标准上限；T_L 为质量标准下限；$T = T_U - T_L$。

σ 可以用抽取样本的实测值计算出样本标准偏差 S 来估计。这时：

$$C_p \approx \frac{T}{6S} = \frac{T_U - T_L}{6S}$$

式中，T_U 为质量标准上限；T_L 为质量标准下限；$T = T_U - T_L$。

[例 10-1] 车加工某种零件的尺寸公差为 $\Phi 8^{-0.05}_{-0.10}$，从该种零件加工过程中随机抽样 100 个零件，求得样本均值 $\overline{X} = 7.925$，样本标准差 $S = 0.0052$，试求其过程能力指数。

解： 当过程处于稳定状态时，而样本大小 $n = 100$ 也足够大，可以用 S 估计 σ 得出过程能力指数。

$$M = \frac{(8-0.10)+(8-0.05)}{2} = 7.925$$

$$\overline{X} = 7.925, \overline{X} \approx \mu = M$$

故
$$C_p = \frac{T_U - T_L}{6\sigma} \approx \frac{T_U - T_L}{6S} = \frac{(8-0.05)+(8-0.10)}{6 \times 0.0052} \approx 1.6$$

10.1.2.2 分布中心与标准中心不重合

分布中心和标准中心不重合的情况下 C_{pk} 值的计算。

当质量特性分布中心 μ 和标准中心 M 不重合时，如图 10-2 所示。虽然分布标准差 σ 未变，C_p 也没变，但却出现了过程能力不足的现象。

令 $\varepsilon = |M - \mu|$，这里 ε 为分布中心对标准中心 M 的绝对偏移量。把 ε 与 T/2 的比值称为相对偏移量或偏移系数，记作 K，则：

$$K = \frac{\varepsilon}{T/2} = \frac{|M - \mu|}{T/2}$$

又

$$M = \frac{T_U + T_L}{2}$$

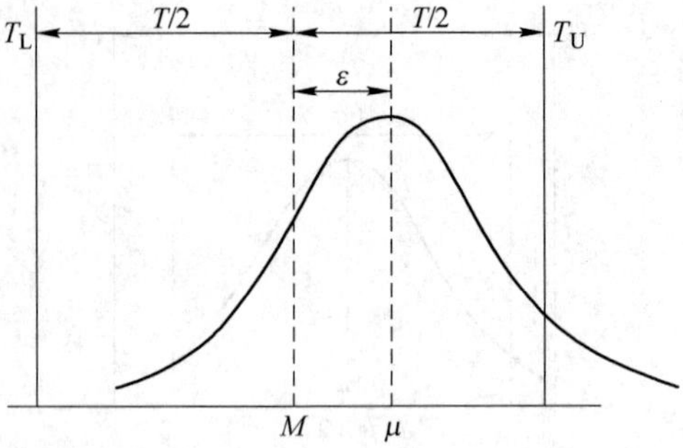

图 10－2 分布中心和标准中心不重合示意

$$T = T_U - T_L$$

所以

$$K = \frac{\left|\frac{1}{2}(T_U + T_L) - \mu\right|}{\frac{1}{2}(T_U - T_L)}$$

从上述公式可知：

（1）当 μ 恰好位于标准中心时，$|M-\mu|=0$，则 $K=0$，这就是分布中心与标准中心重合的理想状态。

（2）当 μ 恰好位于标准上限或下限时，即 $\mu=T_U$ 或 $\mu=T_L$ 时，则 $K=1$。

（3）当 μ 位于标准界限之外时，即 $\varepsilon>T/2$，则 $K>1$。所以 K 值越小越好，$K=0$ 是理想状态。

如图 10－2 所示，因为分布中心 μ 和标准中心 M 不重合，所以实际有效的标准范围就不能完全被利用。若偏移量为 ε，则分布中心右侧的过程能力指数为：

$$C_{p上} = \frac{T/2 - \varepsilon}{3\sigma}$$

分布中心左侧的过程能力指数为：

$$C_{p下} = \frac{T/2 + \varepsilon}{3\sigma}$$

我们知道，左侧过程能力的增加值补偿不了右侧过程能力的损失，所以在有偏移值时，只能以两者中较小值来计算过程能力指数。这个过程能力指数称为修正过程能力指数，记作 C_{pk}。

$$C_{pk} = \frac{T/2 - \varepsilon}{3\sigma} = \frac{T}{6\sigma}\left(1 - \frac{2\varepsilon}{T}\right)$$

由于

$$K = \frac{2\varepsilon}{T}$$

$$C_p = \frac{T}{6\sigma}$$

因此

$$C_{pk} = C_p(1 - K)$$

当 $K=0$ 时，$C_{pk}=C_p$，即偏移量为0，修正过程能力指数就是一般的过程能力指数。当 $K\geqslant1$ 时，$C_{pk}=0$，这时 C_p 实际上也已为0。

[例 10-2] 加工某种材料，标准范围为［98，102］，实测样本算出的 $\overline{X}=101$，$S=0.5$，数据单位均为mm。试求该工序的过程能力指数。

解： 因 $M=\frac{98+102}{2}=100$，$\overline{X}=101$，$\overline{X}\approx\mu\neq M$，故需要计算修正的过程能力指数。

用一般公式计算：

因 $$T = 102 - 98 = 4, \varepsilon \approx |100 - 101| = 1$$

故 $$C_{pk} \approx \frac{T-2\varepsilon}{6S} = \frac{4-2\times1}{6\times0.5} \approx 0.67$$

用简化公式的计算：

因 $$M = 100 < 101 = \overline{X} \approx \mu$$

故 $$C_{pk} \approx \frac{|101-102|}{3\times0.5} \approx 0.67$$

两种算法结果相同，但后者的计算简便得多。

10.1.2.3 单侧公差

单侧公差情况下 C_p 值的计算。技术要求以不大于或不小于某一标准值的形式表示，这种质量标准就是单侧公差。如强度、寿命等只规定下限的质量特性界限；又如机械加工的形状位置公差、粗糙度，材料中的有害杂质含量，只规定上限标准，而对下限标准却不作规定。

在只给定单侧标准的情况下，特性值的分布中心与标准的距离就决定了过程能力的大小。为了经济的利用过程能力，并把不合格品率控制在0.3%左右，按 3σ 分布的原理，在单侧标准的情况下就可用 3σ 作为计算 C_p 值的基础。

（1）只规定上限标准时如图10-3所示，过程能力指数为：

$$C_{p上} = \frac{T_U-\mu}{3\sigma} \approx \frac{T_U-\overline{X}}{3S}$$

注意： 当 $\mu\geqslant T_U$ 时，则认为 $C_p=0$，这时可能出现的不合格率高达50%～100%。

[例 10-3] 加工某种零件，要求径向跳动不得超过0.05。实测样本算出的 $\overline{X}=0.01$mm，$S=0.016$mm。试求该过程的过程能力指数。

解： 这是只规定了标准上限的情况，故所求过程能力指数为：

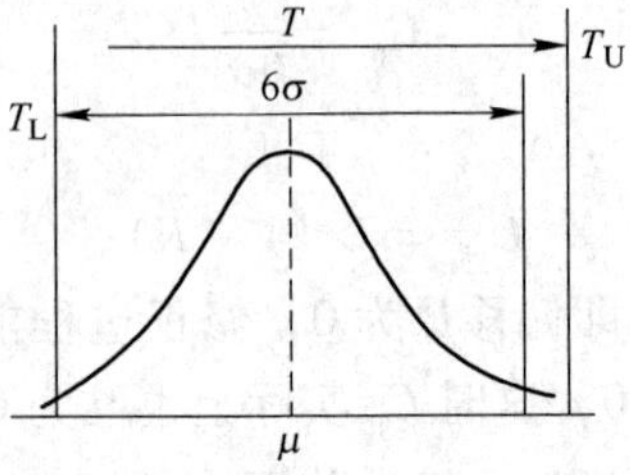

图 10－3 只规定上限标准示意图

$$C_{p上} \approx \frac{T_U - \overline{X}}{3S} = \frac{0.05 - 0.01}{3 \times 0.016} = 0.83$$

（2）只规定下限标准时，如图 10－4 所示，过程能力指数为：

$$C_{p下} = \frac{\mu - T_L}{3\sigma} \approx \frac{\overline{X} - T_L}{3S}$$

注意： 当 $\mu \leq T_L$ 时，则认为 $C_p = 0$，这时可能出现的不合格率同样为 50%～100%。

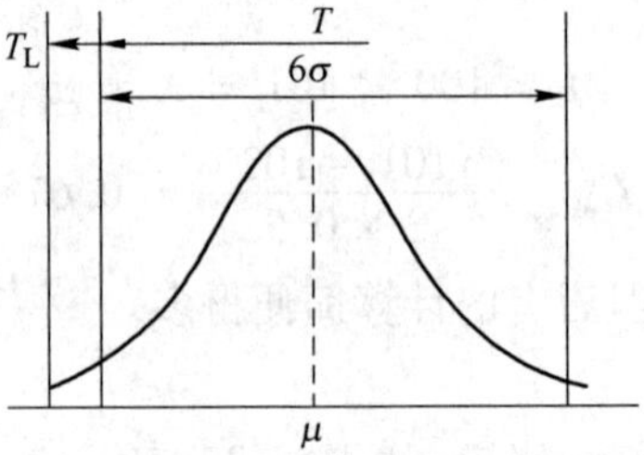

图 10－4 只规定下限标准示意图

［**例 10－4**］ 生产某种绝缘材料，规定其击穿电压不得低于 1200V，实测样本算出 $\overline{X} = 4000V$，$S = 1000V$，试求该过程的过程能力指数。

解： 这是只规定了标准下限的情况，故所求过程能力指数为：

$$C_{p下} \approx \frac{\overline{X} - T_L}{3S} = \frac{4000 - 1200}{3 \times 1000} = 0.93$$

10.1.3 过程不合格品率的计算

当质量特性的分布呈正态分布时，一定的过程能力指数与一定的不合格品率相对应。例如，当 $C_p = 1$ 时，即 $B = 6\sigma$ 时，质量特性标准的上下限与 $\pm 3\sigma$ 重合。由正态分布的概率函数可知，此时的不合格品率为 0.27%，如图 10－5 所示。

10.1.3.1 分布中心和标准中心重合时的情况

首先计算合格品率。由概率分布函数的计算公式可知，在 T_L 和 T_U 之间的分

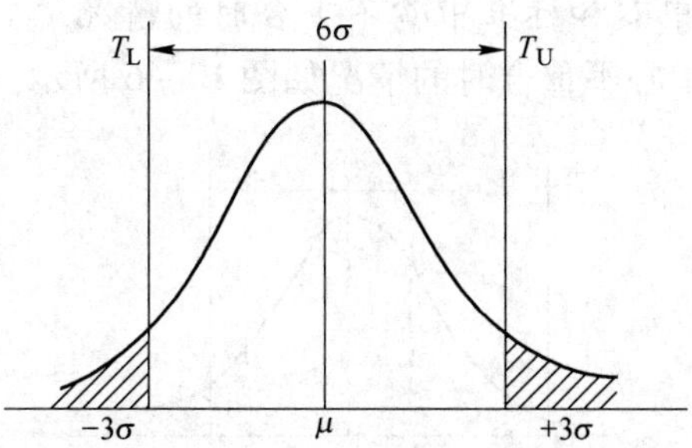

图 10－5 正态分布不合格品率示意图

布函数值就是合格品率，即：

$$p(T_L \leqslant x \leqslant T_U) = \int_{\frac{T_L-\mu}{\sigma}}^{\frac{T_U-\mu}{\sigma}} \frac{1}{\sqrt{2\pi}} e^{-\frac{t^2}{2}} dt$$

$$= \Phi\left(\frac{T_U-\mu}{\sigma}\right) - \Phi\left(\frac{T_L-\mu}{\sigma}\right)$$

$$= \Phi\left(\frac{T}{2\sigma}\right) - \Phi\left(-\frac{T}{2\sigma}\right)$$

$$= \Phi(3C_p) - \Phi(-3C_p)$$

$$= 1 - 2\Phi(-3C_p)$$

所以不合格品率为：

$$p = 1 - p(T_L \leqslant x \leqslant T_U) = 2\Phi(-3C_p)$$

由以上公式可以看出，只要知道 C_p 值就可求出该过程的不合格品率。

[例 10－5] 加工某零件测得 $S = 0.0065$mm，技术要求为 $\Phi 18.2^{+0.025}_{-0.010}$，若 M 与 $\overline{X}$ 重合，试求不合格品率 p。

解： 当 M 与 $\overline{X}$ 重合时：

$$C_p = \frac{T_U - T_L}{6\sigma} \approx \frac{T_U - T_L}{6S} = \frac{(18.2 + 0.025) - (18.2 - 0.010)}{6 \times 0.0065} \approx 0.8974$$

$$p = 2\Phi(-3C_p)$$
$$= 2[1 - \Phi(3 \times 0.8974)]$$
$$= 2(1 - 0.9964)$$
$$= 0.0072$$

故合格率为：

$$1 - p = 1 - 0.0072 = 0.9928 = 99.28\%$$

[例 10－6] 当 $C_p = 1$ 时，求相应不合格品率 p。

解： $p = 2\Phi(-3 \times 1) = 2\Phi(-3) = 2 \times 0.00135 = 0.0027$

由不合格品率的公式及上两例可知，C_p 值增大时，不合格品率下降。反之，当 C_p 值减小时，不合格品率上升。

10.1.3.2 分布中心和标准中心不重合时的情况

分布中心和标准中心不重合时的情况如图 10-6 所示。

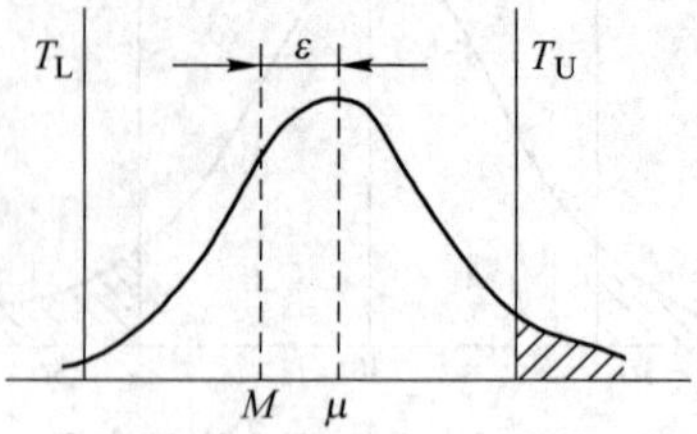

图 10-6 分布中心和标准中心不重合示意图

首先计算合格品率：

$$p(T_L \leqslant x \leqslant T_U) = \int_{\frac{T_L-\mu}{\sigma}}^{\frac{T_U-\mu}{\sigma}} \frac{1}{\sqrt{2\pi}} e^{-\frac{t^2}{2}} dt$$

$$= \Phi\left(\frac{T_U-\mu}{\sigma}\right) - \Phi\left(\frac{T_L-\mu}{\sigma}\right)$$

$$= \Phi\left(\frac{T_U-M}{\sigma} - \frac{\mu-M}{\sigma}\right) - \Phi\left(\frac{T_L-M}{\sigma} - \frac{\mu-M}{\sigma}\right)$$

$$= \Phi\left(\frac{T}{2\sigma} - \frac{\varepsilon}{\sigma}\right) - \Phi\left(-\frac{T}{2\sigma} - \frac{\varepsilon}{\sigma}\right)$$

$$= \Phi\left(3C_p - \frac{\varepsilon}{\sigma}\right) - \Phi\left(-3C_p - \frac{\varepsilon}{\sigma}\right)$$

$$= \Phi(3C_p - 3KC_p) - \Phi(-3C_p - 3KC_p)$$

$$= \Phi[3C_p(1-K)] - \Phi[-3C_p(1+K)]$$

由于

$$K = \frac{2\varepsilon}{T} = \frac{2\varepsilon}{6\sigma C_p} = \frac{\varepsilon}{3\sigma - C_p}$$

因此

$$\frac{\varepsilon}{\sigma} = 3KC_p$$

结果

$$p(T_L \leqslant x \leqslant T_U) = \Phi[3C_p(1-K)] - \Phi[-3C_p(1+K)]$$

所以不合格品率为：

$$p = 1 - p(T_L \leqslant x \leqslant T_U) = 1 - \Phi[3C_p(1-K)] + \Phi[-3C_p(1+K)]$$

[例 10-7] 已知某零件的尺寸要求为：70 ± 1.5（mm），抽取样本，算出的 $\overline{X} = 70.6$，$S = 0.5$。试估算零件的不合格品率 p。

解：因

$$C_p \approx \frac{71.5 - 68.5}{6 \times 0.5} = 1.0$$

$$K = \frac{|(68.5 + 71.5)/2 - 70.6|}{(71.5 - 68.5)/2} \approx 0.40$$

故

$$\begin{aligned} p &= \Phi(-3(1+0.40)\times 1.0) + \Phi(-3(1-0.40)\times 1.0) \\ &= \Phi(-4.2) + \Phi(-1.8) \\ &= 0.00001335 + 0.0359133 \\ &= 0.03592665 \\ &\approx 3.59\% \end{aligned}$$

10.1.3.3 查表法

为了简化计算手续，便于实际应用，我们介绍根据过程能力指数 C_p 和偏移系数 K，求不合格品率 p 的数值表，见表 10-1。

表 10-1 C_p-K-p 数值表

C_p \ K	0.00	0.04	0.08	0.12	0.16	0.20	0.24	0.28	0.32	0.36	0.40	0.44	0.48	0.52
0.50	13.36	13.43	13.64	13.99	14.48	15.10	15.86	16.75	17.77	18.92	20.19	21.58	23.09	24.71
0.60	7.19	7.26	7.48	7.85	8.37	9.03	9.85	10.81	11.92	13.18	14.59	16.81	17.85	19.69
0.70	3.57	3.64	3.83	4.16	4.63	5.24	5.99	6.89	7.94	9.16	10.55	12.10	13.84	15.74
0.80	1.64	1.69	1.89	2.09	2.46	2.94	3.55	4.31	5.21	6.28	7.53	8.89	10.62	12.48
0.90	0.69	0.73	0.83	1.00	1.25	1.60	2.05	2.62	3.34	4.21	5.27	6.53	8.02	9.75
1.0	0.27	0.29	0.35	0.45	0.61	0.84	1.14	1.55	2.07	2.75	3.59	4.65	5.94	7.49
1.1	0.10	0.11	0.14	0.20	0.29	0.42	0.61	0.88	1.24	1.74	2.39	3.23	4.31	5.66
1.2	0.03	0.04	0.05	0.08	0.13	0.20	0.31	0.48	0.72	1.06	1.54	2.19	3.06	4.20
1.3	0.01	0.01	0.02	0.03	0.05	0.09	0.15	0.25	0.40	0.63	0.96	1.45	2.13	3.06
1.4	0.00	0.00	0.01	0.01	0.02	0.04	0.07	0.13	0.22	0.36	0.59	0.93	1.45	2.10
1.5			0.00	0.00	0.01	0.02	0.03	0.06	0.11	0.20	0.35	0.59	0.96	1.54
1.6					0.00	0.01	0.01	0.03	0.06	0.11	0.20	0.36	0.63	1.07
1.7						0.00	0.01	0.01	0.03	0.06	0.11	0.22	0.40	0.72
1.8							0.00	0.01	0.01	0.03	0.06	0.13	0.25	0.48
1.9								0.00	0.01	0.01	0.03	0.07	0.15	0.31
2.0									0.00	0.01	0.02	0.04	0.09	0.20
2.1										0.00	0.01	0.02	0.05	0.18
2.0											0.00	0.01	0.03	0.08

[例 10-8] 当求出 $C_p=1$ 时，就可以从表 10-1 中的表头 $C_p=1$ 和 $K=0$ 的交叉处得到 $P\approx 0.27\%$。

[例 10-9] 当求出 $C_p=1$，$K=0.4$ 时，可以从表 10-1 中的表头 $C_p=1$ 和 $K=0.4$ 的交叉处得到 $P\approx 3.59\%$。

故在实际工作中常用查表法是比较快捷的。

10.2 过程能力的评价

10.2.1 过程能力的判定

当过程能力指数求出后，就可以对过程能力是否充分做出相应的分析和判定。即判断 C_p 值在多少时，才能满足设计要求。

(1) 根据过程能力指数的计算公式，如果质量特性分布中心与标准中心重合，这时 $K=0$，则标准界限范围是 $\pm 3\sigma$(即 6σ)。这时的过程能力指数 $C_p=1$，可能出现的不合格品率为0.27%。这种过程能力基本满足设计质量的要求。

(2) 如果标准界限范围是 $\pm 4\sigma$(即 8σ) 时，$K=0$，则过程能力指数为 $C_p=1.33$。这时的过程能力不仅能满足设计质量的要求，而且有一定的富裕能力。这种过程能力是理想的状态。

(3) 如果标准界限范围是 $\pm 5\sigma$(即 10σ) 时，$K=0$，则过程能力指数为 $C_p=1.67$。这时过程能力有更多的富裕，即过程能力非常充分。

(4) 当过程能力指数 $C_p<1$ 时，我们就认为过程能力不足，应采取措施提高过程能力。

根据以上分析，过程能力指数 C_p 值(或 C_{pk}) 的判断标准如表 10-2 所示。

表 10-2 工序能力的判断标准

项目级别	工序能力指数 C_p，C_{pk}	对应关系 T 与 σ	不合格品率 p	工序能力分析
Ⅰ	$C_p>1.67$	$T>10\sigma$	$p<0.00006\%$	过程能力过高（应视具体情况而定）
Ⅱ	$1.67\geqslant C_p>1.33$	$10\sigma\geqslant T>8\sigma$	$0.00006\%\leqslant p\leqslant 0.006\%$	过程能力充分，表示技术管理能力已很好，应继续维持
Ⅲ	$1.33\geqslant C_p>1.0$	$8\sigma\geqslant T>6\sigma$	$0.006\%\leqslant p\leqslant 0.27\%$	过程能力较差，表示技术管理能力较勉强，应设法提高为Ⅱ级
Ⅳ	$1.0\geqslant C_p>0.67$	$6\sigma\geqslant T>4\sigma$	$0.27\%\leqslant p\leqslant 4.45\%$	过程能力不足，表示技术管理能力已很差，应采取措施立即改善
Ⅴ	$0.67\geqslant C_p$	$T\leqslant 4\sigma$	$p\geqslant 4.45\%$	过程能力严重不足，表示应采取紧急措施和全面检查，必要时可停工整顿

10.2.2 提高过程能力的对策

提高过程能力的对策有：

（1）$C_p \geqslant 1.33$。当 $C_p \geqslant 1.33$ 时表明过程能力充分，这时就需要控制过程的稳定性，以保持过程能力不发生显著变化。如果认为过程能力过大，应对标准要求和工艺条件加以分析。一方面可以降低要求，以避免设备精度的浪费；另一方面也可以考虑修订标准，以提高产品质量水平。

（2）$1.0 \leqslant C_p < 1.33$。当过程能力处于 1.0～1.33 之间时，表明过程能力满足要求，但不充分。当 C_p 值很接近 1 时，则有产生超差的危险，应采取措施加强对过程的控制。

（3）$C_p < 1.0$。当过程能力小于 1 时，表明过程能力不足，不能满足标准的需要，应采取改进措施，改变工艺条件，修订标准，或严格进行全数检查等。

10.2.3 提高过程能力指数的措施

在实际的工序能力调查中，工序能力分布中心与标准中心完全重合的情况是很少的，在大多数情况下都存在一定量的偏差，所以在进行工序能力分析时，计算的工序能力指数一般都是修正工序能力指数。

由工序能力指数的计算公式 $C_{pk} = \dfrac{T - 2\varepsilon}{6\sigma} = (1 - K)\dfrac{T}{6\sigma}$ 可以看出，影响工序能力指数有 3 个因素，即公差幅度 T（产品技术规范）、生产过程即产品质量特性值的标准差 σ 和质量分布中心 μ 和公差中心 M 的偏移量 ε。因此，提高工序能力指数有 3 条途径：减少偏移量 ε、减少标准差 σ 和增加公差幅度 T。

10.2.3.1 减少偏移量 ε

由定义可以得到：如 $T = 6\sigma$，当质量分布中心 μ 和公差中心 M 重合时，即偏移量 $\varepsilon = 0$ 时，$C_p = 1$，不合格品率约为 0.27%；而当质量分布中心与偏移公差中心偏移 1σ 即 $\varepsilon = 1\sigma$ 时，$C_{pk} = 2/3$，此时不合格品率约为 2.22%；当质量分布中心与偏移公差中心偏移 2σ 的偏移，即 $\varepsilon = 2\sigma$ 时，$C_{pk} = 1/3$，此时不合格品率约为 15.87%。由此可见，即使工序能力已经能够基本满足公差要求，若过程加工中心存在偏差，也会严重影响工序能力指数，导致出现大量的不合格品。

减少偏移量 ε 的主要措施有：

（1）收集数据进行统计分析，找出大量连续生活过程中由于工具磨损、加工条件随时间逐渐变化，质量分布中心经常发生偏移的规律，及时进行中心调整，如采用设备自动补偿偏移或刀具自动调整和补偿等。

（2）根据偏移量，通过首件检验，调整设备、刀具等的加工定位装置。

（3）改变操作者的加工偏向差的倾向性加工习惯。

（4）配置更为精确的量规，或由量规检验改为量值检验，或采用高一等级的量具检测。

10.2.3.2 减少标准差 σ

减少标准差 σ 的主要措施有：

（1）改善工序，改进工艺方法，修订操作规程，优化工艺参数，补充增添中间过程，推广应用新材料、新工艺和新技术。

（2）检修、改造或更新设备，增添与公差要求相适应的精度较高的设备。

（3）增添工具工装，提高工具工装的精度。

（4）改变原材料的进货周期，尽可能减少由于材料进货批次的不同而造成的质量波动。

（5）改造现有的生产环境条件，以满足产品对现场环境的特殊要求。

（6）对关键工序、特种工序的操作者进行专门的技术培训。

（7）加强现场的质量控制，设置工序质量控制点，推广使用控制图。

10.2.3.3 增加公差幅度 T

增加公差幅度 T 的前提是必须保证放宽的公差范围不会影响产品的质量、不影响用户使用效果为前提。在这个前提条件下，可以对过高的公差要求进行修订，以提高过程能力指数。

实践证明，在工序加工分析时，减少偏移量的措施在技术上、操作上比较容易实现，同时也不必为此花费太多的人力、物力和财力，因此通常把它作为提高过程能力指数的首要措施。只有当偏移量 $\varepsilon=0$，而且 C_p 仍达不到要求时，才考虑提高过程能力，减少过程加工的离散程度或考虑是否放宽公差幅度。放宽公差幅度必须有不影响产品质量和不影响用户使用效果的充分前提。提高过程能力往往需要对现有生产线进行工艺上的改进或改造，技术难度较大，需要花费较多的时间或费用。但是提高过程能力确实能提高制造质量水平，有时是很必要的。

10.3 过程能力调查

10.3.1 过程能力调查流程

过程能力分析是检查过程的固有变异和分布，以便估计其产生符合规范所允许变异范围的输出的能力。

过程能力分析是过程能力调查工作中的一项工作，所以，在过程能力分析之前，应先进行过程能力调查。这样安排的目的是通过调查后才能判断过程是否在受控（稳定）状态下运行的，只有在受控状态下的过程，才能对其能力进行分析。过程能力调查是一项技术性很强、很细致的工作，一定要按程序进行。

流程各步骤及其内容要求如下：

（1）明确调查目的。过程能力调查的目的有三个：

1）掌握过程能力满足质量要求的程度；

2）掌握质量波动情况，据此判断过程是否受控；

3）了解质量波动及其原因之间的关系，针对原因采取纠正措施以提高过程能力指数。

为了保证过程稳定和更好地指挥生产，生产管理者要十分清楚企业的过程能力情况。为此，要不时的对过程能力进行调查，做到心中有数。

(2) 确定调查计划和方法。确定调查的日期、内容、组成人员、收集数据的方法及其处理工具等。

(3) 过程标准化。对被调查过程的人、机、料、法、环、测等提出明确要求，并做出具体规定，使过程规范化并处于管理状态。

(4) 收集数据。按计划中规定的方法收集过程输出的数据。

(5) 分析数据。根据调查目的的需要，采用计划中规定的统计方法对收集到的数据进行统计、分析。直方图是供选择的分析数据的方法之一。

(6) 判断。根据数据分析结果判断过程是否处于受控状态。

(7) 计算过程能力指数。如果过程处于受控状态，则可计算过程能力指数，否则不能计算过程能力指数。

(8) 报告。过程能力指数计算出来后，应对过程能力进行评定，最后对整个调查工作写出书面报告。

从上可见，过程能力分析是过程能力调查中的一项工作。

10.3.2 过程能力调查的方法

工序能力调查的基本方法是质量分布图即直方图法。所谓质量分布图法，就是随机从工序中取得一批质量指标数据，作成质量分布图或直方图，将技术要求的标准界限画在直方图上，然后观察质量分布中心与标准中心是否重合和质量波动的大小，或利用作直方图时求出的样本均值和样本标准差，算出工序能力指数，来对工序进行分析和作出评价，以此找出保证和提高工序能力的方法。

例如，若直方图的图形有如（第6章直方图）理想型（见图6-10）所示，则表明工序能力充分，能确保工序稳定地生产出合格品；若直方图的图形有如无富裕型（见图6-11）和偏心型（见图6-12）所示，则表明工序能力基本满足要求，但需严格控制工序，不让产生更多的不合格品；若直方图有如平均值偏左（偏右）（见图6-14）所示，则表明工序能力因分布中心偏移而不足，应采取措施消除分布中心的偏移；若直方图有如能力富裕型（见图6-13）所示，则表明工序能力过于充裕，可考虑放宽技术要求，使工序能力稳定在经济合理的水平上；若直方图有如离散度过大型（见图6-15）所示，则表明工序能力严重不足，应立即采取措施降低质量波动以提高工序能力。

工序能力调查的另一种常用方法是控制图法。用直方图计算出来的工序能力指数，仅代表抽取样本那段时间内的工序质量水平。同时，直方图有时会由于含有异常原因引起的质量波动，而使计算出来的标准差较大，工序能力指数偏低。控制图能代表较长时间内的工序质量水平，并剔除了异常原因的影响，因而其质量分布的标准差较小，由它计算出来的工序能力指数偏高。当工序处于稳定状态时，质量分布图法与控制图法差别不大。从工序能力指数的含义来考虑，控制图法的结论比较准确可靠。

下面利用控制图法进行过程能力分析。

10.3.3 计量数据的过程能力分析

［**例 10－10**］ 某发动机制造公司的一车间负责凸轮轴生产，为实施统计过程控制，该车间决定在 B－1 凸轮轴直径的生产过程中使用 $\overline{X}-R$ 控制图进行控制，并计算该过程的过程能力指数（直径要求 84 ±0.05mm）。

解：该例属于计量数值，是给出双侧偏差的情况。可以采用均值－极差控制图对过程质量进行控制和计算过程能力指数。

第 1 步，选择控制图。

根据上述分析，选择标准值未给定的 $\overline{X}-R$ 控制图，其控制限为表 8－1 所示。

由于标准值未给定，所以建立不了控制图，需要知道 $\overline{\overline{X}}$ 和 $\overline{R}$ 及 A_2，D_3，D_4。

第 2 步，收集数据。

生产过程进入稳定状态后收集数据，随机从生产线上抽 25 组每组含 5 个凸轮轴，对它们进行测量、记录，并记入表 10－3。

表 10－3 B－1 凸轮轴直径的样本数据

样本	X_1	X_2	X_3	X_4	X_5	$\overline{X}$	R
1	84.030	84.002	84.029	83.992	84.008	84.010	0.038
2	83.995	83.992	84.001	84.001	84.011	84.001	0.019
3	83.988	84.024	84.021	84.005	84.002	84.008	0.036
4	84.002	83.996	83.993	84.015	84.009	84.003	0.022
5	83.992	84.007	84.015	83.989	84.014	84.003	0.026
6	84.009	83.994	83.997	83.985	83.993	83.996	0.024
7	83.995	84.006	83.994	84.000	84.005	84.000	0.012
8	83.985	84.003	83.993	84.015	83.988	83.997	0.030
9	84.008	83.995	84.009	84.005	84.004	84.004	0.014
10	83.998	84.000	83.990	84.007	83.995	83.998	0.017
11	83.994	83.998	83.994	83.995	83.990	83.994	0.008
12	84.004	84.000	84.007	84.000	83.996	84.001	0.011
13	83.983	84.002	83.998	83.997	84.012	83.998	0.029
14	84.006	83.967	83.994	84.000	83.984	83.990	0.039
15	84.012	84.014	83.998	83.999	84.007	84.006	0.016

续表 10－3

样本	X_1	X_2	X_3	X_4	X_5	$\overline{X}$	R
16	84.000	83.984	84.005	83.998	83.996	83.997	0.021
17	83.994	84.012	83.986	84.005	84.007	84.001	0.026
18	84.006	84.010	84.018	84.003	84.000	84.007	0.018
19	83.984	84.002	84.003	84.005	83.997	83.998	0.021
20	84.000	84.010	84.013	84.020	84.003	84.009	0.020
21	83.998	84.001	84.009	84.005	83.996	83.996	0.033
22	84.004	83.999	83.990	84.006	84.009	84.002	0.010
23	84.010	83.989	83.990	84.009	84.014	84.002	0.025
24	84.015	84.008	83.993	84.000	84.010	84.005	0.022
25	83.982	83.984	83.995	84.017	84.013	83.998	0.035

$\overline{\overline{X}}$是平均值的平均值，等于25个平均值除以25；$\overline{R}$是25个R的平均值：

$$\overline{\overline{X}} = \frac{1}{25}\sum_{i=1}^{25} \overline{X_i} = \frac{2100.024}{25} = 84.001$$

$$\overline{R} = \frac{1}{25}\sum_{i=1}^{25} R_i = \frac{0.581}{25} = 0.028$$

第3步，建立控制限。

由于$\overline{X}$控制图的控制限的计算中包含样本平均极差$\overline{R}$，如果过程的方差统计失控，计算出来的控制限就没有意义。由此，计算$\overline{X}-R$控制图的控制限应该从R控制图开始。

由于样本大小$n=5$，查表8－2，可得$A_2=0.577$，$D_3=0$，$D_4=2.115$。

$\overline{X}$图：中心线：$CL=\overline{\overline{X}}=84.001$；

上控制限：$UCL=\overline{\overline{X}}+A_2\overline{R}=84.001+0.577\times0.023=84.014$；

下控制限：$LCL=\overline{\overline{X}}-A_2\overline{R}=84.001-0.577\times0.023=83.988$。

R图：中心线：$CL=\overline{R}=0.023$；

上控制限：$UCL=D_4\overline{R}=2.115\times0.023=0.048$；

下控制限：$LCL=D_3\times\overline{R}=0\times0.023=0$。

第4步，点绘$\overline{X}$图和R图。

将表10－3的$\overline{X}$值和R值点绘在建立起来的控制图上，然后用直线依次连接各点即得。

应用MINITAB软件得到控制图如图10－7所示。

第5步，分析$\overline{X}-R$图。

根据判断过程正常的准则，可以判断该过程的方差处于统计受控状态。同时

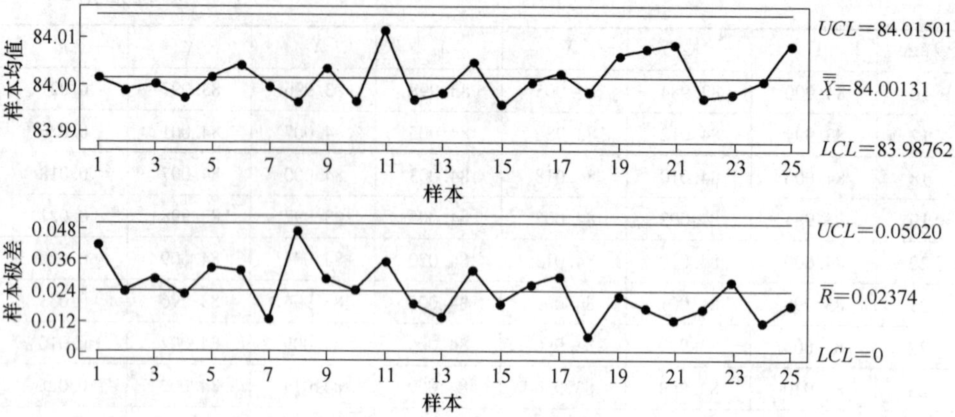

图 10-7 $\overline{X}-R$ 控制图

也可以判断该过程的均值也处于统计受控状态。

第 6 步，计算过程能力指数，判断过程是否处于技术稳态。

为计算过程能力指数，关键还是估计标准差。在 $\overline{X}-R$ 图中标准差的估计可用下式：

$$\hat{\sigma}=\frac{\overline{R}}{d_2}$$

式中，d_2 与子组的空量有关，可从表 8-2 查出。

求过程中心 $\overline{X}$ 与规范（公差）中心 M 的偏移量 ε：

$$\varepsilon=\left|\frac{T_{\mathrm{U}}+T_{\mathrm{L}}}{2}-\overline{X}\right|=|84-84.001|=0.001$$

$\varepsilon\neq0$ 说明该例的数据分布中心与公差中心不重合，故计算 C_{pk}：

$$C_{\mathrm{pk}}=\frac{T-2\varepsilon}{6\hat{\sigma}}=\frac{T-2\varepsilon}{6\,\overline{R}/d_2}=\frac{0.1-2\times0.001}{6\times0.023/2.326}\approx1.55$$

相应的不合格品率为：

$$p=2-\Phi[3C_{\mathrm{p}}(1-K)]-\Phi[-3C_{\mathrm{p}}(1+K)]=2-\left[\Phi(3C_{\mathrm{pk}})+\Phi\left(3C_{\mathrm{pk}}+\frac{2\varepsilon}{\hat{\sigma}}\right)\right]$$

$$=2-\left[\Phi(3\times1.55)+\Phi\left(3\times1.55+\frac{2\times0.001}{\frac{0.023}{2.326}}\right)\right]$$

$$=2-[\Phi(4.65)+\Phi(4.85)]$$

$$=2-(0.999998340+0.9999993827)$$

$$=0.000002278$$

即该过程的过程能力指数为 1.55。

第 7 步，过程能力评定。

计算能力指数不是目的，目的是根据计算出的指数去评定过程能力是否满足要求，所以，计算出过程能力指数后，应对过程能力进行评定，过程能力评定见表 10－2 工序能力的判断标准。

由表看出，过程能力指数介于 1.33 和 1.67 之间，该过程能力为 3 级，评定为理想状态。如果将分布中心从 84.001 调整到 84，那么潜在过程能力指数为：

$$C_p = \frac{T}{6\hat{\sigma}} = \frac{0.1}{6 \times \frac{0.023}{2.326}} \approx 1.69$$

此时过程能力为特级。

第 8 步，过程能力分析报告。

对过程能力进行评定后应提出报告，过程能力分析报告应提出处理意见等。

也可以应用 MINITAB 进行过程能力分析，实现结果如图 10－8 所示。

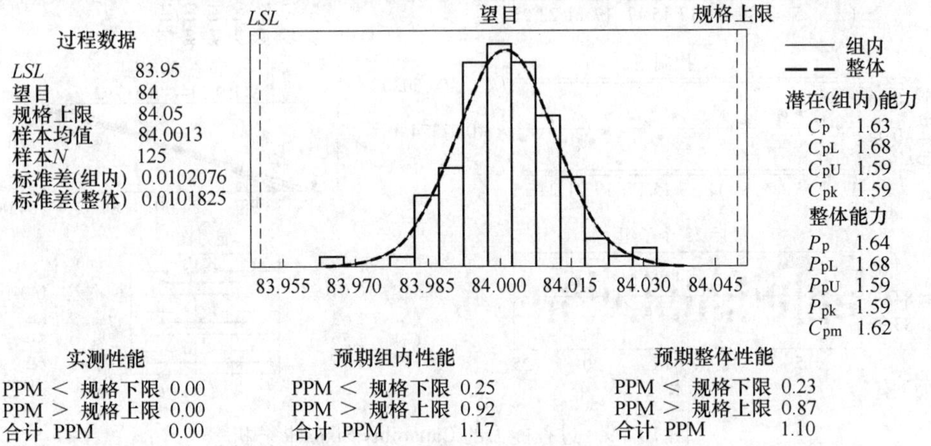

图 10－8 凸轮轴直径的过程能力分析

结果分析："潜在能力"或"组内"后面的数据，就是短期过程能力"计算的结果；"整体能力"后面的数据即"长期过程能力"计算的结果；从图中左上角小方块"过程指数"表可见，短期过程能力指数所用的标准差是 0.0102076，长期过程能力指数所用的标准差是 0.0101825；右上角小方块可见短期过程能力指数 $C_p = 1.63$，$C_{pk} = 1.59$；长期过程能力指数 $P_p = 1.64$，$P_{pk} = 1.59$，$C_{pm} = 1.62$。

下面 3 个框中 PPM 意指百万分之一。左下框说明实际测量数据中低于下规格限的产品占百万分之 0，高于上规格限的产品占百万分之 0；中下框说明按照短期过程能力指数，预测低于下规格限的产品占百万分之 0.25，高于上规格限的产品占百万分之 0.92，从而预测次品率为百万分之 1.17；右下框的整体性能也可以理解。

另外必须注意，在进行上述分析之前，应先验证过程是稳定的，还应该验证过程服从正态分布，才能进行过程能力的计算。为了简化这一分析过程，MINITAB 提供了另一个功能窗口“六合一（Capability Sixpack）”。运行步骤为：

从“统计 > 质量工具 > Capability Sixpack > 正态”进入。

指定“单列”为“直径”，指定“样本大小”为“批次”，在“规格下限”中输入“83.95”，在“规格上限”中输入“84.05”。

打开“选项”，在“目标（添加 C_{pm} 到表格）”中输入过程的目标值“84”，运行命令后得到图 10 - 9。

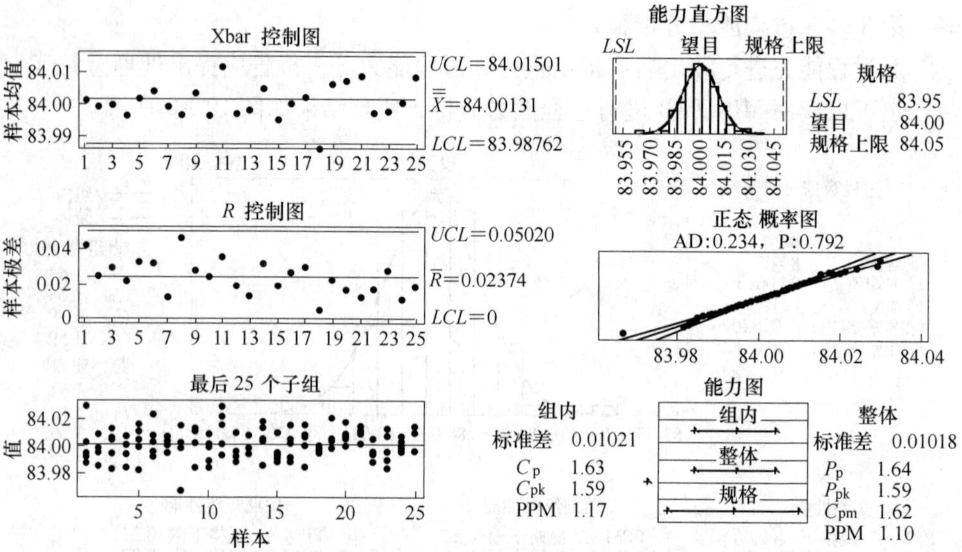

图 10 - 9 过程能力的 Capability Sixpack 分析

图 10 - 9 蕴含着非常丰富的信息。首先，左上的 Xbar 控制图，其中的 R 控制图以及左下最后 25 个子组的散点图可以用来验证过程是否稳定。其次，右上的能力直方图和右中的正态概率图可以用来验证过程是否服从正态分布。此外，右下的能力图可精确地显示出过程能力指数及其置信区间。

10.3.4 计点值数据的过程能力分析

前面介绍的均是过程输出特性为连续型数据的情况。对那些输出特性为非连续型数据的过程，也需要进行过程能力分析，测算它们的西格玛水平 z，评价它们的长期能力和短期能力。对属性值数据的情况，又分计点值数据和计件值数据，它们所对应的过程能力的估算方法有所不同，下面说明计点值数据的过程能力分析。

描述缺陷的指标有：*DPU*，*DPO*，*DPMO*

DPU(Defect Per Unit，单位产品缺陷数）是过程的“缺陷”数量与过程输出的“单位”数量比，表示平均每个单位上有多少“缺陷”。计算公式为：

$$DPU = \frac{缺陷数}{单位产品}$$

[例 10-11] 某型号计算器，在制造的 100 块芯板中，发现有 15 个缺陷，求其单位产品缺陷数。

解：

$$DPU = \frac{缺陷数}{单位产品} = \frac{15}{100} = 15\%$$

DPO(Defect Per Opportunity，单位机会缺陷率）是过程输出的“缺陷”的数量与过程输出的“缺陷机会数”之比。计算公式为：

$$DPO = \frac{缺陷总数}{产品数 \times 机会数}$$

[例 10-12] 在例 10-11 中，若每一个芯板都有 500 个缺陷机会，在制造这 100 块芯板时共发现 410 个缺陷，机会缺陷率是多少？

解：

$$DPO = \frac{缺陷总数}{产品数 \times 机会数} = \frac{410}{100 \times 500} = 0.82\%$$

$DPMO$(Defect Per Million Opportunities，百万机会缺陷数）是 DPO 乘以 10^6 的结果，即：

$$DPMO = \frac{缺陷总数}{产品数 \times 机会数} \times 10^6$$

[例 10-13] 求例 10-12 的百万机会缺陷数。

解：

$$DPMO = \frac{缺陷总数}{产品数 \times 机会数} \times 10^6 = \frac{410}{100 \times 500} \times 10^6 = 8200$$

$DPMO$ 值可综合度量过程的质量，在 6σ 管理中，常将其折算为 σ 水平 Z。在计算得到 $DPMO$ 后，可通过查标准正态分布表，找到对应的 Z_{bench}，然后令

$Z = Z_{bench} + 1.5$，即为其对应的西格玛水平 Z。也可以直接查附录表 1 找到对应的西格玛水平 Z。

[例 10-14] 某公司开单据的过程中，一个月中共开出 2500 张，每张各有 10 处需要填写的栏，其中，共有 8 处出现了错误。请计算该过程的 $DPMO$ 和西格玛水平 Z。

解：（1）计算该过程的 $DPMO$：

$$DPMO = \frac{缺陷总数}{产品数 \times 机会数} \times 10^6 = \frac{8}{2500 \times 10} \times 10^6 = 320$$

（2）计算该过程的西格玛水平 Z：

由 $DPMO$ 查标准正态分布表中的 $1 - DPMO \times 10^{-6}$ 值，可得到 $Z_{bench} = 3.41$，因此，得到西格玛水平 Z：

$$Z = Z_{bench} + 1.5 = 3.41 + 1.5 = 4.91$$

或者查 σ 值与 *DPMO* 换算表（见附录表1），*DPMO* 为320具有约 4.9σ 质量水平。

［例10－15］ 在芯片的生产过程中，如果芯片上有一个瑕疵点，则认为是一个缺陷，每个班次结束前抽取10片芯片进行检验。下面是某月份前15个工作日每天总缺陷情况的记录（表10－4）。试对芯片生产线的状况进行过程能力分析。

表10－4 其月份芯片的抽样结果

日期	1	2	3	4	5	6	7	8	9	10	11	12	13	14	15
抽样	8	10	12	10	11	15	10	9	6	13	12	9	14	9	10
缺陷数	26	28	23	18	32	40	35	24	18	28	16	14	24	35	30

图10－10～图10－12为基于U控制图的过程能力分析示例。图10－10左侧为一列样本中的缺陷数和一列抽样大小，右侧为下拉菜单。图10－11所示为操作对话框。在缺陷文本框中输入样本中的缺陷数数据列。在实际样本量文本框中输入抽样大小数据列。历史均值项表示过程的平均DPU历史值，若为空，则Minitab采用样本的平均DPU来进行估计。过程的目标DPU项即过程DPU的目标值。默认值为0。图10－12所示为输出的能力分析结果。左上角为U控制图，所有数值点均受控。左下角为累积DPUvs样本序号的控制图。其对应于第 i 个样

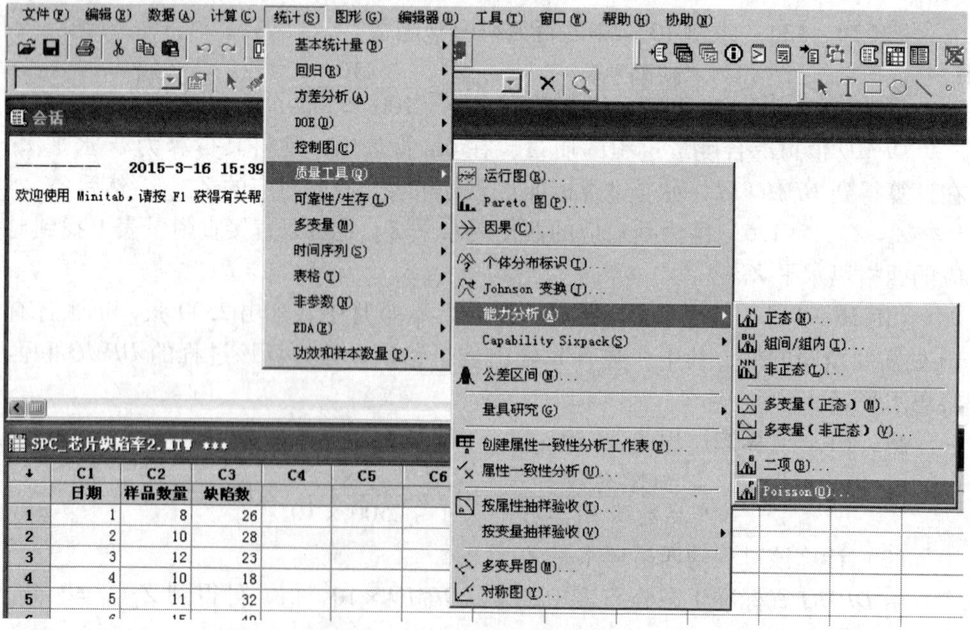

图10－10 数据列及下拉菜单

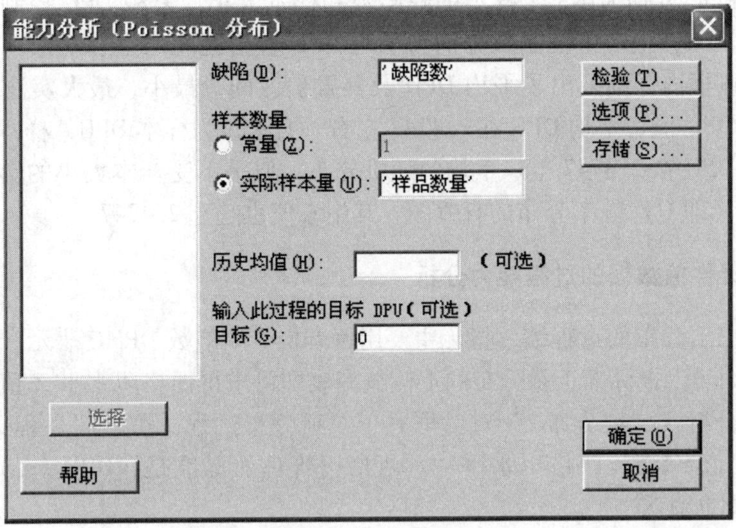

图 10-11　操作对话框

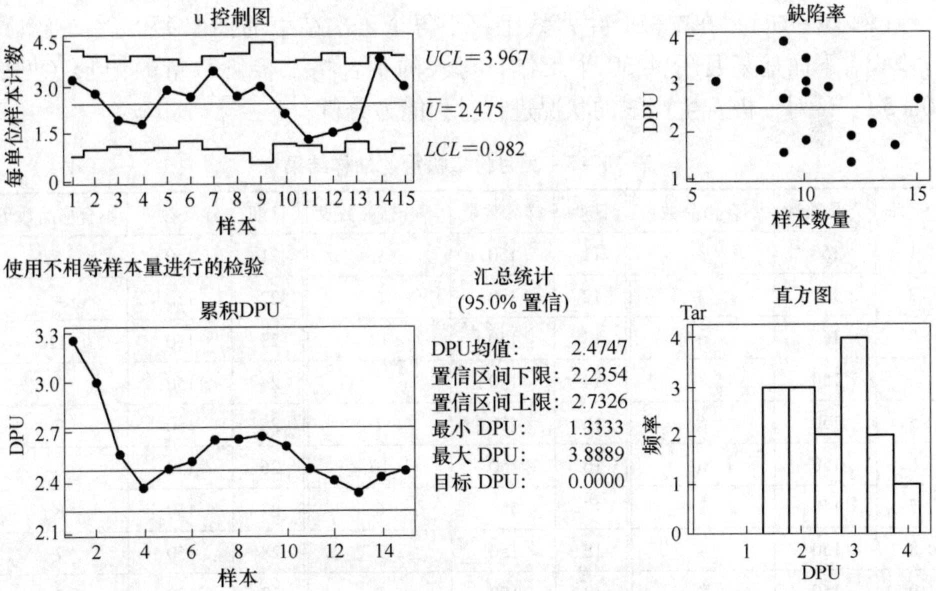

图 10-12　输出的能力分析结果

本的标绘点为：

$$DPU_i = 100 \cdot \frac{\sum_{k=1}^{i} c_k}{\sum_{k=1}^{i} n_k}$$

式中，c_i 和 n_i 分别为第 i 个样本的缺陷数和样本大小。累积 DPU 控制图的中心线为平均 DPU，上、下控制限分别为平均 DPU 置信区间的上、下限。累积 DPU 控制图右侧框内详细列出了平均 DPU 及其置信区间，最小、最大实测样本 DPU 值和目标 DPU 值。平均 DPU 在 2.4747 左右。右上角为样本 DPU - 样本大小关系图。样本 DPU 在 2.4747 上、下均匀随机分布，似乎不受样本大小的影响。右下角为 DPU（即 U）频率分布的直方图。其中心值也趋于 2.4747。

10.3.5 计件值数据的过程能力分析

对于二项分布的过程绩效指标主要用百万机会缺陷数 DPMO 表示，可以由此算出缺陷率 P，查标准正态分布的上侧概率表即可求得西格玛水平 Z 值。Minitab 的"能力分析（二项分布）"对话框对于二项分布过程，输出"过程 Z"的值。"过程 Z"值 +1.5 = 西格玛水平。六西格玛管理的标准是：DPMO ≤ 3.4，过程 $Z \geq 4.5$，才能满意。

基于二项分布的属性控制图有 p 和 np 控制图。Minitab 未提供基于 np 控制图的过程能力分析，下面说明基于 p 控制图的过程能力分析。

［**例 10-16**］ 在二极管生产线上，于每个班次结束前抽取 150 个二极管进行检验。下面是某月份共 30 个工作日每天的不合格二极管数量的记录（见表 10-5）。试对二极管生产线的状况进行过程能力分析。

表 10-5 某月份二极管的抽样结果

日期	样品数量	不合格品数量	日期	样品数量	不合格品数量	日期	样品数量	不合格品数量
1	150	3	11	150	9	21	150	5
2	150	4	12	150	6	22	150	4
3	150	6	13	150	12	23	150	12
4	150	8	14	150	3	24	150	11
5	150	6	15	150	7	25	150	7
6	150	6	16	150	10	26	150	8
7	150	3	17	150	6	27	150	8
8	150	4	18	150	3	28	150	7
9	150	8	19	150	7	29	150	7
10	150	7	20	150	4	30	150	5

图 10-13～图 10-15 为基于 p 控制图的过程能力分析示例。图 10-13 左侧为次品数据列和相应抽样大小数据列，右侧为下拉菜单。图 10-14 所示为操作对话框。在缺陷数文本框中输入次品数数据列。需要注意的是，这里缺陷数应该理解为次品数（defectives），以免与 c 控制图中的缺陷数（defects）相混淆。当

样本大小一致（为常量）时，在常量文本框中输入一个数值，否则，在实际样本量项中输入抽样大小数据列。历史 p 项表示过程的缺陷品比率历史值（介于 0～1 之间），若不输入，则 Minitab 用平均比率进行估计。过程的目标缺陷% 项表示过程的目标缺陷品百分数（介于 0～100 之间），默认值为 0。图 10－15 所示为输出的分析结果。左上角为 p 控制图。左下角为累积缺陷品百分数控制图。

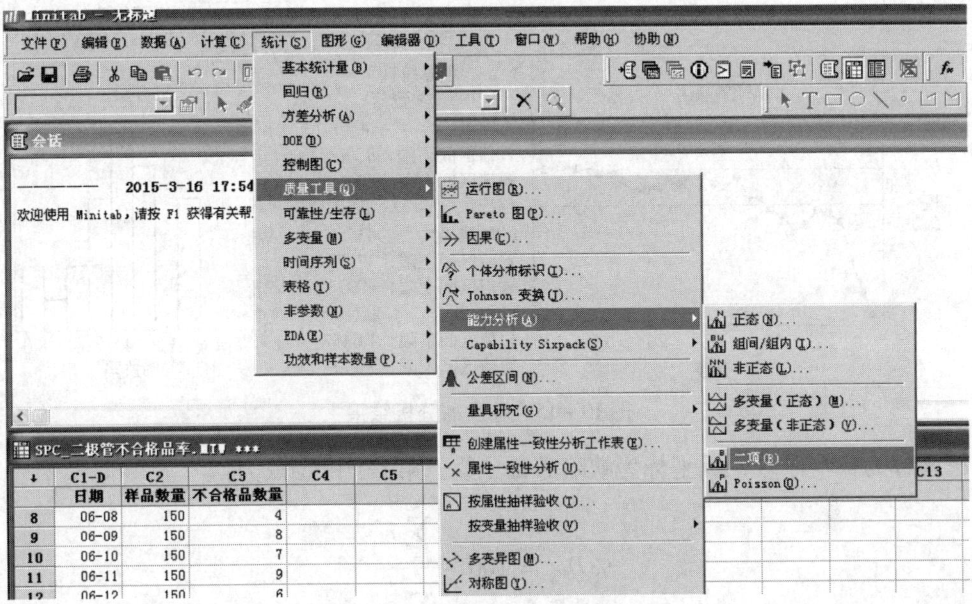

图 10－13　数据列及下拉菜单

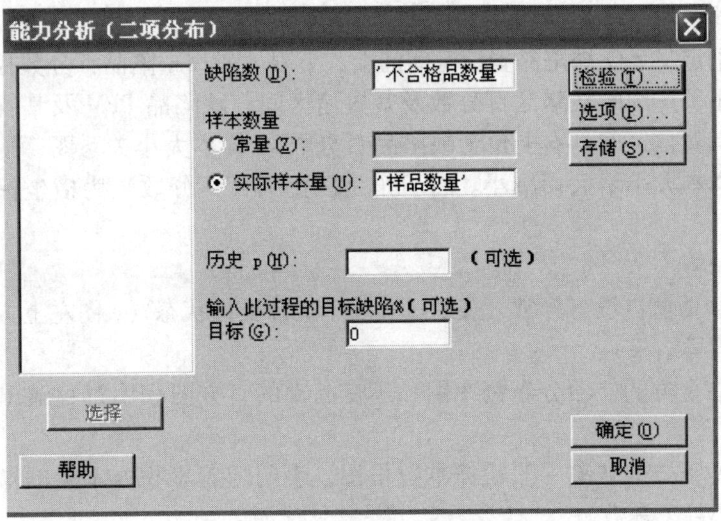

图 10－14　操作对话框

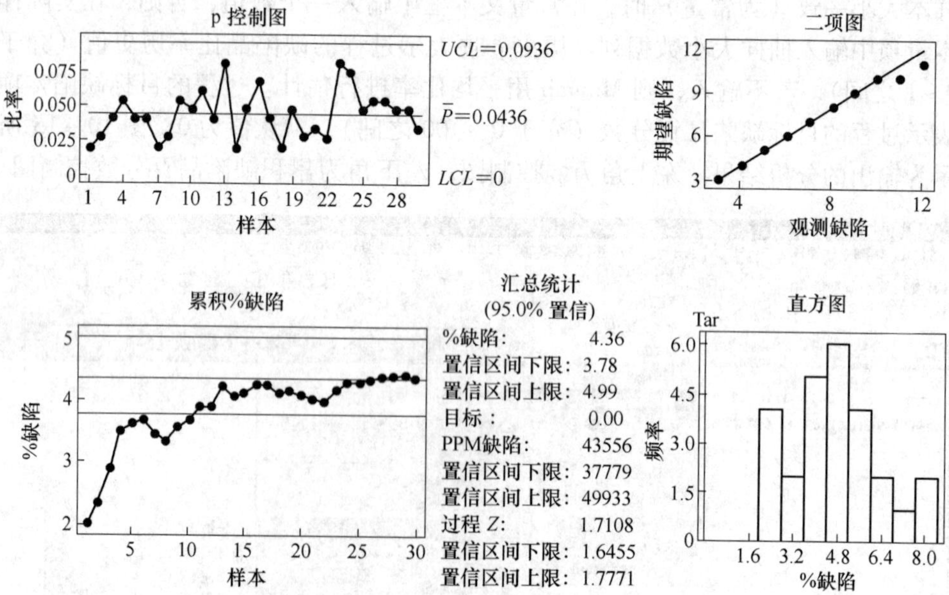

图 10－15　输出的分析结果

横坐标为样本序号，纵坐标为缺陷品百分数。第 i 个标绘点为：

$$\% Dv_i = 100 \cdot \frac{\sum_{k=1}^{i} r_k}{\sum_{k=1}^{i} n_k}$$

式中，$\% Dv_i$ 为从第 1 个样本至第 i 个样本的累积缺陷品百分数；r_k，n_k 分别为样本 k 的成功个数（如次品数）和样本大小。中心控制线定义为%缺陷品，上、下控制限分别定义为%缺陷品置信区间的上、下限。累积缺陷品百分数控制图右侧的框内列出了详细的缺陷品百分数及其置信区间、缺陷品 PPM 及其置信区间和过程 Z 及其置信区间。右上角为缺陷品百分数 vs 样本大小关系图，缺陷品百分数似乎随样本大小增大而减小。右下角是以比率（百分数）为横坐标的频率直方图。

结果分析：

（1）会话窗口没有异常，表明过程处于统计受控状态（c 图左上方的 p 控制图也表示同样结果）。

（2）右上方的二项分布概率图和不良品率的直方图表明过程输出数据服从二项分布。

（3）左下方的缺陷－累积样本数量图，表明随着累积样本量的增大，累积缺陷率减小趋于常数。

（4）图中下方的摘要统计显示，过程绩效指标为 43556PPM，缺陷率 p =

4.36%，西格玛水平 $Z=1.7108$，以及各自的置信区间。

显而易见，如果用六西格玛的标准（DPMO≤3.4，过程 $Z\geqslant4.5$）来衡量，该过程的能力指标还是比较低的。

由于不良品率与西格玛水平的换算经常要进行，Minitab 软件的输出常常同时给出两个值。本书后的附录表 2 也给出了对应的数值表。在本例中，不良品率 $p=4.36\%$，按 0.0436 查附表，则可得到西格玛水平 $Z=1.71$。

[例 10－17] 若某批产品次品率是 0.0017，求该批产品的西格玛水平。

解： 如果这批产品质量特性指标是计量的，最好找到原始计量数据，按照 10.3.3 小节计量数据的过程能力分析计量值数据的过程能力分析方法计算西格玛水平。本例没有提供计量数据信息，只能把次品率转换成抽样数和次品数，从而用“能力分析（二项分布）”对话框计算。

可以设想共有 10000 件产品，其中次品 17 件。在工作表 C1 列输入 17，C2 列输入 10000。实施刚才上述例子指令：从“统计 > 质量工具 > 能力分析 > 二项”进入“能力分析（二项分布）”对话框。在该对话框中“缺陷数”空格中选入“C1”，“实际样本量”空格中选入“C2”，点击“确定”。在所得图形中就能找到：“过程 Z” $=2.9290$，于是西格玛水平 $=2.929+1.5=4.429$。如果在 C1 列输入 170，C2 列输入 100000，重复上述指令，结果也是一样的。

附 录

附表1 SIGMA 水平与百万机会缺陷数换算表（已经考虑 1.5σ 的过程漂移）

Z	DPMO	Z	DPMO	Z	DPMO	Z	DPMO
0. 01	997409. 5941	0. 27	929015. 0179	0. 53	855155. 0236	0. 79	772158. 5902
0. 02	994818. 8645	0. 28	926305. 5429	0. 54	852147. 5554	0. 8	768760. 4578
0. 03	992227. 4875	0. 29	923587. 5093	0. 55	849126. 0891	0. 81	765346. 9834
0. 04	989635. 1397	0. 3	920860. 6489	0. 56	846090. 4901	0. 82	761918. 2082
0. 05	987041. 4984	0. 31	918124. 6976	0. 57	843040. 63	0. 83	758474. 1805
0. 06	984446. 2411	0. 32	915379. 395	0. 58	839976. 3868	0. 84	755014. 9553
0. 07	981849. 0461	0. 33	912624. 485	0. 59	836897. 645	0. 85	751540. 5947
0. 08	979249. 5927	0. 34	909859. 7156	0. 6	833804. 2952	0. 86	748051. 1678
0. 09	976647. 5611	0. 35	907084. 8392	0. 61	830696. 2349	0. 87	744546. 7505
0. 1	974042. 6325	0. 36	904299. 6124	0. 62	827573. 3679	0. 88	741027. 4256
0. 11	971434. 4895	0. 37	901503. 7967	0. 63	824435. 6046	0. 89	737493. 2826
0. 12	968822. 816	0. 38	898697. 1579	0. 64	821282. 8621	0. 9	733944. 4182
0. 13	966207. 2977	0. 39	895879. 4668	0. 65	818115. 0643	0. 91	730380. 9355
0. 14	963587. 6215	0. 4	893050. 4989	0. 66	814932. 1415	0. 92	726802. 9447
0. 15	960963. 4766	0. 41	890210. 0346	0. 67	811734. 0311	0. 93	723210. 5624
0. 16	958334. 5538	0. 42	887357. 8596	0. 68	808520. 6772	0. 94	719603. 9121
0. 17	955700. 5462	0. 43	884493. 7645	0. 69	805292. 0305	0. 95	715983. 1239
0. 18	953061. 1489	0. 44	881617. 5453	0. 7	802048. 0489	0. 96	712348. 3346
0. 19	950416. 0595	0. 45	878729. 0031	0. 71	798788. 697	0. 97	708699. 6872
0. 2	947764. 9782	0. 46	875827. 9448	0. 72	795513. 9462	0. 98	705037. 3316
0. 21	945107. 6075	0. 47	872914. 1825	0. 73	792223. 7751	0. 99	701361. 4239
0. 22	942443. 6528	0. 48	869987. 534	0. 74	788918. 169	1	697672. 1266
0. 23	939772. 8225	0. 49	867047. 8227	0. 75	785597. 1203	1. 01	693969. 6087
0. 24	937094. 8279	0. 5	864094. 878	0. 76	782260. 6283	1. 02	690254. 0452
0. 25	934409. 3832	0. 51	861128. 5349	0. 77	778908. 6992	1. 03	686525. 6176
0. 26	931716. 2062	0. 52	858148. 6344	0. 78	775541. 3465	1. 04	682784. 5132

续附表 1

Z	DPMO	Z	DPMO	Z	DPMO	Z	DPMO
1. 05	679030. 9257	1. 37	553769. 1456	1. 69	425365. 9292	2. 01	305249. 7842
1. 06	675265. 0545	1. 38	549746. 8019	1. 7	421427. 4285	2. 02	301747. 5609
1. 07	671487. 1052	1. 39	545721. 5217	1. 71	417497. 5114	2. 03	298263. 7452
1. 08	667697. 2889	1. 4	541693. 6506	1. 72	413576. 5303	2. 04	294798. 5797
1. 09	663895. 8228	1. 41	537663. 5364	1. 73	409664. 8359	2. 05	291352. 3024
1. 1	660082. 9296	1. 42	533631. 5289	1. 74	405762. 7768	2. 06	287925. 1462
1. 11	656258. 8377	1. 43	529597. 9802	1. 75	401870. 6994	2. 07	284517. 3397
1. 12	652423. 7808	1. 44	525563. 2439	1. 76	397988. 9479	2. 08	281129. 106
1. 13	648577. 9982	1. 45	521527. 6755	1. 77	394117. 8642	2. 09	277760. 6637
1. 14	644721. 7346	1. 46	517491. 6321	1. 78	390257. 7879	2. 1	274412. 2263
1. 15	640855. 2397	1. 47	513455. 4722	1. 79	386409. 0557	2. 11	271084. 0023
1. 16	636978. 7686	1. 48	509419. 5556	1. 8	382572. 002	2. 12	267776. 195
1. 17	633092. 5813	1. 49	505384. 2436	1. 81	378746. 958	2. 13	264489. 0027
1. 18	629196. 9427	1. 5	501349. 898	1. 82	374934. 2525	2. 14	261222. 6187
1. 19	625292. 1228	1. 51	497316. 8821	1. 83	371134. 211	2. 15	257977. 231
1. 2	621378. 396	1. 52	493285. 5597	1. 84	367347. 1559	2. 16	254753. 0223
1. 21	617456. 0416	1. 53	489256. 2953	1. 85	363573. 4066	2. 17	251550. 1703
1. 22	613525. 3434	1. 54	485229. 4539	1. 86	359813. 2791	2. 18	248368. 8474
1. 23	609586. 5895	1. 55	481205. 401	1. 87	356067. 0861	2. 19	245209. 2207
1. 24	605640. 0724	1. 56	477184. 5023	1. 88	352335. 1367	2. 2	242071. 452
1. 25	601686. 0889	1. 57	473167. 1237	1. 89	348617. 7366	2. 21	238955. 6977
1. 26	597724. 9398	1. 58	469153. 631	1. 9	344915. 1877	2. 22	235862. 1092
1. 27	593756. 9298	1. 59	465144. 3899	1. 91	341227. 7882	2. 23	232790. 8322
1. 28	589782. 3676	1. 6	461139. 7659	1. 92	337555. 8325	2. 24	229742. 0073
1. 29	585801. 5656	1. 61	457140. 1242	1. 93	333899. 6112	2. 25	226715. 7697
1. 3	581814. 8398	1. 62	453145. 8292	1. 94	330259. 4108	2. 26	223712. 2491
1. 31	577822. 5097	1. 63	449157. 2449	1. 95	326635. 5136	2. 27	220731. 5701
1. 32	573824. 8984	1. 64	445174. 7344	1. 96	323028. 1979	2. 28	217773. 8518
1. 33	569822. 3319	1. 65	441198. 6599	1. 97	319437. 738	2. 29	214839. 2078
1. 34	565815. 1396	1. 66	437229. 3828	1. 98	315864. 4034	2. 3	211927. 7466
1. 35	561803. 6538	1. 67	433267. 263	1. 99	312308. 4597	2. 31	209039. 5713
1. 36	557788. 2098	1. 68	429312. 6594	2	308770. 1678	2. 32	206174. 7794

续附表 1

Z	DPMO	*Z*	DPMO	*Z*	DPMO	*Z*	DPMO
2.33	203333.4635	2.65	125088.5594	2.97	70784.78797	3.29	36727.78961
2.34	200515.7104	2.66	123040.3154	2.98	69440.35549	3.3	35931.11244
2.35	197721.602	2.67	121015.7144	2.99	68115.67913	3.31	35148.64824
2.36	194951.2148	2.68	119014.6829	3	66810.59894	3.32	34380.22024
2.37	192204.6198	2.69	117037.1437	3.01	65524.95347	3.33	33625.65208
2.38	189481.883	2.7	115083.016	3.02	64258.5798	3.34	32884.76785
2.39	186783.0651	2.71	113152.215	3.03	63011.31365	3.35	32157.3921
2.4	184108.2217	2.72	111244.6526	3.04	61782.98942	3.36	31443.34991
2.41	181457.403	2.73	109360.237	3.05	60573.4403	3.37	30742.46692
2.42	178830.6541	2.74	107498.8731	3.06	59382.49828	3.38	30054.56939
2.43	176228.0152	2.75	105660.4622	3.07	58209.99426	3.39	29379.48422
2.44	173649.5211	2.76	103844.9025	3.08	57055.75812	3.4	28717.039
2.45	171095.2019	2.77	102052.0887	3.09	55919.61875	3.41	28067.06204
2.46	168565.0823	2.78	100281.9126	3.1	54801.40415	3.42	27429.38242
2.47	166059.1824	2.79	98534.26271	3.11	53700.94149	3.43	26803.83003
2.48	163577.517	2.8	96809.02449	3.12	52618.05715	3.44	26190.23555
2.49	161120.0962	2.81	95106.08052	3.13	51552.57682	3.45	25588.43059
2.5	158686.9252	2.82	93425.31045	3.14	50504.32552	3.46	24998.24761
2.51	156278.0044	2.83	91766.59112	3.15	49473.12771	3.47	24419.52004
2.52	153893.3294	2.84	90129.7966	3.16	48458.80731	3.48	23852.08226
2.53	151532.8912	2.85	88514.79831	3.17	47461.1878	3.49	23295.76965
2.54	149196.6759	2.86	86921.46507	3.18	46480.09224	3.5	22750.4186
2.55	146884.6652	2.87	85349.66315	3.19	45515.34335	3.51	22215.86658
2.56	144596.836	2.88	83799.25638	3.2	44566.76357	3.52	21691.95213
2.57	142333.1609	2.89	82270.10621	3.21	43634.17511	3.53	21178.51488
2.58	140093.6079	2.9	80762.07178	3.22	42717.40001	3.54	20675.39563
2.59	137878.1407	2.91	79275.00998	3.23	41816.26021	3.55	20182.43631
2.6	135686.7185	2.92	77808.77557	3.24	40930.57757	3.56	19699.48004
2.61	133519.2962	2.93	76363.22119	3.25	40060.17395	3.57	19226.37114
2.62	131375.8247	2.94	74938.19748	3.26	39204.87125	3.58	18762.95515
2.63	129256.2504	2.95	73533.55312	3.27	38364.49149	3.59	18309.07888
2.64	127160.5159	2.96	72149.13495	3.28	37538.85682	3.6	17864.59039

续附表 1

Z	DPMO	Z	DPMO	Z	DPMO	Z	DPMO
3.61	17429.33902	3.93	7549.439593	4.25	2979.767697	4.57	1070.294494
3.62	17003.17542	3.94	7343.657596	4.26	2890.072282	4.58	1035.003576
3.63	16585.95155	3.95	7142.83592	4.27	2802.818596	4.59	1000.783041
3.64	16177.52074	3.96	6946.874595	4.28	2717.948658	4.6	967.6037436
3.65	15777.73763	3.97	6755.675109	4.29	2635.405597	4.61	935.4372177
3.66	15386.45826	3.98	6569.140402	4.3	2555.133646	4.62	904.2556677
3.67	15003.54002	3.99	6387.174862	4.31	2477.078122	4.63	874.031955
3.68	14628.84172	4	6209.684315	4.32	2401.185417	4.64	844.7395861
3.69	14262.22356	4.01	6036.576022	4.33	2327.402978	4.65	816.3527002
3.7	13903.54716	4.02	5867.758665	4.34	2255.679302	4.66	788.8460581
3.71	13552.67557	4.03	5703.142344	4.35	2185.963913	4.67	762.1950295
3.72	13209.47327	4.04	5542.638567	4.36	2118.207355	4.68	736.3755821
3.73	12873.80619	4.05	5386.160238	4.37	2052.361174	4.69	711.3642695
3.74	12545.54172	4.06	5233.621652	4.38	1988.377906	4.7	687.1382202
3.75	12224.5487	4.07	5084.938486	4.39	1926.211063	4.71	663.6751264
3.76	11910.69745	4.08	4940.027784	4.4	1865.815118	4.72	640.9532322
3.77	11603.85973	4.09	4798.807951	4.41	1807.145491	4.73	618.9513236
3.78	11303.90883	4.1	4661.198741	4.42	1750.158538	4.74	597.6487167
3.79	11010.71948	4.11	4527.121249	4.43	1694.811534	4.75	577.0252476
3.8	10724.16792	4.12	4396.497896	4.44	1641.062659	4.76	557.0612615
3.81	10444.13187	4.13	4269.25242	4.45	1588.870988	4.77	537.7376024
3.82	10170.49055	4.14	4145.309864	4.46	1538.196473	4.78	519.0356025
3.83	9903.124666	4.15	4024.596565	4.47	1488.999932	4.79	500.9370725
3.84	9641.916419	4.16	3907.040144	4.48	1441.243033	4.8	483.4242912
3.85	9386.749512	4.17	3792.569488	4.49	1394.888285	4.81	466.4799956
3.86	9137.509142	4.18	3681.114744	4.5	1349.899018	4.82	450.0873714
3.87	8894.081999	4.19	3572.607304	4.51	1306.239376	4.83	434.230043
3.88	8656.356268	4.2	3466.979793	4.52	1263.8743	4.84	418.8920643
3.89	8424.221628	4.21	3364.166055	4.53	1222.769513	4.85	404.0579095
3.9	8197.569245	4.22	3264.101142	4.54	1182.891514	4.86	389.7124635
3.91	7976.291773	4.23	3166.721299	4.55	1144.207555	4.87	375.8410129
3.92	7760.28335	4.24	3071.963952	4.56	1106.685638	4.88	362.4292376

续附表 1

Z	DPMO	Z	DPMO	Z	DPMO	Z	DPMO
4.89	349.4632013	5.17	121.2752471	5.45	39.07559842	5.73	11.68456583
4.9	336.9293434	5.18	116.6169888	5.46	37.4748834	5.74	11.17598956
4.91	324.8144702	5.19	112.1270371	5.47	35.93631749	5.75	10.68852599
4.92	313.1057467	5.2	107.7997439	5.48	34.45763559	5.76	10.22134539
4.93	301.7906884	5.21	103.6296334	5.49	33.036649	5.77	9.773648554
4.94	290.857153	5.22	99.61139806	5.5	31.67124312	5.78	9.34466584
4.95	280.2933327	5.23	95.73989375	5.51	30.35937511	5.79	8.933656071
4.96	270.0877463	5.24	92.01013539	5.52	29.09907183	5.8	8.53990562
4.97	260.2292314	5.25	88.4172926	5.53	27.88842748	5.81	8.162727437
4.98	250.7069371	5.26	84.9566854	5.54	26.72560168	5.82	7.801460156
4.99	241.5103165	5.27	81.62378014	5.55	25.60881737	5.83	7.4554672
5	232.6291192	5.28	78.41418539	5.56	24.5363588	5.84	7.124135922
5.01	224.0533846	5.29	75.32364799	5.57	23.50656965	5.85	6.806876691
5.02	215.7734344	5.3	72.34804916	5.58	22.51785111	5.86	6.503122303
5.03	207.7798664	5.31	69.48340076	5.59	21.56866012	5.87	6.212326922
5.04	200.0635468	5.32	66.72584158	5.6	20.65750754	5.88	5.933965521
5.05	192.6156044	5.33	64.07163374	5.61	19.78295645	5.89	5.667533117
5.06	185.4274238	5.34	61.51715915	5.62	18.94362049	5.9	5.412543976
5.07	178.4906391	5.35	59.05891611	5.63	18.13816221	5.91	5.168531021
5.08	171.7971273	5.36	56.69351598	5.64	17.36529155	5.92	4.935045137
5.09	165.3390027	5.37	54.41767985	5.65	16.62376417	5.93	4.711654464
5.1	159.1086107	5.38	52.2282354	5.66	15.91238012	5.94	4.497943961
5.11	153.0985218	5.39	50.12211379	5.67	15.22998232	5.95	4.293514553
5.12	147.3015259	5.4	48.09634662	5.68	14.57545513	5.96	4.097982696
5.13	141.7106267	5.41	46.14806298	5.69	13.94772306	5.97	3.910979948
5.14	136.3190361	5.42	44.27448657	5.7	13.34574931	5.98	3.732152039
5.15	131.1201691	5.43	42.47293289	5.71	12.7685347	5.99	3.561158756
5.16	126.1076378	5.44	40.74080652	5.72	12.21511618	6	3.397673166

附表 2　标准正态分布函数上侧概率表

Z	0	0.01	0.02	0.03	0.04	0.05	0.06	0.07	0.08	0.09
0.0	5.00E-01	4.96E-01	4.92E-01	4.88E-01	4.84E-01	4.80E-01	4.76E-01	4.72E-01	4.68E-01	4.64E-01
0.1	4.60E-01	4.56E-01	4.52E-01	4.48E-01	4.44E-01	4.40E-01	4.36E-01	4.33E-01	4.26E-01	4.25E-01

续附表2

Z	0	0.01	0.02	0.03	0.04	0.05	0.06	0.07	0.08	0.09
0.2	4.21E-01	4.17E-01	4.13E-01	4.09E-01	4.05E-01	4.01E-01	3.97E-01	3.94E-01	3.90E-01	3.86E-01
0.3	3.82E-01	3.78E-01	3.75E-01	3.71E-01	3.67E-01	3.63E-01	3.59E-01	3.56E-01	3.52E-01	3.48E-01
0.4	3.45E-01	3.41E-01	3.37E-01	3.34E-01	3.30E-01	3.26E-01	3.23E-01	3.19E-01	3.16E-01	3.12E-01
0.5	3.09E-01	3.05E-01	3.02E-01	2.98E-01	2.95E-01	2.91E-01	2.88E-01	2.84E-01	2.81E-01	2.78E-01
0.6	2.74E-01	2.71E-01	2.68E-01	2.64E-01	2.61E-01	2.58E-01	2.55E-01	2.51E-01	2.48E-01	2.45E-01
0.7	2.42E-01	2.39E-01	2.36E-01	2.33E-01	2.30E-01	2.27E-01	2.24E-01	2.21E-01	2.18E-01	2.15E-01
0.8	2.12E-01	2.09E-01	2.06E-01	2.03E-01	2.01E-01	1.98E-01	1.95E-01	1.92E-01	1.89E-01	1.87E-01
0.9	1.84E-01	1.81E-01	1.79E-01	1.76E-01	1.74E-01	1.71E-01	1.69E-01	1.66E-01	1.64E-01	1.61E-01
1.0	1.59E-01	1.56E-01	1.54E-01	1.52E-01	1.48E-01	1.47E-01	1.45E-01	1.42E-01	1.40E-01	1.38E-01
1.1	1.36E-01	1.34E-01	1.31E-01	1.29E-01	1.27E-01	1.25E-01	1.23E-01	1.21E-01	1.19E-01	1.17E-01
1.2	1.15E-01	1.13E-01	1.11E-01	1.09E-01	1.08E-01	1.06E-01	1.04E-01	1.02E-01	1.00E-01	9.85E-02
1.3	9.68E-02	9.15E-02	9.34E-02	9.18E-02	9.01E-01	8.85E-02	8.69E-02	8.53E-02	8.38E-02	8.23E-02
1.4	8.08E-02	7.92E-02	7.78E-02	7.64E-02	7.49E-02	7.35E-02	7.21E-02	7.08E-02	6.94E-02	6.81E-02
1.5	6.68E-02	6.55E-02	6.43E-02	6.30E-02	6.18E-02	6.06E-02	5.94E-02	5.82E-02	5.71E-02	5.59E-02
1.6	5.48E-02	5.37E-02	5.26E-02	5.16E-02	5.05E-02	4.95E-02	4.85E-02	4.75E-02	4.65E-02	4.55E-02
1.7	4.46E-02	4.36E-02	4.27E-02	4.18E-02	4.09E-02	4.01E-02	3.92E-02	3.84E-02	3.75E-02	3.67E-02
1.8	3.59E-02	3.52E-02	3.44E-02	3.36E-02	3.29E-02	3.22E-02	3.14E-02	3.07E-02	3.01E-02	2.94E-02
1.9	2.87E-02	2.81E-02	2.74E-02	2.68E-02	2.62E-02	2.65E-02	2.50E-02	2.44E-02	2.39E-02	2.33E-02
2.0	2.28E-02	2.22E-02	2.17E-02	2.12E-02	2.07E-02	2.02E-02	1.97E-02	1.92E-02	1.88E-02	1.83E-02
2.1	1.79E-02	1.74E-02	1.70E-02	1.66E-02	1.62E-02	1.58E-02	1.54E-02	1.50E-02	1.46E-02	1.43E-02
2.2	1.39E-02	1.36E-02	1.32E-02	1.29E-02	1.26E-02	1.22E-02	1.19E-02	1.16E-02	1.13E-02	1.10E-02
2.3	1.07E-02	1.04E-02	1.02E-02	9.90E-03	9.64E-03	9.39E-03	9.14E-03	8.89E-03	8.66E-03	8.42E-03
2.4	8.20E-03	7.98E-03	7.76E-03	7.55E-03	7.34E-03	7.14E-03	6.95E-03	6.76E-03	6.57E-03	6.39E-03
2.5	6.21E-03	6.04E-03	5.87E-03	5.70E-03	5.54E-03	5.39E-03	5.23E-03	5.09E-03	4.94E-03	4.80E-03
2.6	4.66E-03	4.53E-03	4.40E-03	4.27E-03	4.15E-03	4.02E-03	3.91E-03	3.79E-03	3.68E-03	3.57E-03
2.7	3.47E-03	3.36E-03	3.26E-03	3.17E-03	3.07E-03	2.98E-03	2.89E-03	2.80E-03	2.72E-03	2.64E-03
2.8	2.56E-03	2.48E-03	2.40E-03	2.32E-03	2.26E-03	2.19E-03	2.12E-03	2.05E-03	1.99E-03	1.93E-03
2.9	1.87E-03	1.81E-03	1.75E-03	1.70E-03	1.64E-03	1.59E-03	1.54E-03	1.49E-03	1.44E-03	1.40E-03
3.0	1.35E-03	1.31E-03	1.26E-03	1.22E-03	1.18E-03	1.14E-03	1.11E-03	1.07E-03	1.04E-03	1.00E-03
3.1	9.68E-04	9.35E-04	9.04E-04	8.74E-04	8.45E-04	8.16E-04	7.89E-04	7.62E-04	7.36E-04	7.11E-04
3.2	6.87E-04	6.64E-04	6.41E-04	6.19E-04	5.98E-04	5.77E-04	5.57E-04	5.38E-04	5.19E-04	5.01E-04
3.3	4.84E-04	4.67E-04	4.50E-04	4.34E-04	4.19E-04	4.04E-04	3.90E-04	3.76E-04	3.63E-04	3.50E-04

续附表2

Z	0	0.01	0.02	0.03	0.04	0.05	0.06	0.07	0.08	0.09
3.4	3.37E-04	3.25E-04	3.13E-04	3.02E-04	2.91E-04	2.80E-04	2.70E-04	2.60E-04	2.51E-04	2.42E-04
3.5	2.33E-04	2.24E-04	2.16E-04	2.08E-04	2.00E-04	1.93E-04	1.86E-04	1.79E-04	1.72E-04	1.66E-04
3.6	1.59E-04	1.53E-04	1.47E-04	1.42E-04	1.36E-04	1.31E-04	1.26E-04	1.21E-04	1.17E-04	1.12E-04
3.7	1.08E-04	1.04E-04	9.97E-05	9.59E-05	9.21E-05	8.86E-05	8.51E-05	8.18E-05	7.85E-05	7.55E-05
3.8	7.27E-05	6.96E-05	6.69E-05	6.42E-05	6.17E-05	5.92E-05	5.68E-05	5.46E-05	5.24E-05	5.03E-05
3.9	4.82E-05	4.63E-05	4.44E-05	4.26E-05	4.09E-05	3.92E-05	3.76E-05	3.61E-05	3.46E-05	3.32E-05
4.0	3.18E-05	3.05E-05	2.92E-05	2.86E-05	2.68E-05	2.57E-05	2.47E-05	2.36E-05	2.26E-05	2.17E-05
4.1	2.08E-05	1.99E-05	1.91E-05	1.82E-05	1.75E-05	1.67E-05	1.60E-05	1.53E-05	1.47E-05	1.40E-05
4.2	1.34E-05	1.29E-05	1.23E-05	1.18E-05	1.13E-05	1.08E-05	1.03E-05	9.86E-06	9.43E-06	9.01E-06
4.3	8.62E-06	8.24E-06	7.88E-06	7.53E-06	7.20E-06	6.88E-06	6.57E-06	6.28E-06	6.00E-06	5.73E-06
4.4	5.48E-06	5.23E-06	5.00E-06	4.77E-06	4.56E-06	4.35E-06	4.16E-06	3.97E-06	3.79E-06	3.62E-06
4.5	3.45E-06	3.29E-06	3.14E-06	3.00E-06	2.86E-06	2.73E-06	2.60E-06	2.48E-06	2.37E-06	2.26E-06
4.6	2.15E-06	2.05E-06	1.96E-06	1.87E-06	1.78E-06	1.70E-06	1.62E-06	1.54E-06	1.47E-06	1.40E-06
4.7	1.33E-06	1.27E-06	1.21E-06	1.15E-06	1.10E-06	1.05E-06	9.96E-07	9.48E-07	9.03E-07	8.59E-07
4.8	8.18E-07	7.79E-07	7.41E-07	7.05E-07	6.71E-07	6.39E-07	6.08E-07	5.78E-07	5.50E-07	5.23E-07
4.9	4.98E-07	4.73E-07	4.50E-07	4.28E-07	4.07E-07	3.87E-07	3.68E-07	3.50E-07	3.32E-07	3.16E-07
5.0	3.00E-07	2.85E-07	2.71E-07	2.58E-07	2.45E-07	2.32E-07	2.21E-07	2.10E-07	1.99E-07	1.89E-07
5.1	1.80E-07	1.71E-07	1.62E-07	1.54E-07	1.46E-07	1.39E-07	1.31E-07	1.25E-07	1.18E-07	1.12E-07
5.2	1.07E-07	1.01E-07	9.59E-08	9.10E-08	8.63E-08	8.18E-08	7.76E-08	7.36E-08	6.98E-08	6.62E-08
5.3	6.27E-08	5.95E-08	5.64E-08	5.34E-08	5.06E-08	4.80E-08	4.55E-08	4.31E-08	4.08E-08	3.87E-08
5.4	3.66E-08	3.47E-08	3.29E-08	3.11E-08	2.95E-08	2.79E-08	2.64E-08	2.50E-08	2.37E-08	2.24E-08
5.5	2.12E-08	2.01E-08	1.90E-08	1.80E-08	1.70E-08	1.61E-08	1.53E-08	1.44E-08	1.37E-08	1.29E-08
5.6	1.22E-08	1.16E-08	1.09E-08	1.03E-08	9.78E-09	9.24E-09	8.74E-09	8.26E-09	7.81E-09	7.39E-09
5.7	6.98E-09	6.60E-09	6.24E-09	5.89E-09	5.57E-09	5.26E-09	4.97E-09	4.70E-09	4.44E-09	4.19E-09
5.8	3.96E-09	3.74E-09	3.53E-09	3.34E-09	3.15E-09	2.97E-09	2.81E-09	2.65E-09	2.50E-09	2.36E-09
5.9	2.23E-09	2.11E-09	1.99E-09	1.88E-09	1.77E-09	1.67E-09	1.58E-09	1.49E-09	1.40E-09	1.32E-09
6.0	1.25E-09	1.18E-09	1.11E-09	1.05E-09	9.88E-10	9.31E-10	8.78E-10	8.28E-10	7.81E-10	7.36E-10
6.1	6.94E-10	6.54E-10	6.17E-10	5.81E-10	5.48E-10	5.16E-10	4.87E-10	4.59E-10	4.32E-10	4.07E-10
6.2	3.84E-10	3.61E-10	3.40E-10	3.21E-10	3.02E-10	2.84E-10	2.68E-10	2.52E-10	2.38E-10	2.24E-10
6.3	2.11E-10	1.98E-10	1.87E-10	1.76E-10	1.66E-10	1.56E-10	1.47E-10	1.38E-10	1.30E-10	1.22E-10
6.4	1.15E-10	1.08E-10	1.02E-10	9.59E-11	9.02E-11	8.49E-11	7.98E-11	7.57E-11	7.06E-11	6.65E-11
6.5	6.25E-11	5.88E-11	5.53E-11	5.20E-11	4.89E-11	4.60E-11	4.32E-11	4.07E-11	3.82E-11	3.59E-11

续附表2

Z	0	0.01	0.02	0.03	0.04	0.05	0.06	0.07	0.08	0.09
6.6	3.38E-11	3.18E-11	2.98E-11	2.81E-11	2.64E-11	2.48E-11	2.33E-11	2.19E-11	2.06E-11	1.93E-11
6.7	1.82E-11	1.71E-11	1.60E-11	1.51E-11	1.42E-11	1.33E-11	1.25E-11	1.17E-11	1.10E-11	1.04E-11
6.8	9.72E-12	9.13E-12	8.57E-12	8.05E-12	7.56E-12	7.10E-12	6.66E-12	6.26E-12	5.87E-12	5.52E-12
6.9	5.18E-12	4.86E-12	4.56E-12	4.28E-12	4.02E-12	3.77E-12	3.54E-12	3.32E-12	3.12E-12	2.93E-12
7.0	2.75E-12	2.58E-12	2.42E-12	2.27E-12	2.13E-12	2.00E-12	1.87E-12	1.76E-12	1.65E-12	1.55E-12
7.1	1.45E-12	1.36E-12	1.28E-12	1.20E-12	1.12E-12	1.05E-12	9.88E-13	9.26E-13	8.69E-13	8.15E-13
7.2	7.64E-13	7.16E-13	6.72E-13	6.30E-13	5.90E-13	5.54E-13	5.19E-13	4.86E-13	4.56E-13	4.28E-13
7.3	4.01E-13	3.76E-13	3.52E-13	3.30E-13	3.09E-13	2.90E-13	2.72E-13	2.55E-13	2.39E-13	2.24E-13
7.4	2.10E-13	1.96E-13	1.84E-13	1.72E-13	1.62E-13	1.51E-13	1.42E-13	1.33E-13	1.24E-13	1.17E-13
7.5	1.09E-13	1.02E-13	9.58E-14	8.98E-14	8.41E-14	7.87E-14	7.38E-14	6.91E-14	6.47E-14	6.06E-14
7.6	5.68E-14	5.32E-14	4.98E-14	4.66E-14	4.37E-14	4.09E-14	3.83E-14	3.58E-14	3.36E-14	3.14E-14
7.7	2.94E-14	2.76E-14	2.58E-14	2.42E-14	2.26E-14	2.12E-14	1.98E-14	1.86E-14	1.74E-14	1.63E-14
7.8	1.52E-14	1.42E-14	1.33E-14	1.25E-14	1.17E-14	1.09E-14	1.02E-14	9.58E-15	8.97E-15	8.39E-15
7.9	7.85E-15	7.35E-15	6.88E-15	6.44E-15	6.02E-15	5.64E-15	5.28E-15	4.94E-15	4.62E-15	4.32E-15
8.0	4.05E-15	3.79E-15	3.54E-15	3.31E-15	3.10E-15	2.90E-15	2.72E-15	2.54E-15	2.38E-15	2.22E-15
8.1	2.08E-15	1.95E-15	1.82E-15	1.70E-15	1.59E-15	1.49E-15	1.40E-15	1.31E-15	1.22E-15	1.14E-15
8.2	1.07E-15	9.99E-16	9.35E-16	8.74E-16	8.18E-16	7.65E-16	7.16E-16	6.69E-16	6.26E-16	5.86E-16
8.3	5.48E-16	5.12E-16	4.79E-16	4.48E-16	4.19E-16	3.92E-16	3.67E-16	3.43E-16	3.21E-16	3.00E-16
8.4	2.81E-16	2.62E-16	2.45E-16	2.30E-16	2.15E-16	2.01E-16	1.88E-16	1.76E-16	1.64E-16	1.54E-16
8.5	1.44E-16	1.34E-16	1.26E-16	1.17E-16	1.10E-16	1.03E-16	9.60E-17	8.98E-17	8.40E-17	7.85E-17
8.6	7.34E-17	6.87E-17	6.42E-17	6.00E-17	5.61E-17	5.52E-17	4.91E-17	4.59E-17	4.29E-17	4.01E-17
8.7	3.75E-17	3.51E-17	3.28E-17	3.07E-17	2.87E-17	2.68E-17	2.51E-17	2.35E-17	2.19E-17	2.05E-17
8.8	1.92E-17	1.79E-17	1.68E-17	1.57E-17	1.47E-17	1.37E-17	1.28E-17	1.20E-17	1.12E-17	1.05E-17
8.9	9.79E-18	9.16E-18	8.56E-18	8.00E-18	7.48E-18	7.00E-18	6.54E-18	6.12E-18	5.72E-18	5.35E-18
9.0	5.00E-18	4.68E-18	4.37E-18	4.09E-18	3.82E-18	3.57E-18	3.34E-18	3.13E-18	2.92E-18	2.73E-18
9.1	2.56E-18	2.39E-18	2.23E-18	2.09E-18	1.95E-18	1.83E-18	1.71E-18	1.60E-18	1.49E-18	1.40E-18
9.2	1.31E-18	1.22E-18	1.14E-18	1.07E-18	9.98E-19	9.33E-19	8.73E-19	8.16E-19	7.63E-19	7.14E-19
9.3	6.67E-19	6.24E-19	5.83E-19	5.46E-19	5.10E-19	4.77E-19	4.46E-19	4.17E-19	3.90E-19	3.65E-19
9.4	3.41E-19	3.19E-19	2.98E-19	2.79E-19	2.61E-19	2.44E-19	2.28E-19	2.14E-19	2.00E-19	1.87E-19
9.5	1.75E-19	1.63E-19	1.53E-19	1.43E-19	1.34E-19	1.25E-19	1.17E-19	1.09E-19	1.02E-19	9.56E-20
9.6	8.94E-20	8.37E-20	7.82E-20	7.32E-20	6.85E-20	6.40E-20	5.99E-20	5.60E-20	5.24E-20	4.90E-20
9.7	4.58E-20	4.29E-20	4.01E-20	3.75E-20	3.51E-20	3.28E-20	3.07E-20	2.87E-20	2.69E-20	2.52E-20
9.8	2.35E-20	2.20E-20	2.06E-20	1.93E-20	1.80E-20	1.69E-20	1.58E-20	1.48E-20	1.38E-20	1.29E-20
9.9	1.21E-20	1.13E-20	1.06E-20	9.90E-21	9.26E-21	8.76E-21	8.11E-21	7.59E-21	7.10E-21	6.64E-21
10.0	6.22E-21	5.82E-21	5.44E-21	5.09E-21	4.77E-21	4.46E-21	4.17E-21	3.91E-21	3.66E-21	3.42E-21

参考文献

[1] 马林，何桢．六西格玛管理（第二版）（中国质量协会六西格玛黑带注册考试指定辅导教材）[M]．北京：中国人民大学出版社，2007.

[2] 上海质量管理科学研究院．六西格玛核心教程；黑带读本（修订本）[M]．北京：中国标准出版社，2006.

[3] 马逢时，周暐，刘传冰．六西格玛管理统计指南——MINITAB 使用指导（第二版）[M]．北京：中国人民大学出版社，2013.

[4] 茆诗松．统计手册 [M]．北京：科学出版社，2003.

[5] 马逢时，吴诚鸥，蔡霞．基于 MINITAB 的现代实用统计 [M]．北京：中国人民大学出版社，2009.

[6] 上海市质量协会，上海质量教育培训中心．质量专业技术人员职业资格应试指南（中级）（第 2 版）[M]．北京：中国质检出版社，中国标准出版社，2013.

[7] 全国质量专业技术人员职业资格考试办公室．质量专业理论与实务（中级）[M]．北京：中国人事出版社，2014.

[8] 张公绪，孙静．新编质量管理学 [M]．北京：高等教育出版社，2003.

[9] 周纪芗，茆诗松．质量管理统计方法 [M]．北京：中国统计出版社，2008.

[10] 张公绪．质量工程师手册 [M]．北京：企业管理出版社，2003.

[11] 中国质量协会．质量经理手册 [M]．北京：中国人民大学出版社，2010.

[12] 王淑君．生产过程质量控制 [M]．北京：中国标准出版社，1997.

[13] 周纪芗．回归分析 [M]．上海：华东师范大学出版社．1993.

[14] 罗国勋．质量工程与管理 [M]．北京：高等教育出版社，2009.

[15] 王庚，管于华，孙瑞博，陶用之．现代工业统计与质量管理 [M]．北京：中国人民大学出版社，2011.

[16] 陈国铭．统计质量控制使用指南 [M]．北京：中国石化出版社，2002.

[17] 张根保，何桢，刘英．质量管理与可靠性 [M]．北京：中国科学技术出版社，2005.

[18] 钟伦燕，韩俊，刘红．统计过程控制（SPC）技术原理和应用 [M]．北京：电子工业出版社，2001.

[19] 蒋家东，冯允成．统计过程控制 [M]．北京：中国质检出版社，2011.

[20] 孙静．最新国家标准 GB/T 4091—2001《常规控制图》理解与实施 [P]．北京：中国标准出版社，2002.